校企合作双元开发新形态信息化教材
高等职业教育城市轨道交通类“十四五”技能型人才培养实用教材

城市轨道交通
列车自动控制系统维护

（智媒体版）

主　编　刘继光　李　伟
副主编　慕　威　杨　艳

《城市轨道交通列车自动控制系统维护》课件

西南交通大学出版社
·成　都·

图书在版编目（CIP）数据

城市轨道交通列车自动控制系统维护：智媒体版 / 刘继光，李伟主编. —成都：西南交通大学出版社，2023.2

校企合作双元开发新形态信息化教材　高等职业教育城市轨道交通类“十四五”技能型人才培养实用教材

ISBN 978-7-5643-9175-1

Ⅰ. ①城… Ⅱ. ①刘… ②李… Ⅲ. ①城市铁路－自动控制系统－维修－高等职业教育－教材 Ⅳ. ①U239.5

中国国家版本馆 CIP 数据核字（2023）第 017458 号

校企合作双元开发新形态信息化教材
高等职业教育城市轨道交通类“十四五”技能型人才培养实用教材

Chengshi Guidao Jiaotong Lieche Zidong Kongzhi Xitong Weihu

城市轨道交通列车自动控制系统维护

（智媒体版）

主编　刘继光　李　伟

责任编辑　罗在伟
封面设计　何东琳设计工作室

出版发行　西南交通大学出版社
（四川省成都市金牛区二环路北一段 111 号
西南交通大学创新大厦 21 楼）
邮政编码　610031
发行部电话　028-87600564　028-87600533
网址　http://www.xnjdcbs.com
印刷　四川煤田地质制图印务有限责任公司

成品尺寸　185 mm × 260 mm
印张　13
字数　325 千
版次　2023 年 2 月第 1 版
印次　2023 年 2 月第 1 次
定价　45.00 元
书号　ISBN 978-7-5643-9175-1

课件咨询电话：028-81435775

前言

PREFACE

本教材为适应城市轨道交通专业群的城市轨道交通列车自动控制系统教学需要而编写。

党的二十大报告指出，坚持把发展经济的着力点放在实体经济上，推进新型工业化，加快建设制造强国、质量强国、航天强国、交通强国、网络强国、数字中国。实施产业基础再造工程和重大技术装备攻关工程，支持专精特新企业发展，推动制造业高端化、智能化、绿色化发展。城市轨道交通是全面开启建设社会主义现代化强国的重要支撑，是建设现代化经济体系的先行领域，也是建设交通强国和智慧城市的重要组成部分。城轨交通行业要把握当前发展的重大机遇，以推进城轨信息化，发展智能系统，建设智慧城轨为载体，开创交通强国建设新局面。

“城市轨道交通列车自动控制系统维护”课程是城市轨道交通专业群的核心课程，目标是让学生掌握城市轨道交通列车自动控制系统的维护能力。它是以轨道交通信号基础设备、通信原理等课程为基础，也是进一步学习 ATC 实训、信号设计与施工课程的基础。

为了适应城市轨道交通行业的发展需求，我们组织多年在城市轨道交通运营企业生产和教学第一线、具有扎实专业基础理论知识和丰富实践经验的专业教师为城市轨道交通专业群编写了本教材。

本书主要采用任务驱动模式，配备动画、视频和微课等智媒体新形态数字化教学资源，充分调动学生学习兴趣，促进学生积极思考与实践，使学生掌握城市轨道交通列车自动控制系统，进而促进学生职业能力的提高。

本书共分四个项目，按照企业岗位来进行课程教学设计，根据岗位能力需求来编排内容。本书内容主要包括城市轨道交通列车自动控制系统的原理、设备组成、设备维护方法及设备的故障处理方法，涵盖了城市轨道交通列车自动控制系统认知、ATS 系统维护、车载设备维护和轨旁设备维护四个方面。本书可供城市轨道交通相关专业人员、管理工作者和轨道交通类职业院校师生及有关科技人员参考。

本书项目一由辽宁省交通高等专科学校慕威编写，项目二由辽宁省交通高等专科学校杨艳编写，项目三由辽宁省交通高等专科学校刘继光编写，项目四由石家庄铁路职业技术学院李伟编写，全书由辽宁省交通高等专科学校刘继光统稿。

由于编者水平有限，加之时间仓促，书中难免存在不足和疏漏之处，敬请读者批评、指正。

编 者

2022 年 11 月

目　录

CONTENTS

项目一 城市轨道交通列车自动控制系统认知

知识目标

1. 了解城市轨道交通列车自动控制系统的发展历程。
2. 掌握城市轨道交通列车控制系统的关键技术。
3. 熟悉城市轨道交通列车控制系统的基本工作原理。

技能目标

1. 掌握主流列车定位技术的原理。
2. 掌握主流车地通信技术的原理。
3. 掌握主流 CBTC 系统的结构、原理和功能。

素养目标

1. 培养学生良好的职业道德、科学严谨的工作态度。
2. 培养学生牢固的安全观念和责任感。
3. 培养学生遵章守纪意识、安全生产意识、系统观念和全局意识。

任务导航

任务一　城市轨道交通列车自动控制系统发展历程。
任务二　城市轨道交通列车自动控制系统关键技术。
任务三　城市轨道交通列车自动控制系统基本原理。

任务一　城市轨道交通列车自动控制系统发展历程

一、城市轨道交通的产生

城市是人类文明发展的产物，同时也是人类文明重要的组成部分，随着人类文明的不断发展而壮大。城市的快速发展，促使人与物资的流动加快。城市人口数量的不断增加给城市交通运输、物资供应等方面带来了越来越大的压力。城市轨道交通是城市交通的一种，作为运输载体随着城市的不断扩张而逐渐发展起来。

微课：城轨列车运行控制系统发展历程

（一）城市轨道交通产生的原因

现代城市发展的主要特征表现为城市发展朝纵向和横向两个方向呈双向发展。纵向发展的主要标志是，市中心区的高层建筑林立及地下结构的多层化；横向发展的特征是，城市人口向周边地区扩散。上班时，城市人口向市中心区集聚，下班时，城市人口向郊区扩散。集聚和扩散并存构成了当代城市的矛盾运动。人流的集散是这一矛盾运动的表现形式，而城市轨道交通的出现逐步成为缓解这一矛盾运动的主要载体。

1843 年英国人 C·皮尔逊提出在英国修建地下铁道的建议，1860 年英国伦敦开始修建世界上第一条地铁，采用明挖法施工，为单拱砖砌结构，1863 年 1 月 10 日建成通车，线路长 6.4 km，用蒸汽机车牵引，如图 1.1.1 所示。

图 1.1.1　世界第一条地铁——由蒸汽机牵引的伦敦地铁

世界第一条地下铁道的诞生，为人口密集的大都市如何发展公共交通提供了宝贵的经验，特别是到 1879 年电力驱动机车的研究成功，使地下客运环境和服务条件得到了空前的改善，地铁建设显示出了强大的生命力。从此以后，世界上一些著名的大都市相继建造地下铁道。自 1863 年至 1899 年，有英国的伦敦和格拉斯哥、美国的纽约和波士顿、匈牙利的布达佩斯、奥地利的维也纳以及法国的巴黎共 5 个国家的 7 座城市率先建成了地下铁道。

伦敦自 1863 年创建世界上第一条地下铁道以来，历经 160 余年的发展，通过不断提高技术水平，伦敦地铁系统已成为当今世界上的先进技术范例之一，尤其是地铁实现了电气化后，伦敦的地铁几乎每年都有新进展，如图 1.1.2 所示。

图 1.1.2　伦敦地铁

受伦敦成功建设地下铁道的影响，美国纽约也于 1867 年建成了第一条地铁。随着纽约城市规模的扩大，城市人口不断增加，到 1900 年纽约市区人口已有 185 万人，同时地铁建设也在不间断地发展，如图 1.1.3 所示。目前，纽约已发展成为世界上地铁线路最多、里程最长的一座城市。

图 1.1.3　纽约地铁

（二）城市轨道交通的类型

按照不同的标准和方式，城市轨道交通可以有多种不同的分类，可归纳为以下几类。

1. 按技术特征分类

根据轨道交通系统基本技术特征的不同，轨道交通系统主要有市郊铁路、地下铁道、轻轨交通、独轨铁路、城市有轨电车、自动导向交通系统和磁悬浮交通等类型。

1）市郊铁路

市郊铁路（见图 1.1.4）是连接城市市区与郊区，以及连接城市周围几十千米甚至更大范围的卫星城镇或城市圈的铁路，但它往往又是连接大中城市干线铁路的一部分，因此它具有干线铁路的技术特征。

图 1.1.4 市郊铁路

与城市轨道交通系统中的地下铁道不同，在市郊铁路上通常是市郊旅客列车与干线旅客列车和货物列车混跑。市郊铁路虽然是国家铁路的一种运输方式，但它是现代化城市轨道交通不可分割的一部分。

市郊铁路主要为通勤者提供运输服务，有时也称为通勤铁路（Commuter Rail）或地区铁路（Regional Rail）。它起源于第二次世界大战前城市间的铁路运输。对一些大城市比较重要。在经过相当长一段时间的萧条后，市郊铁路在美国的 10 来个城市又活跃过来。伦敦、巴黎也都有较大规模的市郊铁路运输网络。在加拿大、澳大利亚和其他一些亚欧国家也都有一些市郊铁路。市郊铁路的特点是装备重型化，最高速度较大，加、减速度较低，通常由机车牵引一列列车。线路长度一般为 40 ~ 80 km。列车最高速度可达 100 km/h。由于市郊铁路具有运量大（单向最大运能可达 8 万人次/h）、投资省、见效快、速度比较高、效率高、技术易实现、服务范围广等特点，可用于连接市中心和郊区间的运输。因此，在日本、法国、俄罗斯以及东欧国家得到了广泛的应用，并与地铁、轻轨共同构成城市轨道交通网络。

2）地下铁道

地下铁道是修建在地下隧道中的铁路。现在定义一个系统为地下铁道，并不要求该系统的线路必须全部修建在地下隧道内。

地下铁道可分为重型地铁、轻型地铁与微型地铁 3 种类型。

重型地铁（见图 1.1.5）就是传统的普通地铁，轨道基本采用干线铁路技术标准，线路以地下隧道和高架线路为主，仅在郊区地段采用地面线路，路权专用，运量最大。

图 1.1.5　重型地铁

轻型地铁（见图 1.1.6）是一种在轻轨线路，车辆等技术设备工艺基础上发展起来的地铁类型，路权专用，运量较大，通常采用高站台。

高站台：车厢地板面与站台高度相同，站台高度为 900 mm。

一般站台高度比车厢地板面低 1 ~ 2 个台阶，即 650 mm 或 450 mm。

图 1.1.6　轻型地铁

微型地铁（见图 1.1.7），又称小断面地铁，隧道断面，车辆轮径和电动机尺寸均小于普通地铁，路权专用，运量中等，行车自动化程度较高。

图 1.1.7 微型地铁

地铁常建于城市中心地区，其特点是运量大，能迅速疏散旅客，不易堵塞，运量可达 4 ~ 6 万人次/h，速度可达 30 ~ 60 km/h，运行采用全封闭信号控制，运行间隔为 2 ~ 2.5 min。所以，凡城市运量在 4 万人次/h 以上的，可以选用地铁。地铁的安全、快速、准时是其他轨道交通无法比拟的，但由于造价昂贵（每千米造价达 4 ~ 8 亿元），制约了其发展。

3）轻轨交通

轻轨交通（见图 1.1.8）是在有轨电车的基础上发展起来的中等运量的城市轨道交通系统。它车辆轴重较轻，施加在轨道上的荷载相对于市郊铁路和地铁的荷载来说比较轻，故称为轻轨。早期的轻轨系统一般是直接对旧式有轨电车系统改建而成（地铁造价高导致），20 世纪 70 年代后期一些国家开始修建全新的现代轻轨系统。现代轻轨系统具有行车速度快、乘坐舒适、噪声较低等优点。轻轨也存在多种技术标准并存发展的情况。高技术标准的轻轨接近于轻型地铁，而低技术标准的轻轨则接近于有轨电车。

图 1.1.8 轻轨交通

轻轨交通适用于中等运量，多采用全封闭或半封闭方式，实行信号控制。其线路在市区部分可置于地下或高架，在郊区部分一般多在地面运行。轻轨平均速度为 20 ~ 25 km/h，单向高峰流量为 1 ~ 3 万人次/h，适用于道路坡道较大或弯曲的大中城市，也可在特大城市配合地铁在郊区的延伸。在运输能力上有较大的灵活性，其造价仅为地铁造价的 1/5～1/3。站台标准有高低之分，路权形式也有多种。

例如，伦敦把轻轨路权分为以下 3 种：

（1）LRT1，指与其他交通及行人共享路面。

（2）LRT2，线路固定于道路上，在紧急情况下，其他车辆可驶入其路面，类似公共汽车专用道。

（3）LRT3，路权专用，线路与其他交通及行人全部隔离，或是立交化的地面铁路，或是地下或高架铁路。它具有容量较大、速度快，乘坐舒适、安全、运行经济、建设成本比地铁低等特点，适用于距离较长、单向高峰小时最大客运需求量在 2～4 万人次的城市区域。

快速轻轨交通是指具有专用路权的轻轨系统。快速轻轨交通又可分旧车改进型、新线建设型及新交通系统型三种：

（1）旧车改进型：是将有轨电车分阶段加以改进，使其车辆逐步实现高性能，轨道线路路权专门化、地下化或高架化，并实现运转单人操纵。德国、比利时、瑞士、意大利等国修建的轻轨交通就属于这种类型。

（2）新线建设型：是英、法及北美等国自 20 世纪 70 年代开始利用城市废弃的既有铁路修建比较经济的城市轨道交通系统，如法国巴黎的 RER 系统即属于这种类型。

（3）新交通系统型：它比新线建设型更进一步，是作为一个独立系统开发的快速轻轨运输系统。加拿大开发的线性电机驱动的轻轨车辆和英国伦敦船坞地（Docklands）的轻轨车辆相当于这种类型，加拿大研制的线性电机车已在多伦多，温哥华、底特律等城市付诸使用。

地下铁道与快速轻轨交通又统称为快速轨道交通，是具有专用路权的大容量客运列车系统，有地下、高架或采用立交的地面铁路，具有高标准的站台，并有不同程度的自动化设施。

4）独轨交通

独轨交通可分为跨座式（见图 1.1.9）和悬挂式（见图 1.1.10）两种，前者跨在一根走行轨道上行走，其重心位于走行轨道上方；后者车辆悬挂于可在轨道梁上行走的走行装置下面，其重心处于轨道梁的下方。轨道梁比较窄，仅为 85 cm，对城市的景观及日照影响较小。独轨交通具有噪声低、振动小、对城市的景观及日照等影响小、通过小半径曲线能力和爬坡能力强等优点。但独轨车也存在运能小、速度低、能耗大、粉尘污染等缺点。

图 1.1.9　跨座式独轨

图 1.1.10　悬挂式独轨

5）现代有轨电车

现代有轨电车（见图 1.1.11）是介于公共汽车与地铁间的一种低运量的轨道交通系统。有轨电车通常采用地面线，有时有隔离的专用路基和轨道，隧道或高架区间仅在交通拥挤的地带才被采用。现代有轨电车不同于原来的电车，它保留全地面、不封闭、无信号系统等原电车的特点。对轨道结构按国际通用标准进行改造，并采用运量大、性能好、技术先进的新型车辆，具有投资少、运营费用低、对环境污染小等优点。现代有轨电车与性能较差的轻轨交通已很接近，只是车辆尺寸稍小一些，运营速度接近 20 km/h，单向运能可达 2 万人/h。在中小城市很有发展前景，具有很好的经济性。

图 1.1.11　有轨电车

6）自动导向交通系统

自动导向交通系统（见图 1.1.12）在一些文献资料中被称作新交通系统，当然是指狭义的新交通系统。这种交通系统的主要技术特征是轨道采用混凝土道床，车辆采用橡胶轮胎，由一组导向轮引导车辆运行，列车运行自动控制，可实现无人驾驶等。

图 1.1.12　自动导向交通系统

7）磁悬浮交通

磁悬浮交通（见图 1.1.13）是一种靠磁悬浮力（即磁的吸引力和排斥力）来推动列车运行的交通系统。磁悬浮线路分为高速磁悬浮与中低速磁悬浮，上海 2003 年开通的磁悬浮线路属于高速磁悬浮。

图 1.1.13　磁悬浮交通

高速磁悬浮由于价格高昂，在全球的推广之路异常坎坷，中低速磁悬浮则另辟蹊径。中低速磁悬浮是我国具有自主知识产权的新技术，也是目前城市轨道交通中最先进的技术。

与其他轨道交通制式相比，中低速磁悬浮在速度与造价方面优于地铁和轻轨，系统运能与轻轨相当，在噪声影响与爬坡能力方面优于单轨系统。很多人认为中低速磁悬浮辐射高，其实这是一种误解，磁浮列车内的磁场仅相当于吹风机、剃须刀等家用电器产生的磁场，甚至更低。此外，由于磁浮列车“抱”在轨道上运行，和路基一体化，磁浮交通是唯一可以做到运行中不发生颠覆事故的轨道交通方式。

2. 按路权及列车运行控制方式分类

路权是指轨道交通系统运行线路与其他交通隔离程度。以此为依据，轨道交通系统可分为全封闭系统、半封闭系统和开放式系统三种基本类型。

（1）全封闭系统。

全封闭系统是与其他交通完全隔离，不受平交道和人车的干扰，亦称“完全隔离”，一般用于高、大容量及 1.6 万人/h 以上的中等容量轨道交通系统。

（2）半封闭系统。

半封闭系统是沿行车方向采用缘石、隔离栅、高差等措施与其他交通实体隔离，但在交叉路口仍与横向的人车平交混行，受信号系统控制，一般用于 1.6 万人/h 以下的中等容量轨道交通系统。

（3）开放式系统。

开放式系统是代表地面混合交通，不具有实体分隔，轨道交通或与其他交通混合出行，在路口按照信号规定驶停。也可享有一定的优先权，诸如用道路标线或特殊信号等保留车道，有轨电车通常使用此形式。

根据城市轨道交通系统是否专用、列车运行控制方式的不同，轨道交通系统又可分为以下三种类型。

（1）路权专用、按信号指挥运行类型。

该类型系统的特点是线路专用，与其他城市交通线路没有平面交叉，由于路权专用及按信号指挥运行，行车速度高且行车安全性好，属于该种类型的轨道交通系统包括市郊铁路，地下铁道，高技术标准的轻轨和自动导向交通系统等。

（2）路权专用、按视线可见距离运行类型。

该类型系统的特点是线路专用，与其他城市交通线路没有平面交叉，行车安全性较好。但由于无信号、按可视距离间隔运行，行车速度稍低，属于该种类型的轨道交通系统主要是中等技术标准的轻轨。

（3）路权混用、按可视距离运行类型。

该类型系统的特点是线路与其他运输车辆和行人共用，与其他城市交通线路有平面交叉，除在交叉口设置信号控制外，其余线路段按可视距离间隔运行，行车速度与行车安全稍差。属于该种类型的轨道交通系统主要是低技术标准的轻轨和有轨电车。

根据城市轨道交通系统的基本技术特征，路权是否专用、列车运行控制方式的不同以及高峰小时单向运输能力的大小进行的分类并不是绝对的。事实上，在一些不同类型城市轨道交道系统之间并没有明确的，清晰的界限。

此外，一种轨道交通系统归入何种运量类型也是有条件的，因为计算轨道交通系统高峰小时单向运输能力的基本参数是列车间隔时间、车辆定员人数和列车编组辆数等，即使是同一轨道交通系统，这些参数也可能是多值的，这里进行分类的基本依据是根据某一轨道交通系统有关参数的常用取值。

3. 按高峰小时单向运输量分类

根据城市轨道交通系统高峰小时单向运输能力的大小，轨道交通系统可分为高运量，中运量和低运量等类型。

1）高运量轨道交通系统

该类型系统的高峰小时单向运输能力达到 3 万人以上，属于该种类型的轨道交通系统主要有重型地铁和轻型地铁等。

2）中运量轨道交通系统

该类型系统的高峰小时单向运输能力为（1.5 ~ 3）万人，属于该种类型的轨道交通系统主要有微型地铁、高技术标准的轻轨和独轨铁路。

3）低运量轨道交通系统

该类型系统的高峰小时单向运输能力为（0.5 ~ 1.5）万人，属于该种类型的轨道交道系统主要有低技术标准的轻轨，自动导向交通系统和有轨电车。

（三）城市轨道交通的特点

城市轨道交通系统是一个庞大而复杂的系统，将土木工程、建筑、机械、电机电器、自动控制、计算机、通信、信号等领域协调有序地联结在一起，与其他城市公共交通相比，具有明显的优势。主要特点如下：

1. 运量大

地铁和轻轨交通每小时运送能力都在几万人次，而公共汽车等公路交通仅为 8 000 人次。

2. 速度快

城市轨道交通采用专用线路，不受其他交通工具的干扰，最高速度可达 80 km/h，平均速度也在 30 ~ 40 km/h，能够保证乘客准时、迅速到达目的地。

3. 污染小

城市轨道交通相对公路交通，噪声小、污染轻，对城市环境不构成威胁。

4. 能耗低

采用大运量集团化客运系统和多项高新技术，按每运送一位乘客的能源消耗评价，是其他任何一种城市交通运输方式无法比拟的，并且对能源的适应性也相当强。

5. 可靠性强

由于采用先进的列车控制系统，及可靠性理念植根于城市轨道交通系统的设计、施工、运营、维护等阶段，是其他交通运输方式无法达到的。

6. 舒适性佳

与常规公共交通相比，目前城市轨道交通多采用自动运行一次性曲线控制，平稳减速和加速，具有良好的运行特性。同时车辆、车站采用空调、电梯、引导装置、自动售票等直接为乘客服务，形成良好的乘车条件。

7. 占地面积小

城市轨道交通主要采用地下隧道或高架桥，有效利用地下和地上空间，特别有利于缓解大城市中心区过于拥挤的情况，提高土地利用价值，并能改善城市景观。

城市轨道交通还具有固定性、长期性和先导性等特点和功能，随着我国进入高质量发展阶段，人们对修建城市轨道交通的意义有了新的认识：一是城市轨道交通规划对城市规划、建设的导向作用；二是修建城市轨道交通有利于环境建设和节能降耗。

二、城市轨道交通列车自动控制系统发展历程

（一）国外发展历程

在过去的近 200 年历史进程中，列车运行控制系统首先应用在城际铁路上，后来引入到城市轨道交通系统。列车运行控制系统在诞生之初主要是以信号系统为主要发展体系，随着科学技术的发展，特别是近年来微电子、计算机、通信、智能控制等技术的突飞猛进，信号系统与通信系统等不断融会贯通，其发展历程大体上可以划分为以下几个阶段。

1. 人工控制

1825 年，世界上第一列地铁列车在英国运行，采用人持信号旗骑马前行，引导列车前行。

1832 年，美国铁路线开始使用球形固定信号装置，传达列车运行信息。铁路员工通过望远镜瞭望，观察球形的颜色，沿线互传消息。

1839 年，英国铁路开始使用电报传输列车消息。

2. 机械装置控制

1841 年，英国铁路出现了臂板信号机。

1851 年，英国铁路使用电报机实现闭塞行车。

1856 年，J.萨克斯贝发明了机械联锁机。

1866 年，美国利用轨道接触器检查闭塞区间占用。

1867 年，出现点式自动停车装置，强制列车在显示停车信号的信号机前停车。

3. 电气控制

20 世纪 30 ~ 60 年代，出现了继电器联锁系统、色灯信号机和车载辅助信号等，司机依靠路旁信号机来传递不同信息驾驶列车。

4. 电子控制

20 世纪 60 年代开始，随着电子器件和计算机开始大量应用，列车自动控制（Automatic Train Contro1，ATC）系统出现在日本新干线上，实现机控为主，设备优先。

20 世纪 70 年代，随着地面信息传输技术（应答器、轨道电路和轨间环线电缆等）和列车信息接收技术不断完善，出现了点式 ATC 系统、点连式 ATC 系统，如法国的 TVM 系统、德国的 LZB 系统和日本的 ATS-P 系统等，具有实时速度监控功能。世界上一些著名信号公

司：法国阿尔斯通（ALSTOM）、德国的西门子（SIEMENS）、英国的西屋（Westing-house）、瑞典的安达（Adtranz）、美国的 US&S 等，相继推出基于数字轨道电路的准移动闭塞 ATC 系统。

20 世纪 80 年代，车载设备功能不断扩大，距离-速度模式曲线、自动实施常用制动和紧急制动、自动驾驶、节能运行等。

20 世纪 90 年代后，无线通信技术得到广泛应用，以信号控制为核心的传统轨道交通信号系统演变成基于通信的轨道交通运行控制系统（Communication Based Train Contro1，CBTC），以无线车地通信和移动闭塞为特点。

（二）国内发展历程

中国轨道交通列车控制系统发展起步较晚，自 1965 年第一条地铁北京一号线工程动工兴建以来，信号系统经历了自动闭塞、调度集中、列车自动驾驶和继电联锁等初始阶段。

1971 年北京地铁二号线开工建设，采用国产信号系统，随后北京八通线和上海一号线分别引进西屋和阿尔斯通公司的 ATC 系统，信号系统逐步向无绝缘轨道电路、微机联锁、列车超速防护、列车自动监控等现代信号系统发展。

1994 年至今，城市轨道交通快速发展，信号设备大规模从国外引进，造成了造价昂贵、设备维修困难、制式混杂、兼容性差等问题，提供国产化 ATC 系统成为亟待解决的问题。

2010 年 12 月 30 日，国内首条具有完全自主知识产权 CBTC 列车控制系统示范工程——北京地铁亦庄线（见图 1.1.14）正式开通试运营。北京交通大学研发的具备完全自主知识产权的 CBTC 核心技术和系统装备，经历了实验室研制、试车线试验、运营线中试后的正式工程应用，实现了“自动驾驶”“无人折返”“安全运营”三项目标，使中国成为继德国（西门子）、法国（阿尔斯通）、加拿大（阿尔卡特）后第四个成功掌握该项核心技术并成功应用于实际运营线路的国家，对推动北京市和中国城市轨道交通运行控制系统国产化和产业化具有重要意义。

图 1.1.14　北京地铁亦庄线

当代城市轨道交通列车控制系统，集车站、区间、车辆控制及行车调度指挥系统一体化，通信系统的相互融合，冲破功能单一、控制分散、通信信号相对独立的传统技术理念，推动列车运行控制系统朝数字化、智能化、网络化和一体化方向发展。

截至 2021 年底，中国大陆地区共有 50 个大城市开通城市轨道交通运营线路 283 条，运营线路总长度 9 206.8 千米。其中，地铁运营线路 7 209.7 千米，占比 78.3%；其他制式城轨交通运营线路 1 997.1 千米，占比 21.7%。当年新增运营线路长度 1 237.1 千米。

拥有 4 条及以上运营线路，且换乘站 3 座及以上的城市 24 个，占已开通城轨交通运营城市总数的 48%。2021 年全年累计完成客运量 236.9 亿人次，同比增长 34.7%，总进站量为 146.3 亿人次，同比增长 33.7%，总客运周转量为 1 981.8 亿人次千米，同比增长 33.3%，与上年同期相比全年客运水平整体增长。

2021 年城轨交通客运量占公共交通客运总量的分担比率为 43.4%，比上年提升 4.7 个百分点，其中上海、广州、深圳、成都、南京、北京、杭州、南宁 8 个城市城轨交通客运量占公共交通的分担比率均超过 50%。

2021 年全年共完成建设投资 5 859.8 亿元，在建项目的可研批复投资累计 45 553.5 亿元，在建线路总长 6 096.4 千米，在建线路规模与年度完成投资额同比均略有回落。

截至 2021 年底，共有 67 个城市的城轨交通线网规划获批，其中，城轨交通线网建设规划在实施的城市共计 56 个，在实施的建设规划线路总长 6 988.3 千米；56 个城市在实施建设规划项目的可研批复总投资额合计为 42 222.55 亿元。2021 年全年，共有 3 个城市新一轮城轨交通建设规划获国家发改委批复并公布，获批项目中涉及新增线路长度 314.6 千米，新增计划投资 2 233.54 亿元。

“十四五”城轨交通已由重建设转变为建设、运营并重阶段。城轨交通新开通运营线路里程“十三五”期间呈持续上涨势头，“十四五”各年预计呈现波动变化趋势，各年不均衡，新开通运营线路规模在近年达到峰值后有所回落。这种波动将会传导至产业链上下游，带来设计规划、工程建设、装备制造企业等设计、施工、制造、供应的变化，应提前预警，合理配置资源，促进城轨交通行业高质量健康发展。

“十四五”期间，城市群、都市圈轨道交通将快速发展，城市群、都市圈规划中所批复的一批市域快轨逐步建成开通。2021 年国家发改委批复了《长江三角洲地区多层次轨道交通规划》《成渝地区双城经济圈多层次轨道交通规划》，未来随着城市群、都市圈轨道交通规划的推进，市域快轨将有一个较大的潜在发展空间。

党的二十大报告指出，坚持把发展经济的着力点放在实体经济上，推进新型工业化，加快建设制造强国、质量强国、航天强国、交通强国、网络强国、数字中国。实施产业基础再造工程和重大技术装备攻关工程，支持专精特新企业发展，推动制造业高端化、智能化、绿色化发展。

任务二　城市轨道交通列车自动控制系统关键技术

一、应答器

应答器在城市轨道交通列车运行自动控制系统中应用很普遍。上海地铁1号线的ATC系统最早采用无源和有源应答器，实现了列车在车站的程序定位停车控制，其后在“距离定位”的ATC系统中，轨间采用了大量的定位应答器，也称“信标”（见图1.2.1）。近年来，我国城市轨道交通陆续采用基于无线通信的CBTC系统，从而废除了轨道电路，而为了检测列车在线路的精确位置，普遍大量地采用了应答器。应答器可以发送线路速度、线路坡度、轨道区段、信号点类型、临时限速、进路参数、轨道区段等信息。

微课：应答器与测速

图1.2.1　应答器

（一）应答器系统的组成

应答器系统（见图1.2.2）主要由地面设备和车载设备两部分组成。

地面设备包含地面应答器和地面电子单元，实现地对车的数据传输。地面无源应答器具有列车运行固定信息。有源应答器与地面电子单元相连接时，能提供实时可变的信息。地面电子单元是一种数据采集与处理单元，当有数据变化时，将变化后的数据形成报文，并推送给地面应答器，传送给列车。

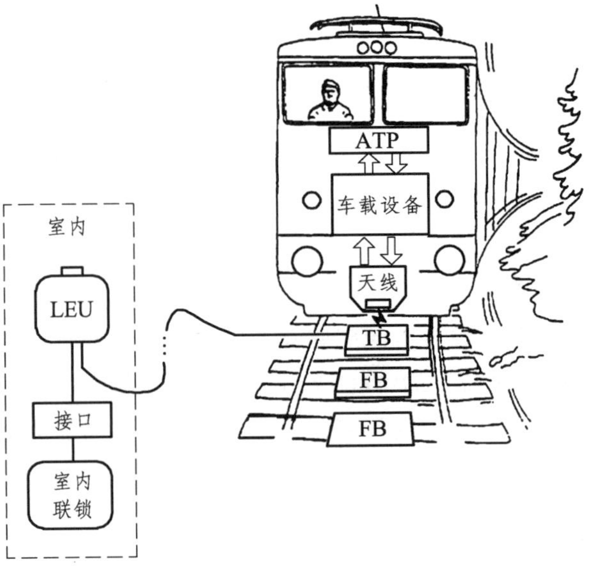

FB—固定应答器；TB—可变应答器。

图 1.2.2　应答器系统组成

地面应答器可以单个设置，也可以按编组形式设置，组内每个应答器均发送一组报文，所有报文综合定义了该应答器组所代表的信息含义。例如，在 CBTC 系统中，在线路入口处设有两个距离固定的地面应答器，它们为一组，构成“初始化”应答器，不仅使列车识别运行方向和在线路的绝对位置，而且可以计算“轮径”补偿值，校正距离定位的误差。

车载部分包括车载查询天线和车载应答器。车载查询天线是一个双工的收发天线，既要向地面发送激活地面应答器的功率载波，还要接收地面应答器发送的数据报文。车载查询器对地面应答器的数据进行处理分析，然后传送给车载 ATC 系统，完成相应的控制，所以车载接收设备包括滤波、解调、微处理器等模块。

（二）应答器的种类和工作原理

城市轨道交通常见使用的应答器主要包含无源应答器和有源应答器。

1. 无源应答器

无源应答器（见图 1.2.3）作为一个电磁设备，没有外接电源供电。平时无源应答器处于静止休眠状态，当列车经过无源应答器上方时，地面应答器接收到车载天线传递的载频能量，获得电能量使地面应答器的信号发生器工作，然后将事先存储在地面应答器中的数据传送出去。这些信息可以包含公里标、线路坡度、限速等各种数据信息。列车接收到这些信息，通过车载控制系统得出最佳的运行速度，以保证行车安全。列车也可以根据接收到的信息确定列车在线路的精确位置。

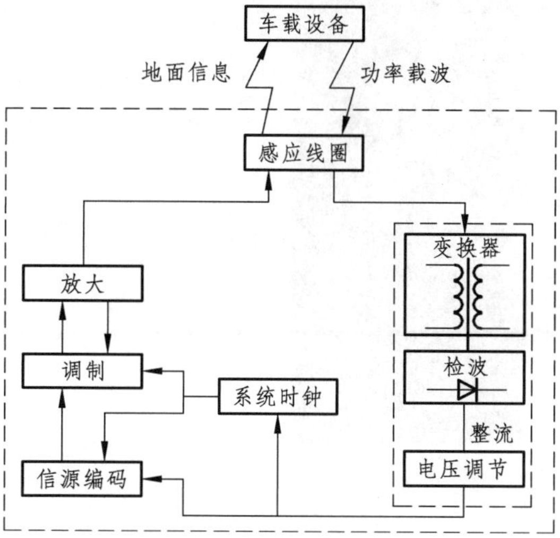

（a）原理图

（b）实物图

图 1.2.3　无源应答器

2. 有源应答器

有源应答器（见图 1.2.4）需要外接电源向其供电。它由可变信息应答器、轨旁电子单元（Lineside Electronic Unit，LEU）（见图 1.2.5）、车站信息编码设备和连接电缆组成。有源应答器接有车站信息编码设备，因此有源应答器内的数据报文可以随外部控制条件产生变化。例如设置于地面信号机旁的应答器，它将信号机的显示状态的数据信息通过应答器传送给列车，对应信号机的不同显示，数据信息是可变的，在城市轨道交通点式 ATP 子系统中得到广泛的应用，另外在 CBTC 的后备系统中也普遍采用。当列车接近到应答器的一定距离时，地面应答器内的数据应该保持不变；当列车远离应答器时，数据可以随时变化。车站内的信息编码设备和车站联锁系统结合，采集联锁系统的有关信息，例如信号机的显示、道岔的位置、临时限速等。这些信息经过编码设备编码后，通过串行接口传送至轨旁电子单元，再通过它控制地面有源应答器的发送，为列车提供实时的信息。

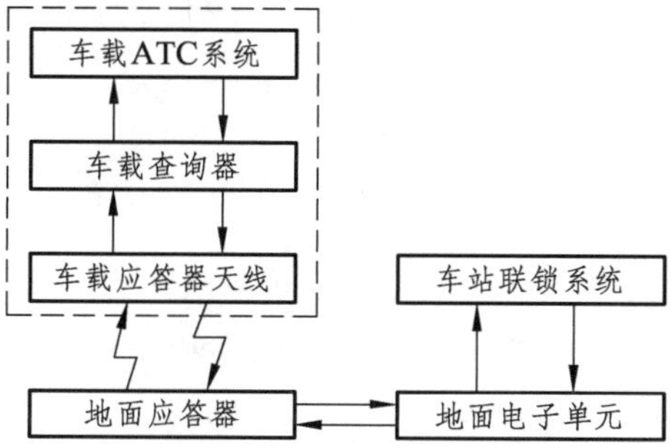

（a）原理图

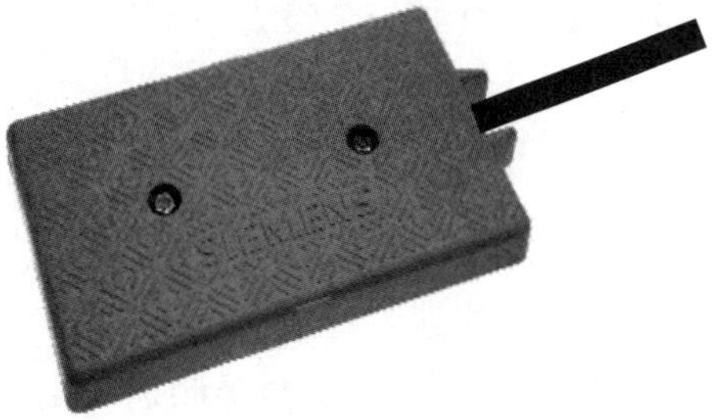

（b）实物图

图 1.2.4　有源应答器

图 1.2.5　轨旁电子单元

应答器作为保证行车安全的信号设备，应符合安全标准。早在 1996 年欧洲铁路联盟就对应答器作出了相应的规定。我国城市轨道交通使用的应答器大部分是基于欧洲标准，再结合我国轨道交通的特点开发的。设计应答器时，应遵循以下设计指标：参照欧洲列车控制系统（European Train Control System，ETCS）的标准设计，并符合我国轨道交通的运行状况；具有抗电化干扰的能力，并且不应对其他设备产生干扰；应采用模块化结构、统一接口、标准协议，能与其他信号系统结合或进行数据交换；系统的信息编码，应符合国际标准；易于安装、调试、采用高可靠性设计，防机械冲击和振动，可满足封装密封、元器件防振、耐高温及防潮等环境要求。

基于以上原则，设计地面应答器时，无源应答器比有源应答器的设计更复杂，且无源应答器只需去除电源电路，改由外部供电外，也可以当作有源应答器使用。

二、测　速

速度和位置信息是保证列车控制系统正常工作、列车安全运行的重要参数。只有了解列车的位置、速度等信息，才能控制车辆的牵引、制动和惰行等，获得行车效率和保证行车安全。运行速度和走行距离这两个参数是密不可分的，在不考虑车辆转向架蛇行运动的前提下，其中一个参数可由另一个参数对时间微分或积分求得。

（一）测速发电机

测速发电机（见图 1.2.6）是一个脉冲转速传感器，通过测量车轮转速来测定列车运行速度和距离。每个测速发电机上均有两个通道，可以发出两组脉冲流，脉冲相位呈 90°。每套车载 ATC 系统设备均备有两个测速发电机，分别安装在单独的非动力车轴上。

测速发电机安装在车轮外侧，发电机所产生的交流电压的频率与列车速度（主轮的转速）成正比。经过频率-电压的变换，把列车实际运行的速度变换为电压。

图 1.2.6 测速发电机

为了确保发电机线圈断线时按故障-安全原则运行，在频率变换电路中使机车速度为零时也产生一定的频率，这样就可以区分机车速度为零还是故障。当频率为零时（或某频率以下），设备就可以报警或自动停车。

频率-电压变换电路的原理如图 1.2.7 所示。当速度增大，即交流信号增大时，多谐振荡器为射极耦合触发器，其输出与测速发电机同步。当列车速度低于一定值（近似为零）时，电路由射极耦合触发器变为自激多谐振荡器。测速发电机产生的频率与车轮的直径有关。在速度相同时直径大的车轮其输出的速度电压频率低，反之则频率高。因此，需设置一个车轮直径补偿电路，以消除不同直径的车轮所产生的差异。

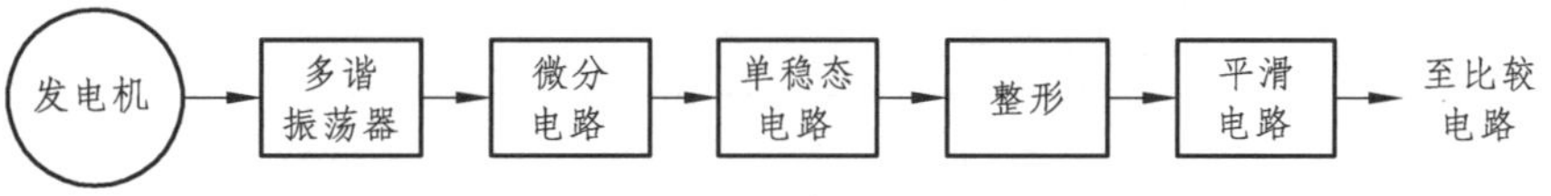

图 1.2.7 频率-电压变换电路的原理

（二）轮轴脉冲转速传感器

转速传感器的种类很多，有磁电式、光电式、离心式、霍尔式等转速传感器。轮轴脉冲转速传感器（见图 1.2.8）测速的基本工作原理是：利用车轮的周长作为“尺子”测量列车走行距离，根据所测距离测算列车运行速度。

图 1.2.8 轮轴脉冲转速传感器

测量列车速度就是检测列车车轮转速和列车轮径。轮轴脉冲转速传感器安装在轮轴上，轮轴每转动一周，传感器输出一定数目的脉冲，使脉冲频率与轮轴转速成正比。输出的脉冲经隔离和整形后直接输入计算机 CPU 进行频率测量，再经换算从而得出车组速度和走行距离。其工作原理如图 1.2.9 所示。

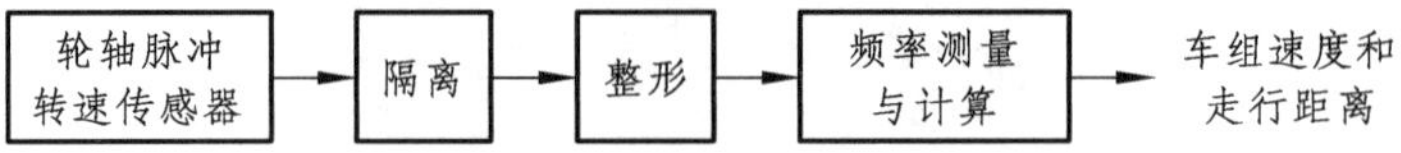

图 1.2.9 轮轴脉冲转速传感器的工作原理

轮轴脉冲转速传感器也存在一定的缺陷，即车轮空转或打滑会使列车速度的测量结果存在误差。为解决此类问题，在列车车轴上加装一个加速度传感器，配合脉冲转速传感器使用。

（三）惯性加速度传感器

加速度传感器是一种能够测量加速力的电子设备。加速力是物体在加速过程中作用在物体上的力，可以是常量或变量。一般加速度传感器根据压电效应原理工作，加速度传感器利用其内部由于加速度造成的晶体变形产生电压，只要计算出产生的电压和所施加的加速度之间的关系，就可将加速度转化成电压输出。还有很多其他方法制作加速度传感器，如电容效应、热气泡效应、光效应，但其最基本的原理都是由于加速度使某种介质产生变形，通过测量其变形量并用相关电路转化成电压输出。加速度传感器的工作原理如图 1.2.10 所示。

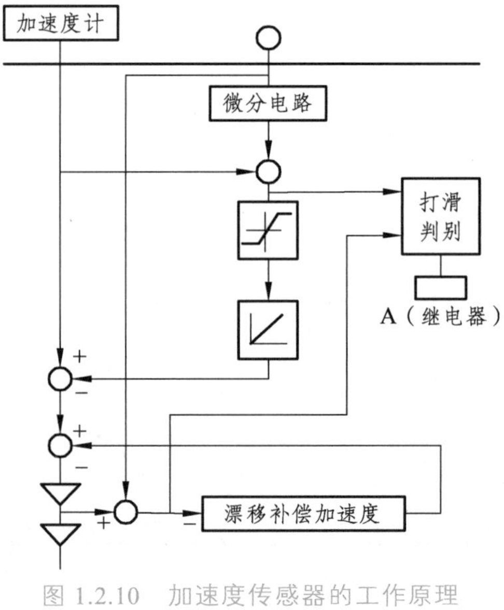

图 1.2.10 加速度传感器的工作原理

在列车打滑期间，把机车的内加速度作为测速的信息源，该信息与车轮旋转的状态等信息不相关，而在其余工作时间仍用轮轴脉冲传感器测速。因此，该方式称为基于惯性加速度传感器的测速。在车轮打滑时，由加速度传感器测得加速度及车轮打滑前加速度的倾斜分量，进而计算出车轮打滑时的列车运行加速度，再将该值积分即得到车轮打滑时列车实时运行的速度。

（四）多普勒雷达测速

多普勒雷达测速是利用多普勒效应测量列车的运行速度。在车头位置安装多普勒雷达（见图 1.2.11），雷达向地面发送一定频率的信号，并检测反射回来的信号。由于列车的运动会产生多普勒效应，所以检测的信号频率与发射的信号频率是不完全相同的。如果列车在前进状态，则反射的信号频率高于发射信号频率；反之，则低于发射信号频率。而且，列车的运行速度越快，两个信号之间的频率差越大。通过测量两个信号之间的频率差就可以获取列车的运行方向和即时运行速度。

雷达的测算结果完全不受列车空转和滑行的影响并可以实现连续测速。多普勒雷达输出的是一种脉冲流，其频率与被测量的列车速度成正比。多普勒雷达可用于准确读取 5 km/h 以上的速度。

图 1.2.11　多普勒雷达

三、列车定位

列车定位系统设备用来确定列车的位置，以及与列车行车安全相关的间隔及速度，为保证安全列车间隔提供依据。

（一）定位技术

1. 轨道电路定位

轨道电路（见图 1.2.12）是最简单的列车定位设备，其优点是无需对既有系统进行大的改造即可实现列车定位功能，它的定位精度取决于轨道电路的长度。轨道电路定位如图 1.2.13 所示。

图 1.2.12　轨道电路

轨道电路分为机械绝缘和电气绝缘两种类型，利用数字轨道电路对列车进行定位是目前城市轨道交通系统中应用最为普遍的技术手段。

图 1.2.13　轨道电路定位示意图

2. 计轴器定位

计轴器（见图 1.2.14）是一种特殊的列车定位装置。计轴技术是以计算机为核心，辅以外部设备，利用统计车辆轴数来检测相应轨道区段占用或空闲状态的技术，适用于某些无法采用轨道电路的场合。我国城市轨道交通也开始引入该技术，并在部分线路上使用。计轴器定位继承了轨道电路定位的很多特点，和前述的轨道电路法一样，这种方法的定位安全性较高，精度较差，通常也需与测速装置结合起来使用。

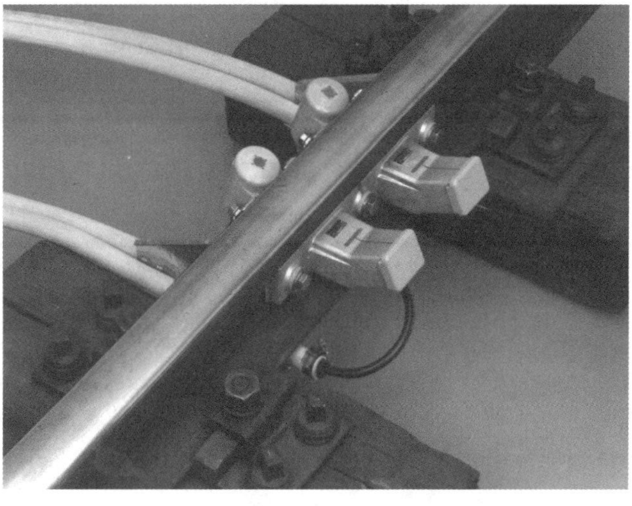

图 1.2.14　计轴器

3. 查询应答器定位

查询应答器作为列车定位信标，其定位示意图如图 1.2.15 所示。它可以在设置查询应答器的相应点给出列车定位信息。作为列车定位系统，查询应答器具有很高的定位精度，它在应答器安装点的定位精度为 1 ~ 2 m，取决于查询天线的作用范围。它同时还具有很高的可靠度，可以在任何气候、任何地点（包括 GPS 覆盖不到的地区）可靠地工作，并且具有维修简便、运行费用低等一系列优点。

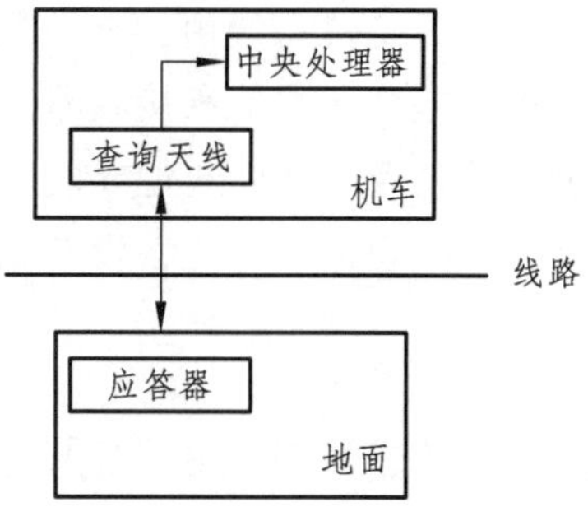

图 1.2.15　查询应答器定位示意图

4. 测速定位

测速定位就是通过不断测量列车的即时运行速度，对列车的即时速度进行积分（或求和）的方法得到列车的运行距离。由于测速定位获取列车位置的方法是对列车运行速度进行积分或求和，故其误差是累积的，而且测得的速度值误差对最终距离值的误差影响也是非常直接的。因此，利用该种定位方法的关键在于速度测量的准确性和求位移算法的合理性。另外，测速定位法总体来说属于相对定位，它无法获取列车的初始位置，要获得列车的绝对位置仅仅依靠这种方法本身几乎是不可能的。测速定位主要有轮速（里程表）法和多普勒雷达法等测量方法。

5. 交叉感应环线定位

感应环线电缆由扭绞铜制线芯和绝缘及防护外层组成。电缆敷设于轨道之间。一个环线区段的最小长度是 40 m，最大长度是 350 m，环线之间是相互分离的，仅在区域边界处相互邻接。为了解决与钢轨及相邻环线的退耦，电缆每隔 25 ~ 100 m 进行交叉，车载设备在经过每个交叉时检测到信号相位的变化，以此进行列车的定位计算。

列车定位是从感应环、感应环交叉和测速发电机来获得的，它们之间的相互关系如图 1.2.16 所示。

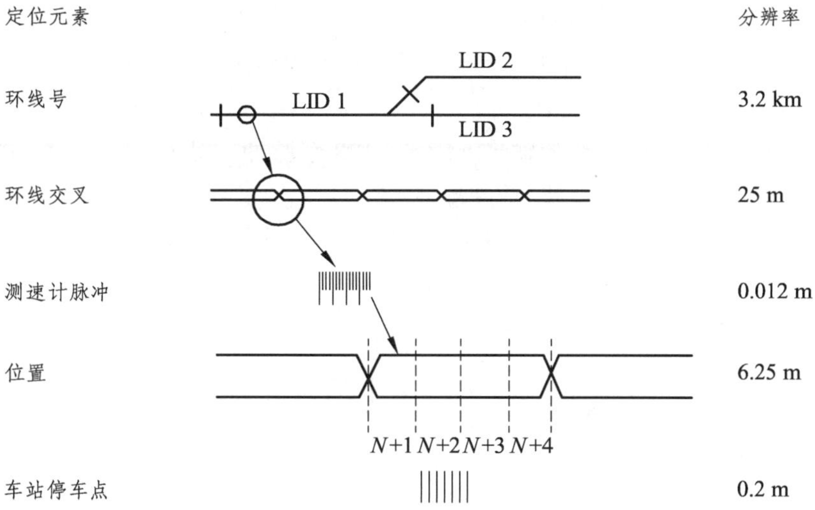

图 1.2.16　交叉环线定位原理

6. GPS 定位技术

GPS 定位系统由导航卫星、地面检测站和用户接收机组成。只要在列车两端安装 GPS 接收机和差分误差信息接收器，接收多颗导航定位卫星发送来的定位信息，就可以计算出自己确切的位置，从而通过导航卫星实现列车的精确定位。GPS 定位方法的显著优点是定位精度高，可实现连续定位，没有地面设备，节约了大量的安装和维护工作。

7. 无线扩频列车定位

无线扩频列车定位是利用无线扩展频谱通信技术确定列车在线路中的位置。这种方法借鉴了军用定位技术，具备在恶劣电磁环境下可靠传输的能力。每隔 0.5 s 可对每辆列车的位置进行检测，对列车定位的精度可达 ± 5 m。

在车站、轨旁和列车上设置有扩频电台，所有的电台都由同步时钟精确同步。一方面通过这些电台在列车与轨旁控制室之间传递安全信息，另一方面也利用它们对列车进行定位。轨旁电台的位置是固定不变的，并经过精确测量。轨旁计算机或车载计算机利用不同电台传输信息的时间延时可以精确计算出列车的位置。

8. IPS 列车定位

IPS 是惯性定位系统（Inertial Positioning System）的英文简写，它根据牛顿力学定律，通过测量列车的加速度，将加速度进行一次积分后得到列车的运行速度，再进行一次积分即可得到列车的位置（包括经度、纬度和高度），从而实现对列车的定位。

此外，还有航位推算（Dead Reckoning，DR）系统定位及地图匹配定位等方法。

9. 编码里程计定位

编码里程计是 ATP/ATO 用来测量列车位移、推算速度和加速度的车载定位设备，通常设置在列车车轴的尾部。

编码里程计通过编码盘与轮轴耦合，驱动一个或多个装在编码盘四周的光电传感器。这些传感器产生一个和速度成比例的脉冲序列，车载设备通过采样电路得到列车运行的速度和距离。

列车车轮运动一周，编码里程计输出 64 个或 128 个脉冲。列车车轮运动一周，编码里程计输出的脉冲数越多，测速和/或测距精度越高。

编码里程计测距的原理如图 1.2.17 所示。

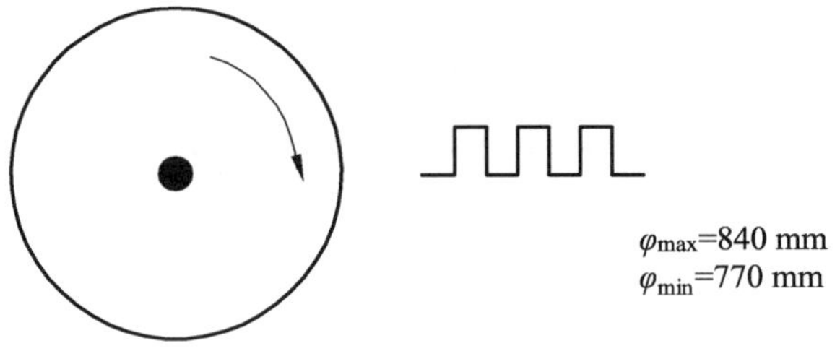

图 1.2.17　编码里程计测距的原理

$$
\begin{aligned}
&\text{列车运动速度}=\text{单位时间内编码里程计输出的脉冲数}\times \\
&\qquad(\pi\varphi/\text{编码里程计每周输出的脉冲数}) \\
&\text{列车运动距离}=\text{编码里程计输出的脉冲数}\times \\
&\qquad(\pi\varphi/\text{编码里程计每周输出的脉冲数})
\end{aligned}
\tag{1-1}
$$

式中，φ——列车车轮的直径，mm。

由于列车周而复始地运动，车轮轮径不断磨损，目前城市轨道交通系统中允许列车车轮的轮径范围为 770 ~ 840 mm，因此 φ 是个变量，要定期或不定期地进行修正。

利用车载编码里程计确定列车运行的距离还需要考虑列车运动过程中车轮的空转和打滑。通常车载里程计只给出列车对应地面某个标识的相对距离，保证列车在线路中运行时，车载定位设备的距离测量不会有大的累积误差。

10. 多种设备融合定位

实际工程应用中，可以综合运用多种设备进行定位，例如某 ATC 系统的列车定位信息的处理过程如图 1.2.18 所示。

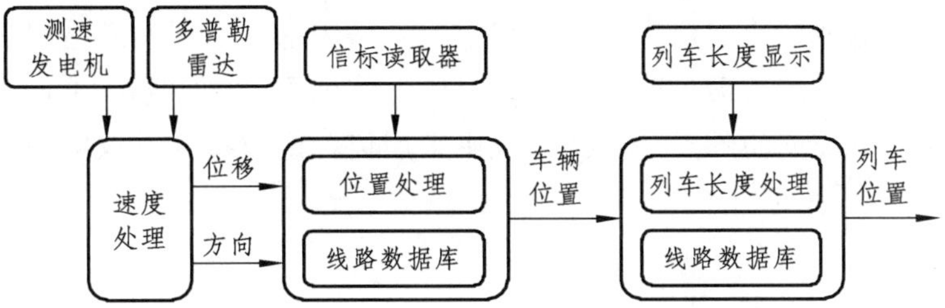

图 1.2.18　某 ATC 系统列车定位信息处理过程

（1）系统通过处理测速发电机和多普勒雷达的输出信息，生成行驶距离（位移）、速度和方向的精确数据。线路曲线半径过小可能会导致测速发电机产生一个较小的位移误差。为解决这一问题，ATP 在列车运行的整个距离上确定累积误差范围。

（2）为了防止定位误差累积过大，沿线路设置的每个信标都有一个唯一的编号并带有特定的位置信息。系统通过信标读取器识别信标，从而校正自身的位置。当遇到信标时，在更新车载位置和重新设置位置误差之前，ATP 会检查信标的位置坐标是否在当前计算的车载位置误差范围之内。此外，当列车经过信标标记时，ATP 还将自动校准轮径值，消除人为输入车轮直径所产生的误差。

（3）车载列车控制系统从上一个信标位置计算列车位移和位置误差。通过加上每一侧的列车长度和列车每一段的位置误差，确定列车的精确位置。

（二）列车定位技术的分类

列车定位可以分为固定定位技术和移动定位技术两大类。

1. 固定定位技术

固定定位技术是一种被动的定位方式，其定位原理是将线路划分为若干不同的闭塞分区，列车定位是以固定闭塞分区的长度作为最小定位单元的，一个闭塞分区同时只能被一辆列车占用，但列车在闭塞分区内更加详细的位置信息无法获得，定位精度较差。列车的定位功能常利用轨道电路方式或计轴点的方式来实现。

2. 移动定位技术

移动定位技术是一种主动的定位方式，其定位原理是列车根据线路上预先设置的轨旁信息点，来推算出自身的实际地理位置，最小定位单元可以根据设置的轨旁信息点的精度来实现。

列车的定位功能常利用测速定位加校正方式或外部参照定位方式等来实现。

测速定位加校正方式是利用查询应答器、电缆环线等技术手段，对车载里程计由于车轮滑行或空转、轮缘磨损等原因产生的测距误差进行修正，来实现列车的定位的。而外部参照定位方式就是列车根据预设的外部参照物来确定自身位置的方式，主要包括利用电缆环线、裂缝波导、无线扩频通信及 GPS 等技术手段。外部参照定位方式从定位原理来看分为以下两类：一是利用沿线路敷设外部介质特性在线路上形成标尺的功能，列车通过数刻度的方式实现自身的定位，如裂缝波导管定位和电缆环线定位就采用这种原理；二是列车通过综合多个预设定位校正设备的距离的数据来获取列车所处的具体位置，如无线扩频通信定位和 GPS 定位就采用这种原理。需要说明的是，具体系统中采用何种定位技术，取决于对线路运输能力的要求。

四、车地通信技术

微课：车地通信技术

在城市轨道交通领域，ATC 系统的车地通信信道主要采用点式和连续式两种通信方式来实现列车与轨旁设备间的信息传输。地到车的信息主要是列车自动防护（ATP）信息，车到地的信息主要是列车动态信息（包括列车位置、速度、驾驶模式、停车保证等）和车载信号设备及列车车辆相关状态信息等。为了实现精确、安全、可靠的控车目标，要求车地通信通道具有高可靠性、安全性和兼容性。

（一）点式通信方式

点式通信是在线路上特定的点进行车地信息传输，其通道主要用应答器建立。应答器是基于感应耦合和移频键控技术的数字式转发器。根据使用性质不同，应答器可分为固定数据应答器和可变数据应答器，二者均由来自列车的能量信号触发。应答器通常安装在道床上或其他有效位置。当列车经过应答器时，被激活的应答器向车载天线发送一个用于识别应答器的报文（识别号）。车载 ATP 设备可以依据该报文中的线路坐标的绝对位置信息，进行列车定位修正，同时也从应答器获取其他控车信息。

对于点式通信级的应答器，它主要为列车防护提供点式列控信息。其中，固定数据应答器是无源的，用于存储一个可重复编程的报文；可变数据应答器是有源的，它通过轨旁电子单元（LEU）和相应信号机相连。正常情况下，可变数据应答器接收 LEU 连续发送的报文，该报文内容取决于与LEU连接的信号机的显示信息，变化的显示信息再通过应答器向列车传送；一旦与LEU的连接中断，将向通过列车传送存储的默认报文。应答器车地通信子系统的构成如图1.2.19所示。

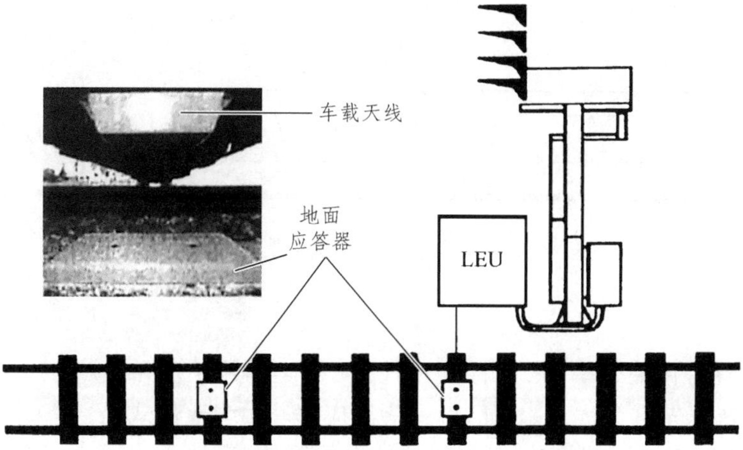

图1.2.19　应答器车地通信子系统的构成

（二）连续式通信方式

连续式通信是在线路全线进行车地信息传输。目前，城市轨道交通领域主要采用轨道电路、感应环线、无线电台、漏泄波导作为连续式通信的媒介。其中，感应环线属于电磁感应式；漏泄波导和无线电台属于无线通信式，其信息传输量较电磁感应式大。

1. 轨道电路

轨道电路反映该段线路是否空闲，为开放信号、建立进路或构成闭塞提供依据，还通过轨道电路的被占用来关闭信号，使信号显示与轨道电路是否被占用结合起来。对于列车运行控制来讲，带有编码信息的轨道电路是其车地之间传输信息的通道之一。城市轨道交通一般采用直流牵引，所以车辆段内可采用50 Hz相敏轨道电路，正线则多采用高可靠性、多信息量的数字编码式音频轨道电路，简称数字轨道电路。

目前，在我国的广州、上海等城市轨道交通中运用较多的音频无绝缘数字轨道电路有德国西门子公司的FTGS轨道电路、法国阿尔斯通公司的DTC921轨道电路，以及美国US&S公司的AF-904轨道电路。

随着电子数字技术的发展，日本铁路公司新开发了多种数字式ATC系统。数字ATC系统分地面设备和车载设备两部分。地面设备检查列车出清或占用，并将线路状况信息传输给列车；车载设备根据该数据确定能保证列车安全运行的速度，控制机车运行。

2. 电磁感应式

感应环线通信是基于数据的电磁传输，它通常敷设于两条钢轨之间，作为发送和接收天线使用，与相应的车载天线一起，实现车载设备和轨旁设备间的双向通信和数据交换。感应环线车地通信子系统主要由室内环线控制单元、车载通信单元和天线、室外轨旁远程终端盒与感应环线电缆组成，其轨旁布置如图 1.2.20 所示。

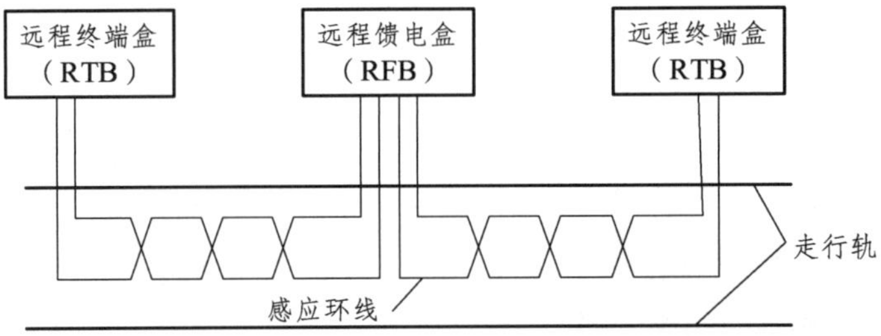

图 1.2.20　感应环线车地通信子系统的轨旁布置

3. 车地无线通信方式

无线通信式具有传输速率高、产品通用性强、对运营维护和乘客疏散的影响小、技术先进等优点，现已得到广泛应用。无线通信式是利用自由空间波实现车载和轨旁设备之间的数据传输的。车地无线通信应用如图 1.2.21 和图 1.2.22 所示。

动画：车地无线通信技术原理

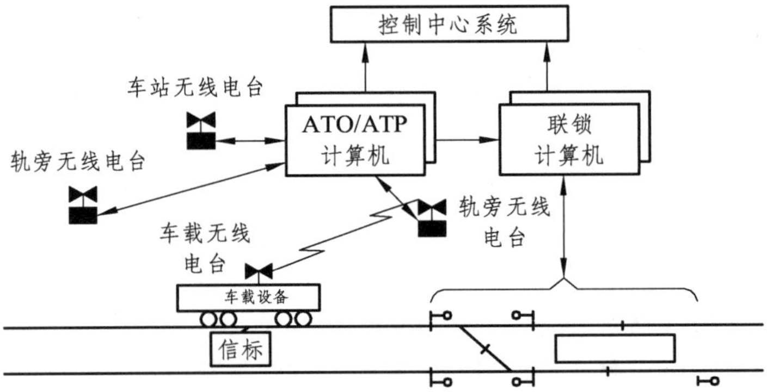

图 1.2.21　车地无线通信应用示意图

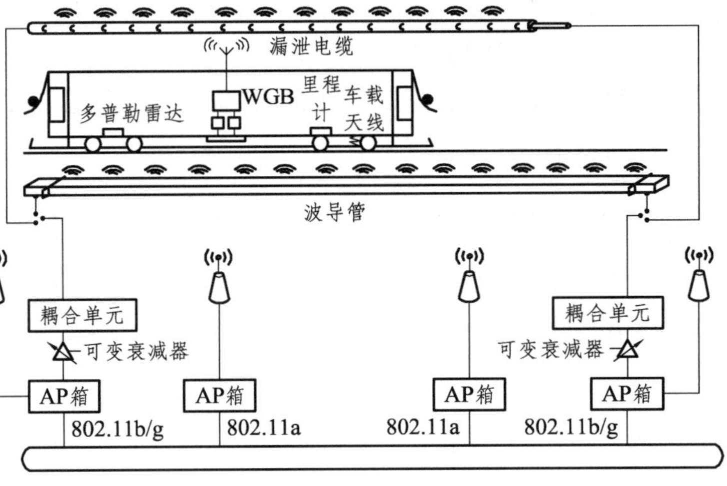

图 1.2.22　CBTC 系统车地无线通信示意图

在无线通信中通常采用扩频技术，即扩展频谱通信。扩频通信技术是一种信息传输方式，其信号所占有的频带宽度远大于所传信息必需的最小带宽。频带的扩展是通过一个独立的码序列来完成的，与所传信息数据无关；在接收端，则用同样的码进行相关同步接收、解扩及恢复所传信息数据。扩频通信技术具有抗干扰性强、保密性好的特点。

在发射链路的某处引入相应的扩频码[扩频码通常称为伪随机码（PRN）或伪随机序列，它是类似于噪声的随机数字序列]，将传输的信号扩展到一个更宽的频带内，从而对其他系统表现为噪声；在接收链路中数据恢复之前移去扩频码，在信号的原始带宽上重新构建信息，从而提高无线传输的抗干扰性和安全性。根据伪随机码插入通信信道的位置不同，可以得到直序扩频（DSSS）、跳频扩频（FHSS）、跳时扩频（THSS）几种扩频调制方式，其中 DSSS 和 FHSS 是现在最常用的两种技术。

1）无线自由波

无线车地通信子系统由轨旁无线传输网络和车载无线设备两部分组成。轨旁无线传输网络由光纤骨干网和无线局域网[轨旁读取点（AP）、无线天线]构成，轨旁无线方向性天线通过 AP 与光纤骨干网连接，并与车载无线天线一起把车载设备和轨旁设备联系起来。

轨旁无线传输网络的典型布置如图 1.2.23 所示。

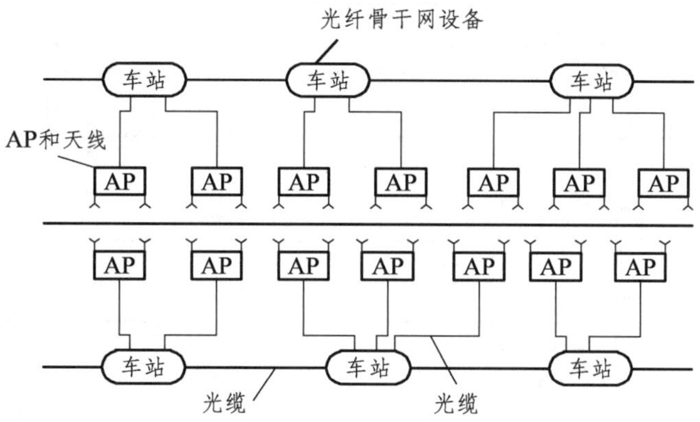

图 1.2.23　轨旁无线传输网络的典型布置

2）微波裂缝漏泄波导

微波裂缝漏泄波导系统是波导信息网络的关键部分，它是具有较宽的带宽的可以同时传输数据、语音及视频信号的传输系统，用于车地双向连续数据传输及列车定位。

裂缝漏泄波导单元是一个中空的铝质矩形管，在其顶部等间隔开有窄缝，使得在载频范围内的微波沿裂缝波导均匀辐射，在波导上方的适当位置接收器可以接收波导裂缝辐射的信号，接收器通过信号处理得到有用的数据。微波裂缝漏泄波导的传输方式如图 1.2.24 所示。

波导信息网络轨旁子系统产生一个高频的连续波，除传递列控信息外，当这一连续波沿着波导传输时，波导上方辐射的尖峰数等于波导的缝隙数，在检测尖峰的过程中，列车经过的距离等于两个波导缝隙的距离，从而实现列车位置的精确测量。由于这一测量过程独立于轨道与车轮的接触，当车轮打滑或空转时可以用它来对里程仪加以校正。

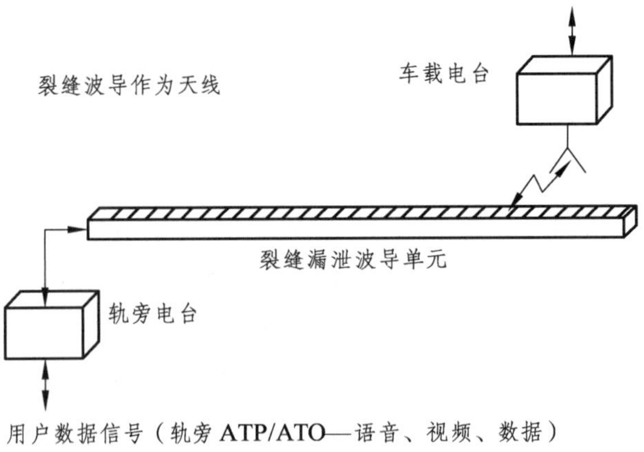

图 1.2.24 微波裂缝漏泄波导的传输方式

波导信息网络子系统包括固定在轨旁的漏泄波导、基站及车载天线。一个 ATC 区段内的车地双向连续传输由几个波导信息网络（WIN）基站提供，每个 WIN 基站通过对频率管理一个通信单元。在通信单元的边界之间设有重叠的无线覆盖区，以保证列车在两个相邻的通信单元之间平稳地交接。轨旁波导信息网络的典型布置如图 1.2.25 所示。

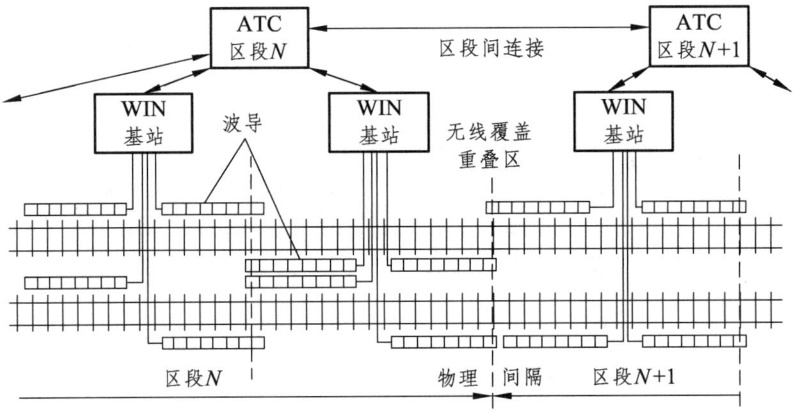

图 1.2.25 漏泄波导信息网络的典型布置

3）漏泄同轴电缆

除采用无线电台和漏泄波导外，无线通信方式还可采用漏泄同轴电缆（漏缆）作为车地信息传输的媒介。漏缆大量用于隧道内的信息传输。通过同轴电缆外导体上所开的槽孔，电缆内传输的一部分电磁能量发送至外界环境中；同样，外界能量也能传入电缆内部。外导体上的槽孔使电缆内部电磁场和外界电波之间产生耦合，进行信息传输，具体的耦合机制取决于槽孔的排列形式。

五、闭塞方式

ATC 系统是根据列车在线路上运行的客观条件和实际情况，对列车运行的速度和控制方式等状态进行监督、控制和调整的技术装备。在车站区间内，使连续发出的列车保持一定的间隔，避免造成列车正面冲突或追尾事故，高效组织列车安全运行的方法叫作行车闭塞法，也称闭塞。

1840 年之前，列车运行采用时间间隔的区间行车组织方法。时间间隔法是列车按照事先规定好的时间由车站发车，先行列车发出后，间隔一定的时间再发出同方向的后续列车，使先行列车和后续列车追踪时保持一定的时间间隔的行车方法。这种方法的缺点是不能有效确保行车安全。当先行列车在途中遇到突发情况停车或晚点等非正常情况时，后续列车无法预知，依然按照既定时间间隔发车，可能会发生追尾事故，安全无法保证，更无法实现高效运营，为解决这个问题，提出了空间间隔法。

空间间隔法，即把线路划分为若干区间（或分区），在每个区间（或分区）内同时只准许一辆列车运行，使先行列车和后续列车追踪时保持一定的空间距离的行车方法。我国轨道交通线路以车站为分界点，划分为若干区间，采用区间作为列车运行空间间隔。这种方法能严格把列车分隔在两个空间，可以有效地防止列车追尾和正面冲突事故发生，确保列车运行安全。目前常说闭塞可以默认为空间间隔闭塞法，定义为用信号或凭证，保证列车按照空间间隔法运行的技术方法。

ATC 系统按照闭塞制式有三种：固定闭塞式、准移动闭塞式、移动闭塞式。

（一）固定闭塞式

固定闭塞（见图 1.2.26）将线路划分为固定的闭塞分区，前后车的位置都是用固定的地面设备来检测；闭塞分区用轨道电路或计轴装置来划分。由于列车定位是以固定区段为单位的（系统只知道列车在哪一个区段中，而不知道在区段中的具体位置），所以固定闭塞的速度控制模式是分级的，需要向被控列车传送的信息只有速度码。

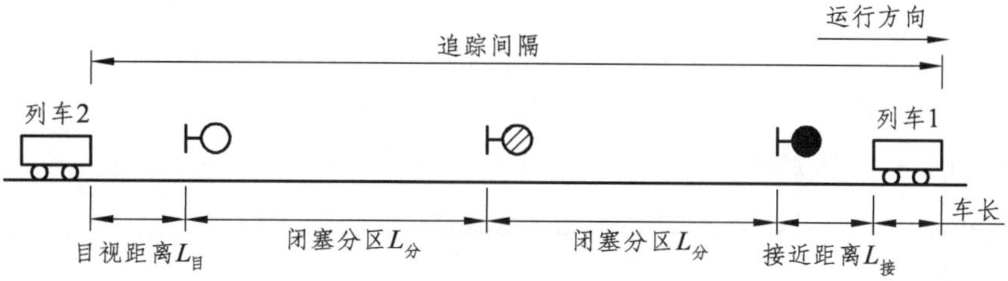

图 1.2.26 固定闭塞示意图

固定闭塞式 ATC 系统的分界线是进、出站信号机、防护信号机、分界点信号机或分界标。行车凭证是车载信号绿色灯相对应的速度值和出站信号机稳定绿色灯光。追踪目标点是本次列车所占用闭塞分区的终端。先行列车所在区间的始端和本次列车所在分区的终端之间空间间隔是若干个固定的闭塞分区。主体信号为车载信号的绿色灯光相对应的速度值。

固定闭塞的闭塞长度较大，并且一个分区只能被一辆列车占用，所以不利于缩短列车运行间隔。因为无法知道列车的具体位置，需要在两辆列车之间增加一个防护区段，这使得列车间的安全间隔较大，从而影响了线路的使用效率。

（二）准移动闭塞式

准移动闭塞（见图 1.2.27）对前后列车定位是不同的，前行列车的定位依然沿用固定闭塞方式，而后续列车的定位则采用移动的或称为连续的方式，即后续列车可以定位更加精确。为了提高后续列车的定位精度，目前各系统均在地面间隔一段距离设置 1 个定位标志（轨道电路的分界点、信标和计轴器等），列车通过时提供绝对位置信息。在相邻定位标志之间，列车的相对位置由安装在列车上的轮轴测速装置连续测得。

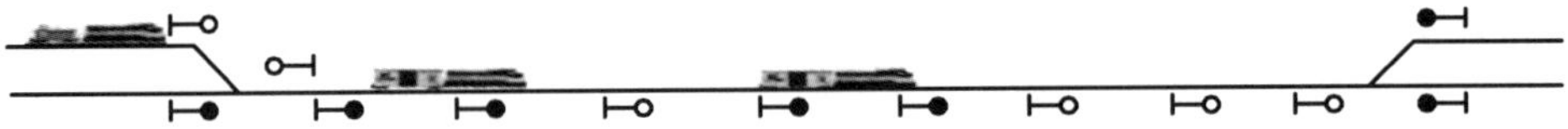

图 1.2.27　准移动闭塞示意图

准移动闭塞 ATC 系统分界线是出站信号机、防护信号机、分界点信号机或分界标。行车凭证是车载信号相对应的目标速度曲线值。追踪目标点是先行列车的所在闭塞分区的始端。主体信号是车载信号的绿色灯光相对应的速度值，地面信号机不点灯。

由于准移动闭塞采用了固定和移动两种方式，所以其速度控制模式既有连续的特点，又有阶梯的性质。由于被控列车的位置是由列车自行实时（移动）测得的，所以其最大允许速度的计算最终是在车载设备上实现的。

准移动闭塞在控制列车安全间隔方面比固定闭塞更进一步，可以告知后续列车继续前行的距离，后续列车也可以通过这一距离合理地采取减速或制动，从而可以改善列车控制，缩短时间间隔，提高线路使用效率。

但是准移动闭塞中后续列车的最大目标制动点仍必须在先行列车占用分区的终端，因此没有完全突破固定闭塞的限制。

（三）移动闭塞式

移动闭塞（见图 1.2.28）是基于车地无线通信系统，将地面控制中心计算的移动授权信息发送给车载设备，由车载计算机进行实时计算出列车最大允许速度曲线，并按此曲线对列车实际速度进行监控，达到超速自动防护，确保列车安全运行。

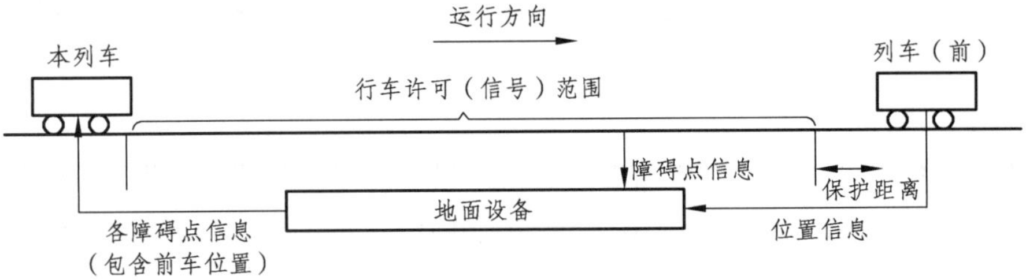

图 1.2.28　移动闭塞示意图

移动闭塞分界线是由无线系统传输的列车移动授权终点划分的。行车凭证是车载信号相对应的目标速度值。追踪目标点是先行列车的尾部，加上一定的安全距离。主体信号是车载信号的绿色灯光相对应的速度值，地面信号机不点灯。

移动闭塞已经没有将线路分成若干个闭塞分区的概念，列车监督运行间隔是动态的，并随先行列车的移动而移动，该间隔是按后续列车在当前速度的所需制动距离加上安全余量实时计算和控制的，确保追踪运行不能追尾，列车制动时机、制动起始点和终点均是动态的，其目的是最大限度地利用机车车辆特性全速运行，尽可能地缩短列车运行间隔，最有效、最合理地利用区间有限空间，提高区间通行能力。

六、速度控制模式

ATC 系统中，对列车控制不仅仅需要行车闭塞法从空间上根本将列车运行的线路间隔开来，还需要不同闭塞制式采用不同的速度控制模式，科学合理地控制列车速度，确保在安全的前提下实现最小列车运行间隔。

（一）分级速度控制

分级速度控制是指以一个闭塞分区为单位，根据列车运行的速度分级，对列车运行进行速度控制。分级速度控制又可分为阶梯式分级速度控制和曲线式分级速度控制。

1. 阶梯式分级速度控制

随着列车速度及列车密度的不断提高，仍将轨道划分为若干固定区段，在前行列车及信号机后方的不同区段确定不同的最高限速。通过地面设备编辑不同电码，以轨道电路为传输媒介，将本区段速度信息送至列车，列车在人工驾驶（也可自动驾驶）下，以低于最高限速的速度正常行驶。当列车速度高于最高限速时，将产生常用制动或紧急制动，以保证列车不超速（包括速度为零）运行，确保行车安全，这种列车控制系统称为阶梯式分级速度控制模式，如图 1.2.29 所示。

目前城市轨道交通列车控制系统大量使用这种控制方式，列车只需获得由轨道电路提供的最高限速信息即可自动完成列车超速防护。

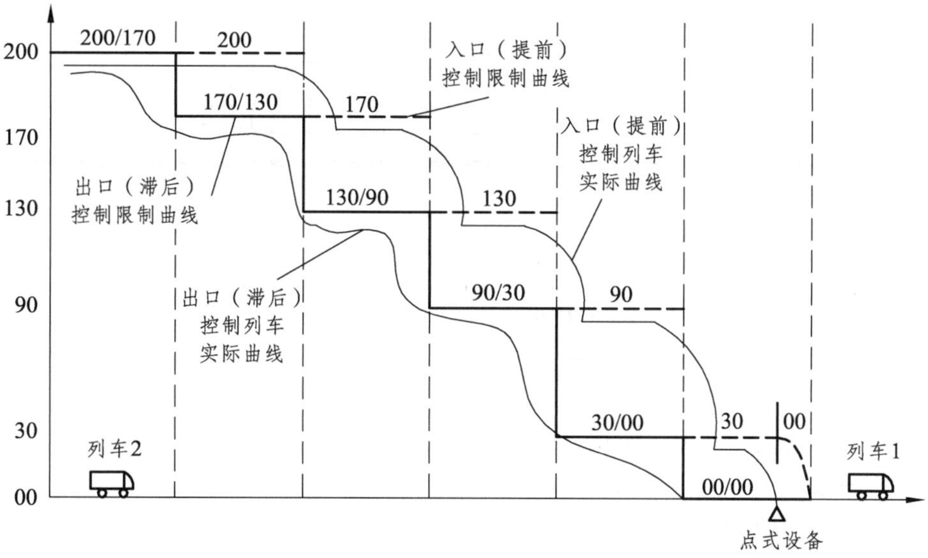

图 1.2.29　阶梯式速度控制曲线

1）出口检查方式

在闭塞分区入口给出列车限速值，采取人控优先方法，控制列车在闭塞分区出口的速度不超过下一闭塞分区的限制速度，如超速即强迫制动。

2）入口检查方式

在闭塞分区入口处给出该闭塞分区列车速度的限制值，控制列车到该闭塞分区出口时不超过本分区限制速度即可。

阶梯式速度控制模式的安全性及通过能力由合理设置轨道区段的长度来保证，系统结构简单，不需要知道列车的准确位置，只需要知道列车占用哪个区段即可，性价比高。由于地面传至列车的信息量较少，用于列车位置检测的轨道电路可兼作传输信息的媒介。

北京地铁 1 号线采用的 FS-2500 型 14 信息音频无绝缘轨道电路及 ATP/ATO 设备即为出口速度检查方式，上海地铁 1 号线采用的 GRS 公司的 ATP/ATO 系统即为入口速度检查方式。

2. 曲线式分级速度控制

曲线式分级速度控制要求每个闭塞分区的入口速度和出口速度用曲线连接起来，形成一段连续的控制曲线。把闭塞分区允许速度的变化连续起来，从最高速至零速的列车控制减速线为分段曲线组成的一条不连贯的曲线组合，一旦撞墙，设备自动引发制动。由于速度控制是连续的，紧急制动停车点不会冒进，可以不需要增加闭塞分区作为安全防护区段，设计时考虑适当的安全距离，如图 1.2.30 所示。

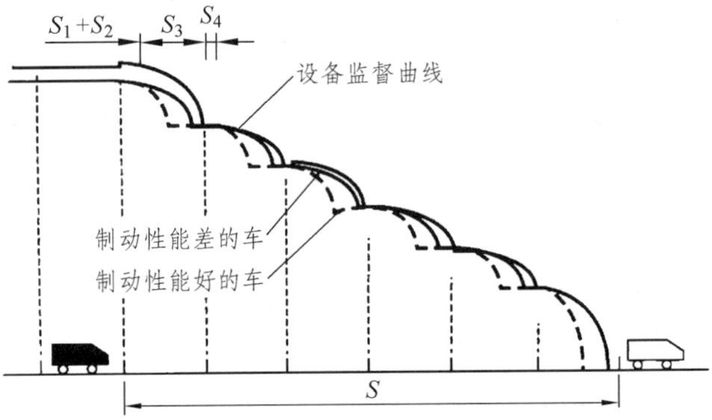

图 1.2.30　曲线式分级速度控制曲线

曲线式分级控制模式下，列车的最大安全制动距离 S 为

$$S=(S_1+S_2+S_3+S_4)\times n \tag{1-2}$$

式中　S——列车的最大安全制动距离；

S_1——ATC 车载设备接收地面列控信号反应时间距离；

S_2——列车制动响应时间距离；

S_3——列车制动距离；

S_4——过走防护距离；

n——列车从最高速度停车制动所需的分区数。

（二）速度-目标距离模式曲线控制

速度-目标距离模式曲线是根据目标速度、线路参数、列车参数、制动性能等确定的反映列车允许速度与目标距离间关系的曲线。速度-目标距离模式曲线反映了列车在各点允许运行的速度值。ATC 系统根据速度-距离模式曲线实时给出列车当前的允许速度，当列车超过当前允许速度时，设备自动实施常用制动或紧急制动，保证列车能在停车地点前停车。

速度-目标距离模式曲线控制方式不设定每个闭塞分区的速度等级，采用一次制动，故又称为一次速度-目标距离模式。以前方列车占用闭塞分区入口为目标点，通过地车信息传输系统向列车传送目标速度、目标距离等信息。连续速度-目标距离模式曲线方式更适用于高中速混跑的线路。速度-目标距离模式曲线控制模式如图 1.2.31 所示。

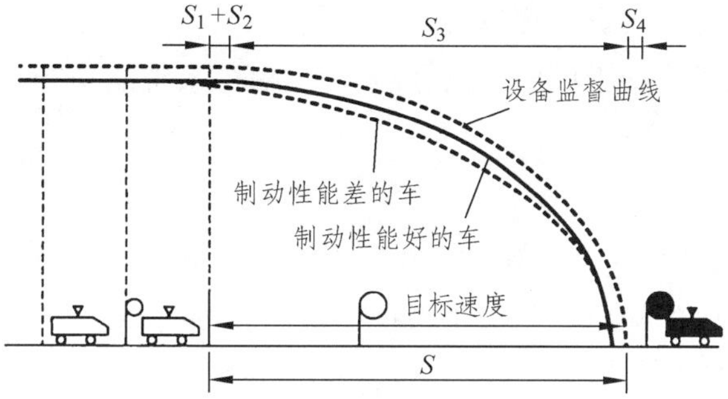

图 1.2.31　速度-目标距离控制模式示意图

速度-目标距离控制模式下列车的最大安全制动距离 S 为

$$S = S_1 + S_2 + S_3 + S_4 \tag{1-3}$$

式中，S_1、S_2、S_4与式（1-2）中的基本相同，在计算一次连续速度模式最大安全制动中由于为一次制动，因此在制动过程中它们只考虑一次。而在分段模式中由于在整个制动过程中要多次制动、缓解，这 3 个参数要考虑 n 次。

另外，速度-目标距离控制模式列车的最大安全制动距离 S_3 采用的是每一列车的实际最大安全制动距离，制动性能好的列车 S_3 的数值小，制动性能差的列车则 S_3 的数值就大。因此，在连续速度控制模式中，列车的运行间隔距离各尽其能，有助于提高运行效率。

任务三　城市轨道交通列车自动控制系统基本原理

一、ATC 系统组成

动画：ATC 组成结构

ATC 系统由 ATS、ATP、ATO 三个子系统组成，其中 ATP/ATO 按地理位置的分布又分为轨旁 ATP/ATO 和车载 ATP/ATO。联锁从理论上讲应属于 ATP 的一部分，但由于新近发展起来的计算机联锁在功能、设备方面具备较强的独立性，因此联锁部分往往被单独列为一类系统设备。

这三个子系统被概括定义为四层，以分级实现 ATC 系统的功能。

（一）中央层

列车自动监督（ATS）层包括操作控制中心和本地操作员工作站（LOW），主要负责完成集中的线路控制，车站级的线路控制也可由操作员工作站完成。

（二）轨旁层

ATP 的轨旁设备提供控制运算功能，而信号基础设备如通信、信号机、数字编码轨道电路、计轴器和应答器等一起参与运行线的联锁和轨旁 ATP 功能。

（三）通信层

通信层提供轨旁与车载之间的点式或连续式通信。通信层可以采用传统的数字编码轨道电路，也可以采用无线系统或环线系统提供用于移动闭塞的连续通信。可变数据应答器和填充数据应答器提供点式通信用于固定闭塞 ATP 防护，作为后备模式。

（四）车载层

车载信号设备包括车载 ATP、ATO 以及驾驶员人机界面（HMI）。ATP、ATO 和 HMI 提供了自动列车运行模式（AM）功能，ATP 和 HMI 提供了列车运行监督模式（SM）功能。

ATC 系统总体结构如图 1.3.1 所示。

二、ATS 子系统

城市轨道交通列车运行自动监控 ATS 系统是监督和控制列车按运行图运行，是使列车运行最佳化和稳定化的控制系统。当出现非正常情况或设备故障时，通过该系统可使之对运行图所带来的不利影响最小化。

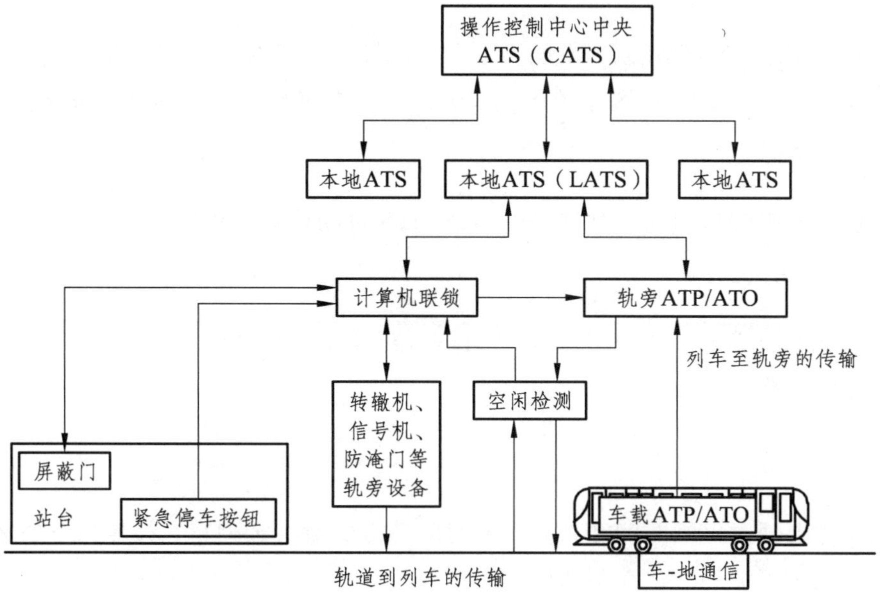

图 1.3.1　ATC 系统总体结构

ATS 系统主要是实现对列车运行及所控制的道岔、信号等设备运行状态的监督和控制，为行车调度人员显示出全线列车的运行状态，监督和记录运行图的执行情况，在列车因故偏离运行图时及时做出调整，辅助行车调度人员完成对全线列车运行的管理。

ATS 在 ATP 和 ATO 系统支持下，根据运行时刻表完成对全线列车运行的自动监控，可自动监控和控制正线列车进路，并向行车调度员和外部系统提供信息。ATS 系统为非安全系统，其全部或任何一部分发生故障或不正确操作，不会影响列车运行安全。ATS 系统通过 ATP 系统有效防止了由于 ATS 系统故障或不正确操作可能导致的对列车运行的危害。

ATS 系统主要功能如下：

（一）管理信号设备

ATS 可以接收联锁系统的远程监控信息，比如道岔位置、信号机状态、进路、车次号等，并在调度员工作站和综合显示屏上显示。

（二）列车描述

ATS 系统为每辆列车提供唯一识别号，识别号一般由 3 位车次号和 2 位目的地号共 5 位数字组成。在列车每次到达折返站后，ATS 系统根据运行图自动在控制中心更改该列车的识别号，并显示于司机驾驶室的显示器上。

（三）自动进路设置

自动进路只适用于列车正向的运行，主要包含以下几种自动进路。

1. 通过进路

控制中心或车站 ATS 调度员须先开放进路，再将该进路的入口信号机设置成通过信号模式。在列车通过后，不需要 ATS 系统干预，而由联锁系统自动再次建立的进路。

2. 目的地触发进路

以列车识别号中的目的地为基础，由车站 ATS 自动设置的进路。

3. 接近触发进路

当特定的触发轨被占用后由车站 ATS 自动建立的自动进路，用于从入口信号机只有一条进路可办理的进路。

（四）运行图调整

ATS 系统主要通过停站时间和站间运行时间等方式对特定列车，按照列车的运行图进行调整，和其他列车可能的延迟无关。

（五）运行图管理

运行图管理主要包括离线运行图管理和在线运行图管理。

1. 离线运行图管理

运行图确定了运行日内正常的列车运行计划，这里的运行日是指一年中任何工作日、双休日或假日。离线运行图管理功能通过图形用户界面供计划员建立和修改运行图。

2. 在线运行图管理

每天在正线运营前，调度员在已创建的运行图内选定一个并创建为当天运行计划，ATS 按照当天运行计划进行列车自动调整。在运行过程中，调度员使用运行图菜单可对运行图进行某些调整，比如调度员可在运行图上添加一列列车计划、删除一列列车计划或更改一列列车计划，ATS 系统将按照调度员修改后的计划自动调整线路上运行的列车。

三、ATP 子系统

列车自动防护系统（Automatic Train Protection，ATP）是列车运行超速防护核心安全系统，负责列车的安全运行，完成保证安全的各种任务，必须符合“故障-安全”原则。

ATP 连续检测列车的位置和速度，监督列车必须遵循速度限制、车门控制，追踪所有装备信号设备的列车，考虑联锁条件，并为列车提供移动授权，实现与 ATS、ATO 及车辆系统接口及进行信息交换，可分为车载 ATP 和地面 ATP 两部分。

ATP 系统的主要功能如下：

（一）列车定位

定位任务及时确定列车在路网中的地理位置。通常，ATP 系统是利用查询应答器及速度传感器和雷达完成列车定位。安装在线路上某些位置的应答器用于列车物理位置的检测，每个应答器发送一个包括识别编号（ID）的应答器报文，由应答器天线接收，在车载 ATP 单元的线路数据库里存有应答器位置，这样确定列车在线路上的确切基准位置，由速度传感器和雷达执行列车位移的测量。

（二）测速与测距

通常采用速度传感器和雷达用于列车速度和距离的精确检测。列车实际速度是施行速度控制的依据，速度测量的准确性直接影响到速度控制效果。列车的位置直接关系到列车运行的安全，通过确定列车实际位置，才能保证列车之间的运行间隔，以及能够在接近障碍物或限制区之前停下或减速。

为补偿轮径磨损和由于轮径磨损而造成的维护服务间隔期内轮径的改变，使用雷达和查询应答器重新同步的方法，当列车经过应答器时，正确的位置将被识别。在这些应答器之间，雷达和测速传感器一起确定准确的列车速度和距离。

为了避免空转和打滑带来的不利影响，雷达可以有效补偿这种误差，保证 ATP 系统得到准确列车位置。

（三）速度监督与超速防护

城市轨道交通中速度限制分为固定速度限制和临时性速度限制两种。

固定速度限制是在设计阶段设置的，ATP 车载设备中都存储着整条线路上的固定限速区信息，包括列车最大允许运行速度、列车最大允许速度和区间最大允许速度。

临时限速用于在一些特殊区段来降低允许速度，该功能满足在特殊地段要求较低速度的运行要求，例如正在进行的一些轨道作业。控制中心 ATS 操作员按照安全程序人工设置，设定的数据会从 ATS 系统传送给 ATP 轨旁单元，ATP 轨旁单元通过通信通道把所有的临时限速发送到车上，车载 ATP 接收来自轨旁 ATP 的移动授权和临时限速信息。

（四）停车点防护

通常停车点就是危险点，危险点在任何情况下都不能越过，否则易导致危险情况发生。例如站内有车时，车站的起点即是必须停车点，在停车点的前方通常还设置一段防护段，ATP 系统通过计算得出的紧急制动曲线即以该防护区段入口点为基础，保证列车不超越入口点。此外也可以在入口点设置一个列车滑行速度值（如 5 km/h），一旦需要，列车可在此基础上加速或停在危险点前方。

（五）列车间隔控制

列车间隔控制是一种既能保证行车安全，防止两列车发生追尾事故，又能提高运行效率，使两列车的间隔最短的防护功能。固定闭塞下，列车的间隔是靠自动闭塞系统来保证的，列车间隔以闭塞分区为单位，当采用准移动闭塞和移动闭塞时，闭塞分区长度与位置是不固定的，是随着前方目标点的位置和后续列车的实际速度及线路参数而不断改变的。

（六）车门控制

车门自动开闭是否由司机手动操纵，关键是要对安全条件进行严格的监督。防止列车在站外打开车门、在站内时打开非站台侧的车门、在车门打开时列车启动等情况发生。只有 ATP 系统检查所有安全条件均已满足时，给出一个控制命令，才能打开车门。

列车停站时间结束时，轨旁 ATP 设备停发开门信息，关闭车门。轨旁 ATP 确定车门关闭并锁闭后，向车载 ATP 发送移动授权信息，车载 ATP 收到后，再次确定车门关闭且锁闭后，允许列车发车。

（七）站台屏蔽门控制

当列车进站且停在允许误差范围内时，司机操作或 ATO 发送开门指令，经过 DCS 系统传至 CI，PSD 系统接收 CI 的开门指令，执行相应自动解锁、开门等操作，同时 PSD 状态指示装置做出相应的响应动作。

当列车离站时，司机操作或 ATO 发送关门指令，经过 DCS 系统至 CI，PSD 系统接收 CI 的关门指令，执行相应的关门、锁闭等操作，当所有屏蔽门关闭并锁闭后，PSD 系统向 CI 发送“屏蔽门关闭且锁闭”信息，并通过 DCS 系统至车载 ATP，列车被允许离站，同时 PSD 状态指示装置做出响应动作。

（八）紧急停车功能

特殊情况下，按压设在车站上的紧急停车按钮，就可以通过信号系统车载 ATP，启动紧急制动，使列车停止运行。

（九）给出发车命令

车载 ATP 检查有关安全启动条件（如车门是否关闭且锁闭、司机操作手柄是否都置于零位、ATP 系统是否处于正常工作状态）并确认符合安全后，才允许列车发车。

（十）列车倒退控制

为了防止列车倒退或溜逸时，当后退距离超过一定距离，车载 ATP 立即启动紧急制动。

（十一）停稳监督

监控列车停稳是在站内打开车门和站台屏蔽门的安全前提，为了确定列车停稳，车载 ATP 实时监督雷达和测速传感器的信息。

四、ATO 子系统

列车自动运行系统（Automatic Train Operation，ATO）主要用于实现“地对车控制”，根据地面控制中心的指令自动完成对列车的启动、牵引、惰性、制动，送出车门和站台安全门的开关信号，使列车以最佳工况安全、正点、平稳运行。ATO 为非“故障-安全”系统，其控制列车自动运行，主要目的是模拟最佳司机驾驶，实现正常情况下高质量的自动驾驶。

ATO 系统必须受 ATP 系统监督，执行超速防护功能，否则实施制动。按用途和制动效率来讲主要有：常用制动和紧急制动。

常用制动的特点是作用比较缓和，制动过程比较长，只使用全制动能力的 20%～80%。

紧急制动的特点是实施全制动能力，制动比较迅猛，乘客可能惯性摔伤。

因此，一般情况下首先使用常用制动，只在紧急情况或突发事件下使用紧急制动。

如图 1.3.2 所示，紧急制动曲线是由车载 ATP 计算和监督的，列车速度一旦触发该曲线，列车获得最大减速度，立即启动紧急制动，以保证列车停在停车点，这是一种非正常的运行状态，应尽量避免发生，且列车必须经过一段时间制动缓解后并得到确认后才能重新启动。

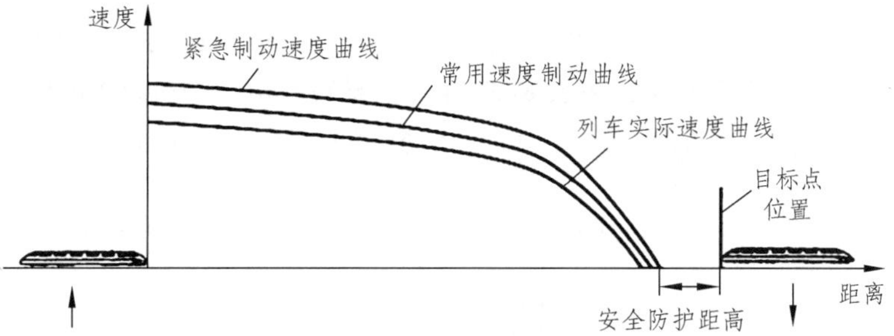

图 1.3.2　制动曲线示意图

常用制动曲线是由车载 ATP 计算的，当列车速度达到该曲线值时，应给出警告，但不启动紧急制动，提示司机实施常用制动减速。

列车实际速度曲线由车载 ATO 系统计算，正常运行情况下 ATO 自动驾驶停车制动曲线，通常减速度制动设置为 0.75 m/s^2 左右，已达到平稳减速和停车。

ATO 系统主要功能如下：

（1）自动调整列车运行速度。列车启动、停止和速度调节必须按司机指令或 ATS 的输入，通过 ATO 系统控制执行，使列车巡航速度、加速、减速、惰行和冲击率控制在规定的乘客舒适度范围内，同时列车速度必须保持在 ATP 防护速度曲线下。

（2）车站精确停车。采用查询应答器、无线通信、测速传感器和雷达等定位及测速方法实现列车车站定点精确停车。

（3）列车区间运行时间的控制。ATO 自动驾驶模式下，可根据 ATS 的调整指令改变列车在区间的走行时间。

（4）车门和屏蔽门控制。ATP 监督下对车门和屏蔽门进行控制，可人工或自动开启关闭车门和屏蔽门。列车停在站台维持开门时间由 ATS 建立，并受 ATO 自动控制。

（5）与 ATS、ATP 子系统交换信息，共同实现列车无人自动折返及驾驶室自动换向。

（6）允许速度。ATO 速度控制器提供列车在轨迹任意点的对应速度值。

（7）向车载 PIS 提供信息，显示下一站、目的地站和时间，并触发语音播报。

（8）巡航/惰行。按照时刻表自动实现列车区间运行的惰行控制，同时节省资源，保证最大能量效率。

五、ATC 系统类型

根据车-地之间信息传递方式的不同，ATC 系统可分为点式 ATC 系统和连续式 ATC 系统。

（一）点式 ATC 系统

点式 ATC 系统通过设置在轨边的点式设备，在列车经过时向车上传递信息，点式设备有查询应答器、感应环线等。

1. 点式 ATC 系统结构

点式 ATC 系统因其主要功能是实现列车超速防护，所以又称为点式 ATP 系统。点式 ATP 系统由车载设备和地面设备组成，主要是地面应答器轨旁电子单元（LEU，又称作地面电子单元或信号接口）以及车载设备。点式 ATC 系统结构如图 1.3.3 所示。

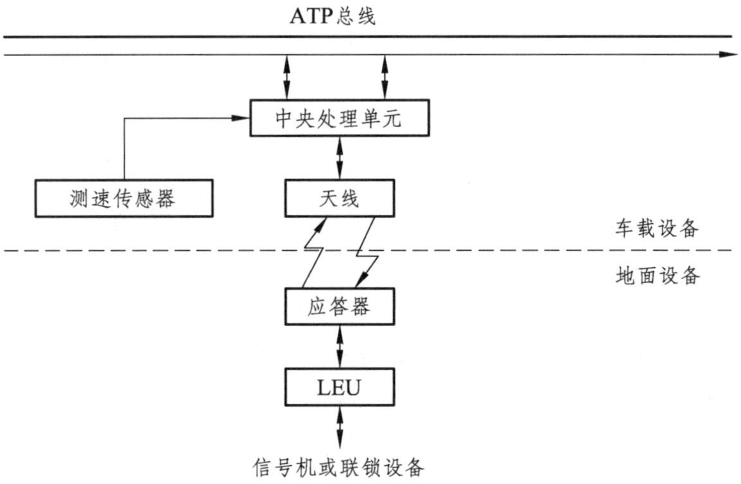

图 1.3.3　点式 ATC 系统结构

2. 点式 ATC 系统的基本原理

地面应答器向列车传送每一信号点的允许速度、目标速度、目标距离、线路坡度、信号机号码等信息。点式 ATC 系统的车载设备接收信号点或标志点的应答器信息，还接收列车速度和制动压力信息，输出控制命令和向司机显示，车载中央控制单元根据地面应答器传至车上的信息以及列车自身的制动率（负加速度），计算得出的两个信号机之间的速度监控曲线，如图 1.3.4 所示。

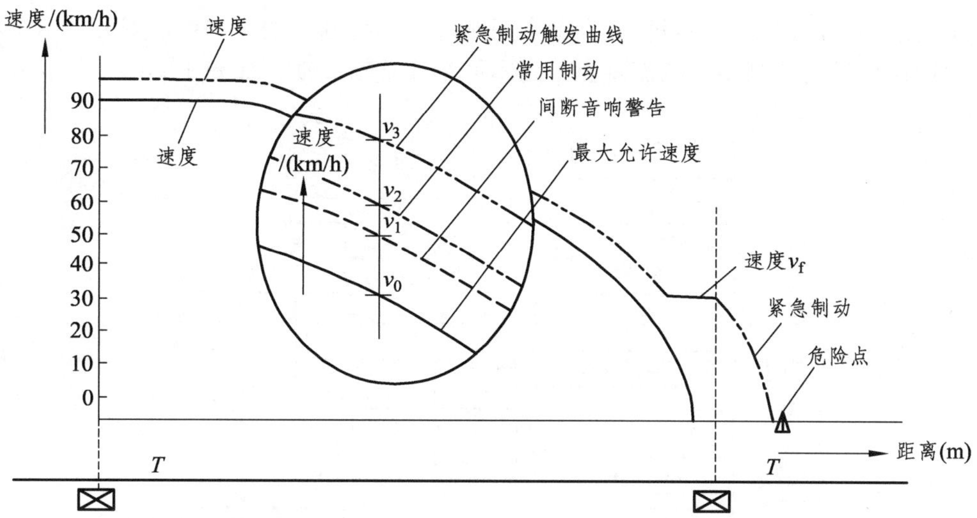

图 1.3.4 点式列车超速防护系统速度监控曲线图

图中，v_0指所允许的最高列车速度。v_1是当列车车速达到此值时，车载中央控制单元给出音响报警，如果此时司机警惕降速，使车速低于v_0，则一切又趋于正常。

v_2是指当列车车速达到此值时，车载中央控制单元给出启动常用制动（通常为启动最大常用制动）的信息，列车自动降速至v_0以下。若列车制动装置具有自动缓解功能，则在列车速度降至v_0以下时，制动装置即可自动缓解，列车行驶趋于正常；若列车制动装置不具备自动缓解功能，则常用制动使列车行驶一段路程后停下，列车由司机经过一定的手续后重新人工启动。

v_3是指当列车车速达到此值时。车载中央控制单元给出启动紧急制动的信息，确保列车在危险点的前方停住。

（二）连续式 ATC 系统

连续式 ATC 系统通过轨道电路、轨道电缆回线、漏泄同轴电缆和无线通信方式等传输媒介连续不断地向车上传递信息，车载计算机也不间断地计算出速度曲线，从而使行车间隔可缩短至最短。连续式 ATC 系统按照地面-车上信息传输所用的媒体可分为有线、无线两大类。

1. 采用轨间电缆的连续式 ATC 系统

采用轨间电缆的连续式 ATC 系统由地面控制中心、轨间传输电缆和车载设备三部分构成，如图 1.3.5 所示。

采用轨间电缆的连续式 ATC 系统，需要在整条线路上设置一个控制中心。在此控制中心内，按地理坐标存储了该线路的一些固定数据，如区间的线路布置图、线路坡度、曲线半径、缓行段位置及长度等。此外，经过联锁装置，将沿线的信号显示、道岔位置及其他控制对象的信息不断地传送至控制中心。同时，列车也将它自身的数据，如车长、制动率、所在位置、实时速度等，经过轨间电缆传给控制中心。在控制中心内的计算机根据已有的数据，计算出此时此刻的列车最大允许速度，此速度值经由轨间电缆传递给运行在线路区间上的相应列车。列车从控制中心获得最大允许速度之后，则根据此值对列车速度进行监控。若列车实际速度高于此最大允许速度，则报警后实施常用制动。如果制动条件许可，则可在列车实际速度低于规定速度后缓解制动，从而避免了列车停车及重新起动，如图 1.3.6 所示。

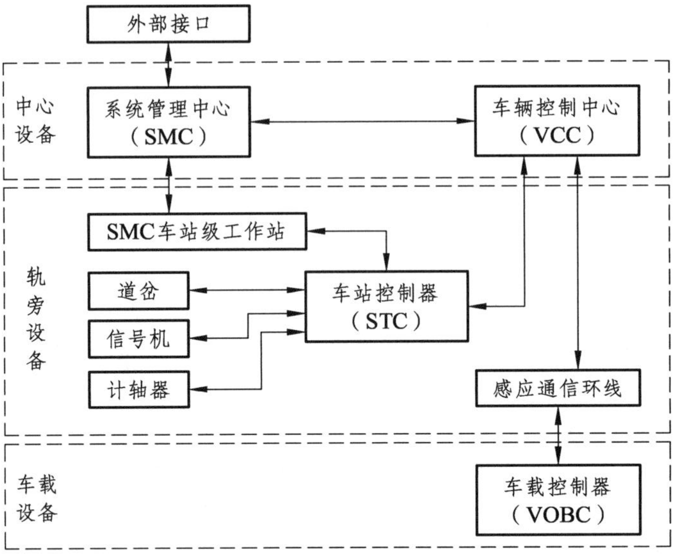

图 1.3.5　采用轨间电缆的连续式 ATC 系统示意图

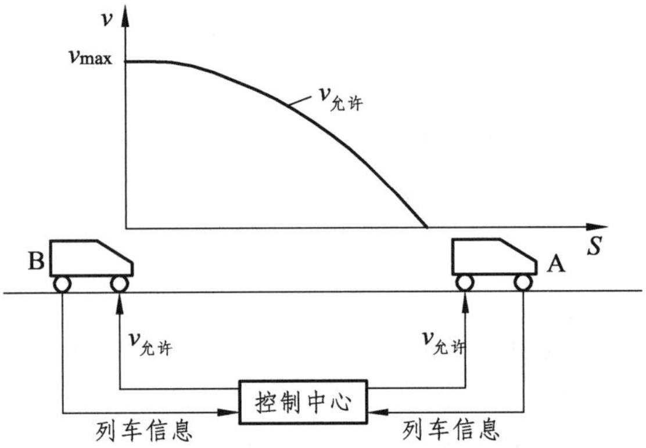

图 1.3.6　采用轨间电缆的连续式 ATC 控车原理图

2. 基于轨道电路的连续式 ATC 系统

基于轨道电路的连续式 ATC 系统主要由车载设备、轨道电路及室内（控制中心内）设备三大部分组成，如图 1.3.7 所示。

地面 ATP 接收器接收到由钢轨传送来的列车检测信息，以证实列车是否占用。接收器检出列车进入该轨道区段，前方轨道区段空闲，进路位置正确，通过驱动电路向 ATP 发送器发送速度命令的指令。

车载 ATP 部分的主要任务是根据来自地面控制中心的数据（由 ATP 天线接收）与预先储存的列车数据计算列车实时最大允许速度，将此最大允许速度与来自轮脉冲发生器（OPG）的列车此时刻的实际速度数据作比较。如实际速度小于限速，则 ATP 模块产生输出，使常用制动继电器吸起；如实际速度大于限速，则表明超速，ATP 模块使常用制动继电器落下并告警或进一步启动制动器（常用制动或紧急制动）。在司机驾驶台上给出一系列必要的显示，如最大允许速度、此时刻的实际速度、目标点距离、目标点速度等。

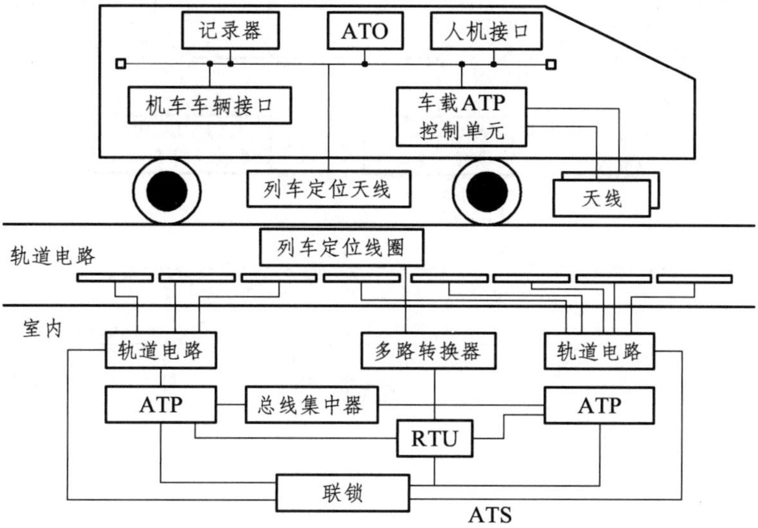

图 1.3.7　基于轨道电路的连续式 ATC 系统结构图

3. 无线 ATC 系统

无线 ATC 系统利用无线通信的方式传输信息。地面编码器生成编码信息，通过天线向车上发送。信号显示控制接口负责检测要发送的信号显示，并从已编程的数据中选出有用数据送编码器，同时选出与限制速度、坡度、距离等有关的轨道数据。编码器用高安全度的代码将这些数据编码，经过载波调制，馈送至无线通道向列车发送。车上接收设备接收限制速度、坡度、距离后，由车载计算机计算出目标速度，对列车进行监控。

六、CBTC 系统基本原理

CBTC 系统一般由列车自动防护 ATP、列车自动运行 ATO、列车自动监控 ATS、正线计算机联锁 CI 四个子系统构成。ATC 核心的系统主要采用安萨尔多公司的技术。

（一）系统组成

如图 1.3.8 所示，CBTC 信号系统主要由控制中心 ATS、车站 ATS/LCW 现地控制工作站、区域控制器、车载控制器、联锁控制器、数据存储单元、数据通信系统等子系统和设备组成。

动画：安萨尔多 CBTC 系统结构及控车原理　　　　微课：安萨尔多 CBTC 系统

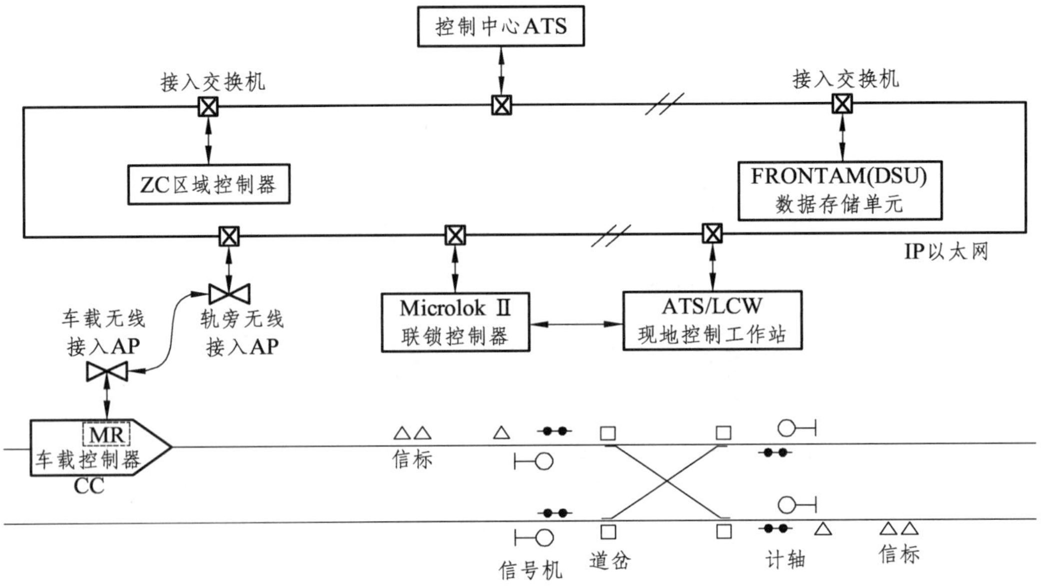

图 1.3.8　CBTC 系统架构示意图

1. 中央列车自动监控子系统（ATS）

ATS 是城市轨道交通 ATC 系统的一个子系统，它是基于现代数据通信网络的分布式实时计算机控制系统，通过与 ATC 系统中的 ATP、ATO 和 MLKII（微机联锁）子系统的协调配合，完成对高密度城市轨道交通运输信号系统的自动化管理和全自动行车调度指挥控制，包括中心 ATS 和车站 ATS。ATS 系统监督功能是将列车运营及轨旁设备的状态和信息，通过控制中心或车站的调度终端实时显示出来，调度员可以通过这些终端屏幕，实时了解和掌握列车的实际运行情况以及轨旁信号设备的显示情况，以便及时对行车作业进行分析和调整，保证全线运营安全高效有序进行。

ATS 系统控制功能是向轨旁联锁系统发出指令办理进路，指挥列车按照列车运行图来运行。ATS 可以绘制列车实际运行图，并动态地对偏离运行图的列车进行调整。

ATS 系统主要特点如下：

（1）系统关键单元的 1 + 1 防护，故障情况下无需人工干预的热备切换。

（2）集中后备架构，在中央故障时仍可完成自动控制功能。

（3）模块化的软件设计，灵活适应用户的需求，并可满足系统扩容的需要。

（4）对于涉及安全的操作，提供二次确认的操作。

（5）符合人机工程原理的标准化图形用户界面。

（6）全系统的时钟同步。

2. 区域控制器（ZC）

区域控制器安装在轨旁，是基于处理器的安全控制器。每个区域控制器通过数据通信子系统和车载控制器连接。区域控制器通过运用 CBTC 的移动闭塞概念，确保列车的安全运行。区域控制器基于已知的障碍地点和预计的交通荷载，确定预定义的地区（区域）内所有列车的移动权限。区域控制器接收临时限速（TSR）指令以及该区域内列车发出的位置信息。区域控制器与 MicroLokⅡ接口，以控制和表示轨旁设备。每个区域控制器都是以三选二表决配置为基础。

3. 数据存储单元

数据存储单元用于保存轨道数据库数据，临时速度限制储存在区域控制器中。

4. 联锁控制器 MicroLokⅡ

MicroLokⅡ负责安全执行传统联锁功能。MicroLokⅡ从辅助列车检查计轴系统中获得列车位置信息。MicroLokⅡ与轨旁设备接口，诸如转辙机、LED 信号机等。为保证正确的 CBTC 运行，MicroLokⅡ还与区域控制器（ZC）接口。

如果区域控制器出故障，列车的安全运行通过联锁控制器和轨旁 LED 信号机来实现。如果数据通信子系统或车载控制器出现故障，列车以地面信号显示作为主体信号运行。另外，如果数据通信子系统（无线部分）出现故障，系统提供超速防护功能并防止列车冒进红灯信号。

5. 工作站

集成了 ATS 工作站/本地控制工作站功能的工作站位于设备集中站的本地调度室。该工作站通常用于监督列车运行，也可用于联锁的人工控制。

当中央和本地 ATS 功能均不可用时，MicroLok 自动设置正线追踪的直通进路，并在终端站自动提供折返进路，通过本地操作终端实现联锁进路的设置和取消。

6. 车载控制器（CC）

车载控制器包括基于微处理器的控制器、相关速度测量及位置定位传感器（在地面应答器的辅助下）、车载设备与列车的各子系统接口，并通过数据通信子系统与区域控制器接口。车载控制器负责列车定位、执行允许速度、执行移动授权以及其他有关的 ATP 和 ATO 功能。车载控制器采用“三取二”表决方式。每端的 ATO 有一套冗余的设备。如果一个 ATO 单元故障，同一端的另一个 ATO 单元将接替工作。切换是自动的，不需要人工干预。

五种列车驾驶模式：ATO 自动驾驶模式（AM），连续式 ATP 监控下的人工驾驶模式（ATPM），点式 ATP 监控下的人工驾驶模式（iATP），限制人工驾驶模式（RM）和非限制人工驾驶模式（NRM）。另外，还有一种用于自动折返的模式（ATB），可以实现无人自动折返。

7. 数据通信子系统（DCS）

数据通信子系统使用 UDP/IP 协议，在信号系统各设备之间提供双向的、安全的数据交换，它提供开放的通信接口和体系架构。应用国际通行的协议：有线网使用 IEEE802.3，无线通信使用 IEEE802.11g，它是一个非安全（Non-vita1）的系统，但是通过其传送的消息受安全算法的保护。系统设计能够消除单个独立故障或多个相关故障对系统的影响，通信系统对列车控制操作是透明的，DCS 能够满足系统对于数据传输延时和数据率的要求。

以太网为所有子系统提供了相互通信的途径。系统提供双环网冗余骨干网络。ATS 接入骨干网络是通过有线交换机实现的。

（二）系统接口

CBTC 系统各子系统接口如图 1.3.9 所示，各系统间接口传输的信息如下。

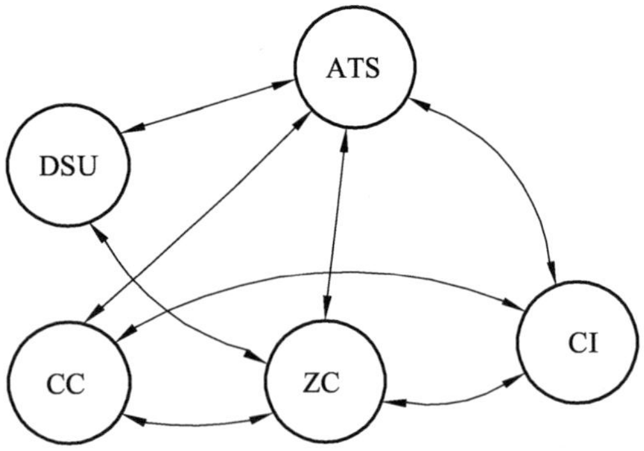

图 1.3.9　CBTC 系统各子系统接口示意图

1. ATS 与 ZC 间接口

ATS 与 ZC 接口信息主要包括：列车占用信息、移动授权终点信息、临时限速信息确认信息及告警信息等。

2. ATS 与 CI 间接口

ATS 与 CI 接口信息主要包括：轨旁设备（信号机、计轴区段、屏蔽门、紧急停车按钮等）状态信息，进路状态信息、命令交互信息。

3. ATS 与 DSU 间接口

ATS 与 DSU 间接口信息主要包括：临时限速信息及告警信息等。

4. ATS 与 CC 间接口

ATS 与 CC 间接口信息主要包括：列车识别号、计划时刻表号、扣车请求、统一时钟信息、运行方向、停稳信息、停车时间、下一站运行等级及告警信息等。

5. ZC 与 CC 间接口

ZC 与 CC 接口信息主要包括：移送授权信息、临时限速信息、无人折返信息、数据库版本号信息、列车运行状态、速度、位置、级别、驾驶模式、完整性等。

6. ZC 与 DSU 间接口

ZC 与 DSU 接口信息包括：临时限速信息、数据库版本号信息等。

7. CC 与 CI 间接口

CC 与 CI 间接口信息包括：打开/关闭屏蔽门信息。

总之 CBTC 系统各子系统在独立执行各自功能的同时密切配合，协同控制，共同实现了 CBTC 系统各项功能。

项目实训

实训目的

掌握城市轨道交通列车自动控制系统相关的基础知识。

实训内容

1. 教师介绍实训目的、方式和要求，调动学生参与的积极性；
2. 对学生进行分组，确定组长和人员分工，以小组为单位，制订实训计划；
3. 教师简介城轨列控系统发展历程、关键技术和基本工作原理，组织学习调查、讨论；
4. 各小组通过不同方式获取资料进行分析、讨论；
5. 各小组根据调查、分析和讨论的情况撰写总结；
6. 各小组互相评价，教师给出点评和总结。

实训考核

完成任务后，对每名同学的总体表现进行自评、小组评价和教师评价，其中自评占总成绩的20%，小组评价占总成绩的30%，教师评价占总成绩的50%，如下表所列。

姓名		学号		所在小组	
学习任务					
评价内容	分值	自评	小组评价	教师评价	得分
1. 能严格遵守各项规章制度，具备安全意识	5				
2. 能很好地完成任务；能与本组同学合作交流、协同工作	5				
3. 学习态度端正、认真、主动	5				
4. 能熟练运用掌握的知识完成相应的任务	15				
5. 城轨列控系统发展历程	5				
6. 应答器的组成	5				
7. 列车测速原理	15				
8. 常用定位技术	10				
9. 车地无线通信方式	15				
10. 速度控制模式分类	5				
11. CBTC 系统工作原理	15				
合计	100	任务综合得分：			

思考与练习

1. 常用的测速方法有哪几种?
2. 查询应答器定位的特点有哪些?
3. 城市轨道交通中车地无线通信技术主要有哪几种?
4. 从列车速度控制方式的角度，列车运行自动控制系统可以分为哪几类?
5. 目前用于城市轨道交通系统的闭塞制式有哪几种?
6. 按技术特征进行划分，城市轨道交通可以分为哪些类?
7. 城市轨道交通的特点主要有哪些?
8. 列车定位技术主要有哪些?
9. 速度控制模式可以分为哪几类?
10. ATC 系统主要有哪些类型?
11. 绘制典型 CBTC 系统架构图。

项目二 ATS 系统维护

知识目标

1. 了解 ATS 系统在城市轨道交通自动控制系统中的作用。
2. 掌握 ATS 系统的组成结构和功能原理。
3. 熟悉 ATS 系统的各主要界面。

技能目标

1. 能够熟练掌握设备所在位置。
2. 能够对工作台进行简单操作，可以对所需要数据进行调用。
3. 能够通过工作台界面显示分析进行简单故障定位及应急处理。

素养目标

1. 培养学生严格执行工作程序、工作规范的安全意识。
2. 培养学生分析问题，解决问题的能力。
3. 培养学生沟通能力及团队协作的精神。

任务导航

任务一　ATS 系统结构。
任务二　ATS 典型界面和功能。
任务三　ATS 系统典型接口。
任务四　典型 ATS 设备维护。

任务一　ATS 系统结构

一、ATS 系统概要

微课：ATS 系统概述

ATS 系统的全称是列车自动监控系统（Automatic Train Supervision，ATS），其主要功能是对车站和区间的信号设备状态和运行的列车情况进行监视和控制。

列车自动监控系统的监督功能，是将列车运营的状态和信息，通过控制中心或各车站的调度终端实时显示出来，控制中心或各车站的调度员可以通过调度终端屏幕，实时了解和掌握列车的实际运行情况，以便及时对行车作业进行分析和调整，保证全线运营安全高效有序进行。列车自动监控系统可以显示全线列车的动态运行情况，在线路上出现故障或紧急情况时，可以通过列车自动监控系统对事故进行全面指挥和处理，调配资源，及时排除故障，恢复正常运营作业，提高工作效率。

列车自动监控系统的控制功能，则是由列车自动监控系统向列车自动防护系统和列车自动驾驶系统，发出指令办理列车进路，控制列车按照列车运行图运行。列车自动监控系统可以绘制列车实际运行图，并动态地对偏离运行图的列车进行调整。

列车自动监控系统为“非故障-安全”系统，列车安全运行由列车自动防护系统来保证。

党的二十大报告指出，加强重点领域安全能力建设，确保粮食、能源资源、重要产业链供应链安全，加强海外安全保障能力建设，维护我国公民、法人在海外合法权益，维护海洋权益，坚定捍卫国家主权、安全、发展利益。

二、ATS 系统典型要求

（1）ATS 系统应能实时显示全线轨道线路布置图、列车位置信息、列车车次号信息及信号系统主要轨旁设备（如道岔、信号机、轨道电路、计轴等）的状态。

（2）ATS 系统应使用图形化方式显示 ATS 系统设备的工作状态及与其他系统的连接状态，绿色表示正常，灰色表示故障，黄色表示备机或降级使用。

（3）ATS 系统控制等级应划分为控制中心控制、车站 ATS 控制和车站联锁控制，并显示各车站的控制模式及控制中心当前列车调整模式等系统运行状态。

（4）ATS 系统应以图形化方式显示运行图，对基本运行图具备创建、修改及删除等编辑功能。

（5）ATS 系统在自动控制模式下，应能根据列车计划信息、列车位置、进路表和与其他列车交汇冲突信息等自动办理相应进路，指挥在线列车运行。

（6）ATS 系统应在信号系统监视范围内自动跟踪列车的位置信息，列车跟踪模式包括通信列车跟踪和非通信列车跟踪。

（7）ATS 系统应提供对计划列车服务号、车次号、目的地号的设置、修改和删除等编辑功能，实现对计划列车的管理。

（8）ATS 系统报警/事件的种类宜分为信号状态、操作命令、列车信息及系统事件四种类别，并由维护人员定义告警类别和等级。

（9）ATS 系统应提供轨道交通线路运营状态、报警信息及人员操作记录的回放功能，以及用户培训功能。

（10）全自动车辆段/停车场 ATS 系统应具备车库各股道可按时刻表或发车顺序自动进路触发功能。

三、相关术语

（1）中心控制：整条线路设备控制和运营调整权归中心控制室，通过 ATS 系统统一集中控制的运营方式。

（2）车站控制：整条线路设备控制和运营调整权归各个集中站，由车站值班员通过 ATS 系统独立管理的运营方式。

（3）非常站控：整条线路设备控制和运营调整权归各个集中站，由车站值班员通过联锁终端独立管理的运营方式。

（4）设备集中站：正线上设置计算机联锁设备，能集中控制本联锁区内信号设备的车站。

（5）非集中站：未设置计算机联锁设备的正线车站，仅能通过 ATS 现地工作站监督本站及相邻区域设备状态和列车运行。

（6）自动通过进路：联锁系统设置的进路，列车通过后，进路不解锁，信号自动开放。

（7）自动进路触发：ATS 根据运行任务自动进行进路的办理。

（8）自动折返：联锁系统执行的一种自动进路办理功能，在折返站由联锁系统为进出折返线的列车自动排列预先定义的进路。通过 ATS 界面可以设定允许或禁止此项功能，对于具有多条折返进路的车站，可以设置不同自动折返模式进行区分。

四、系统组成

列车自动监控系统包括位于控制中心的 ATS 监控设备和位于车站的 ATS 监控设备，通过专门的数据传输系统，实现控制中心 ATS 设备与各车站 ATS 设备之间的通信和数据交换，如图 2.1.1 所示。

微课：ATS 系统结构

（一）控制中心 ATS 设备

列车自动监控系统在控制中心的设备，主要有网络设备、服务器、存储设备、显示设备、打印设备等，可以分为系统软件和系统硬件两部分。

控制中心 ATS 设备软件一般包括系统软件和应用软件两部分。软件部分应减少系统对设备制造商的依赖性，以利于设备维护和升级，ATS 服务器应选用 Unix、Linux、Windows 等商用操作系统，ATS 工作站和显示终端应使用简体中文 Windows 操作系统。

控制中心 ATS 系统硬件主要包括以下几部分。

1. 调度工作站

调度工作站用于行车调度员完成调度和运营作业，是控制中心的主要设备。行车调度员通过调度终端屏幕，实时了解和掌握列车的实际运行情况，可以在调度工作站上发出指令，用于直接指挥列车运行。

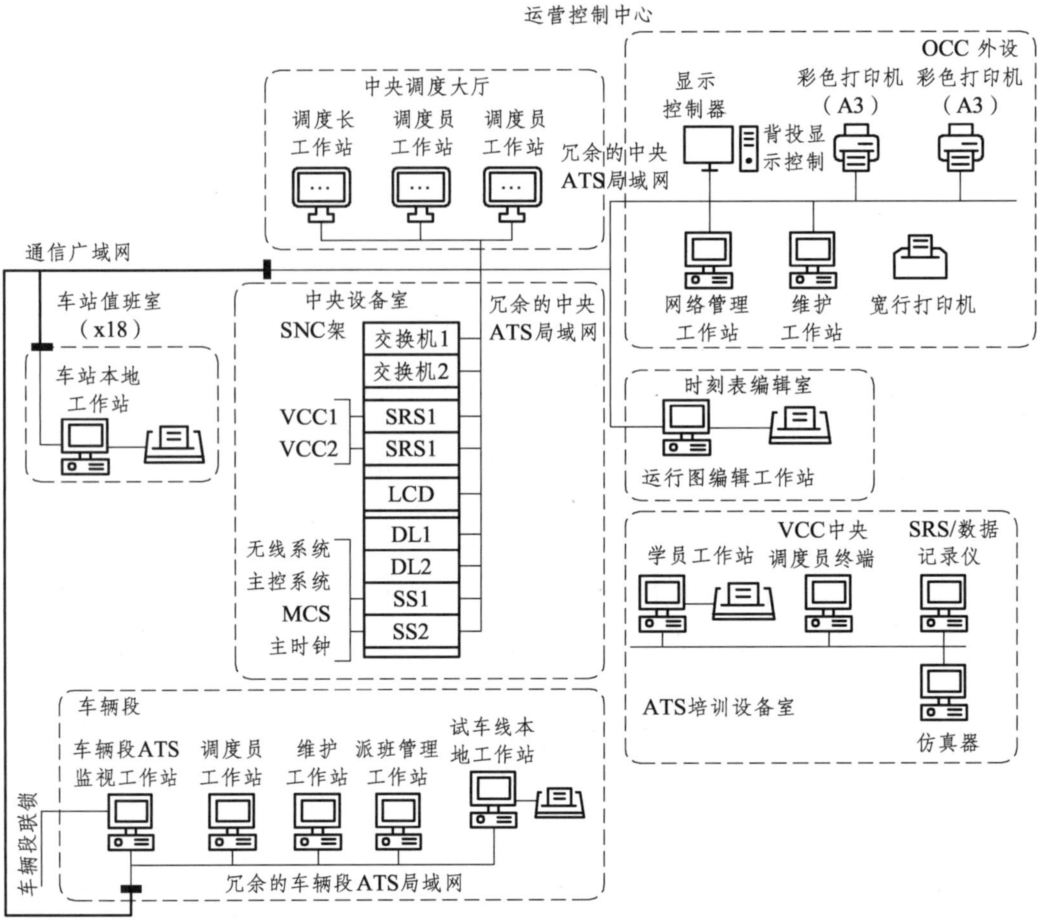

图 2.1.1　ATS 典型结构示意图

每套调度工作站包括主机、显示器、键盘、鼠标和网络接口等。调度工作站采用工作站级别的主机，数据处理能力强；采用高分辨率的显示器，以便清晰地观看屏幕上线路和运行列车的状态信息。

调度工作站根据运营需求，可以设置多个。调度主任和行车调度员分别在不同的调度工作台操作，调度台的硬件结构配置完全相同，但管理权限不同，因而软件配置不同。

2. 培训工作站

培训工作站，用于培训作业，其硬件结构和组成与调度工作站相同，但软件配置不同。

3. 维护工作站

维护工作站用于设备维护和检修人员对全线信号系统设备和列车进行监督，及时处理信号系统中所检测到的故障，以保证信号系统设备稳定可靠运行。

维护工作站的硬件结构和组成与调度工作站相同，但维护工作站上不允许对列车进行控制，主要发挥维护工作站的监督和故障诊断作用。

4. 列车运行计划工作站

列车运行计划工作站用于编辑某天或某一时段内所有运营列车的运营计划。列车运行计划编辑完成后，列车自动监控系统将控制列车按照所确定的运行计划运行。

列车运行计划工作站的硬件结构和组成与调度工作站相同。

5. 系统服务器

系统服务器是列车自动监控系统的核心设备，由主机、显示器、键盘、鼠标、网络接口等组成，系统服务器装有系统软件和应用软件，主要完成列车追踪、自动调度、自动进路、自动列车调整和控制请求确认等功能。

系统服务器通过数据传输系统与网络上的其他设备实现数据交换。

6. 数据库服务器

数据库服务器用来持续存储接收到的事件、ATS 用户控制请求、ATS 自动控制请求、报警，并为用户生成包含所有这些数据的报告。

7. 通信服务器

通信服务器主要提供与其他 CBTC 子系统和外部系统间的接口和协议转换。这些外部系统接口包括时钟、通信传输系统、车站通信系统、综合监控系统。用于数据传输和交换的网络通信设备，如通道、网关等，一般为冗余的双网结构以提高系统的可靠性和可用性，保证数据在不同的设备间可靠传递。

8. 电源设备

控制中心的电源设备为以上工作站、服务器等设备提供可靠的不间断电源，保证控制中心列车自动监控系统可靠运行，不丢失数据。

（二）车站 ATS 设备

车站 ATS 设备包括工作站、打印机、网络接口和 UPS 不间断电源等设备，其中车站 ATS 工作站，用于车站值班员完成对本站所管辖范围的列车运行状态监督、进路排列、道岔控制、信号开放等作业，是车站的重要设备。车站 ATS 工作站一般由主机、显示器、键盘、鼠标设备组成，车站值班员通过车站 ATS 工作站终端屏幕，实时了解和掌握本站所辖范围内列车的实际运行情况，在本站取得对车站控制权的情况下，车站值班员可以在工作站上发出指令，直接指挥列车在本站管辖范围内安全运行。

（三）车辆段/停车场 ATS 设备

1. 派班工作站

车辆段/停车场派班工作站，用于列车正线运行以及返回车辆段/停车场所需的换班计划。

2. 车辆段/停车场工作站

车辆段/停车场行车值班员依据工作站上显示的 ATS 列车时刻表，通过联锁控制终端排列车辆段/停车场的出、入段进路。车辆段/停车场工作站也用来监视车辆段/停车场轨道占用情况、车辆段/停车场和正线之间的转换区情况，以及车辆段/停车场和转换区之间的进路。

此外，还有与车辆段/停车场计算机联锁的接口，以获取车辆段/停车场轨道占用情况、车辆段和转换轨之间，停车场和转换轨之间进路情况以及报警情况。

3. ATS 试车线工作站

ATS 试车线工作站为单机工作站，配有 1 台显示器，是 CBTC 系统在该区域的一个子系统。

4. 终端服务器

终端服务器提供通信网络与外部系统之间的串口连接。终端服务器为通信服务器和外部系统的数据信息提供通道。

（四）系统组成举例

以某地铁 X 号线为例，中央 ATS 设备设在控制中心，能实现对正线全线的监控以及对车辆段/停车场的监督。

在车辆段还设置有备用控制中心，当控制中心的 ATS 设备故障时，能人工切换到备用控制中心，实现对某地铁 X 号线的监控功能。

每个设备集中站都装备有一套车站 ATS，通过冗余 ATS 网络与中央 ATS 设备相连。当中央 ATS 发生故障时，每个设备集中站的车站 ATS 仍可以通过联锁监控线路运营，实现 ATS-CI 的自动控制功能，或通过现地操作工作站执行本地操作功能。在轮乘室还配置有 ATS 显示终端，信号工区的 ATS 终端与 MSS 维护终端共用，在终端折返站，配置有运行图显示工作站。

在车辆段和停车场各装备了一套车站 ATS 和一套 ATS 终端设备，用以监督进出车辆段的人工驾驶列车的运行情况，管理车辆段的车辆派班。

五、与其他系统接口

（一）ATS→CI

（1）道岔位置控制：请求定位操作与请求反位操作。
（2）道岔单锁控制：设置道岔单锁与解除道岔单锁。
（3）道岔封锁控制：设置道岔封锁与解除道岔封锁。
（4）进路控制：建立进路与取消进路。
（5）自动通过进路控制：设置自动通过进路与取消自动通过进路。
（6）信号控制：信号重开请求。
（7）信号封锁控制：设置信号机封锁与解除信号机封锁。
（8）信号引导控制：设置引导状态与取消引导状态。
（9）区段故障解锁：故障情况下进路人工解锁。
（10）自动折返控制：设置与取消各种自动折返控制。
（11）站台扣车控制：设置站台扣车与取消站台扣车。

（二）CI→ATS

（1）道岔位置信息：道岔的定位、反位状态以及失去表示等信息。
（2）道岔单锁信息：道岔的单锁状态信息。
（3）道岔封锁信息：道岔的封锁状态信息。
（4）自动通过进路信息：进路的自动通过模式状态信息。
（5）信号状态信息：红灯状态、绿灯状态、黄灯状态等信息。
（6）信号封锁信息：信号机的封锁状态信息。
（7）信号引导信息：信号机的引导状态信息。
（8）灯丝状态信息：信号机的灯丝断丝状态信息。
（9）区段状态信息：区段的占用、空闲、锁闭状态信息。
（10）自动折返信息：联锁自动折返控制状态信息。
（11）站台扣车状态信息：站台上设置的扣车状态信息。
（12）保护区段状态信息：CI 子系统建立的保护区段状态信息。
（13）报警信息：CI 子系统在信息采集或逻辑运算时产生的各种报警信息。

（三）地面 ATP→ATS

（1）时间同步信息。

（2）首次上电临时限速确认信息：地面 ATP 首次上电时向 ATS 汇报地面 ATP 上电并上传存储或初始设置的临时限速，请 ATS 确认的申请信息。

（3）临时限速一次设置/取消信息：ATS 采用“二次确认”方式设置/取消临时限速信息时，地面 ATP 对第一次命令的确认。

（4）临时限速二次设置/取消信息：ATS 采用“二次确认”方式设置/取消临时限速信息时，地面 ATP 对第二次命令的确认。

（5）全线临时限速状态信息：全部线路上已经设置的临时限速信息，含限速区段和限速值。

（四）ATS→地面 ATP

（1）时间同步信息。

（2）首次上电临时限速确认信息：ATS 在接收到地面 ATP 的上电限速确认申请时，确认地面 ATP 的临时限速信息。

（3）临时限速一次设置/取消信息：ATS 采用“二次确认”方式设置取消临时限速信息时的第一次命令下达。

（4）临时限速二次设置/取消信息：ATS 采用“二次确认”方式设置/取消临时限速信息时的第二次命令下达。

（五）ATS→车载 ATP/ATO

（1）列车运营识别信息：对不同行驶方向、不同车种、不同运行时刻的列车编订的标识码，含车次号和表号等信息。

（2）目的地：本次列车运行所要到达的终点站。
（3）下一站：列车本次运行所要到达的前方站台。
（4）运营调整命令：ATS 或人工根据列车实际运营与计划的偏差情况，对在线运营的列车所做的调整策略，包括扣车、跳停、调整站停时间、调整列车在区间运行时间（区间运行等级）等方式。

（六）车载 ATP/ATO→ATS

（1）列车实时位置信息。
（2）列车运行速度和方向：列车测量的实际速度值和系统定义的上/下行方向。
（3）列车控制级别和驾驶模式：车载 ATP/ATO 当前的控制级别和驾驶模式信息。
（4）车门状态：车载 ATP/ATO 采集到的列车车门的实际状态，反映列车车门是否处于关闭且锁闭状态。
（5）停稳信息：列车在规定区域停车，满足零速条件的信息。
（6）列车报警信息：列车在运行过程中所产生的各种异常报警信息，包括设备运行状态告警、列车紧急制动告警等内容。
（7）其他信息。

（七）ATS 与其他外部系统的接口信息

根据设计需求，ATS 与其他系统的接口还可包括以下信息。
（1）与无线系统/广播系统进行接口，向无线系统/广播系统提供数据信息，以便控制中心调度员、车站值班员使用车次号呼叫列车。
（2）与综合监控系统进行接口，提供全线列车运行表示信息及运营时刻表信息。
（3）与乘客信息系统进行接口，提供最近三趟列车运行信息：距下趟列车到达本站的时间、下趟列车的目的地、首末班车、编组信息和快慢车等信息。
（4）与大显示屏系统进行接口，提供全线列车运行表示信息。
（5）ATS 系统时钟作为整个信号系统的时钟源，与时钟系统进行接口，实现时钟同步。
（6）与 FAS 火灾告警系统接口，获得火灾告警信息并显示。
（7）与其他相连线路的信号系统进行接口，提供相连区域信号状态显示功能或互传首末班车信息功能。
（8）与路网指挥中心接口，提供全线列车运行表示信息和计划管理信息。

任务二　ATS 典型界面和功能

ATS 系统人机界面可通过系统主菜单、背景弹出式菜单、设备菜单等方式执行 ATS 功能。ATS 默认显示在控制台的三个窗口为：轨道图窗口、操作请求堆栈、报警队列。某地铁信号 ATS 系统主要功能包括：列车监视和跟踪、列车控制、车站控制、控制权切换、设备控制、时刻表和 VR 控制、回放功能。此外，ATS 特有的功能还包括临时限速、ESR 功能、运行图等功能。

一、轨道图窗口及功能

微课：ATS 系统主要功能

轨道图窗口显示轨旁设备及列车的实时状态，如图 2.2.1 所示。ATS 界面就是通过改变设备的显示来响应操作员的操作，包括设备的颜色改变、设备闪烁，这些变化来源于设备当前的状态。命令在 ATS 工作站发送后，通过网络传送给轨旁设备。当一个控制命令传送给轨旁设备，设备显示闪烁。当收到设备的表示信息后，设备显示稳定。如果控制命令已发送，但是没有收到表示信息，那么设备显示持续闪烁（表示失去响应的状态）。调度员和行车值班员可通过轨道图窗口，对设备进行命令控制，并根据设备颜色变化，判定设备当前的工作状态。

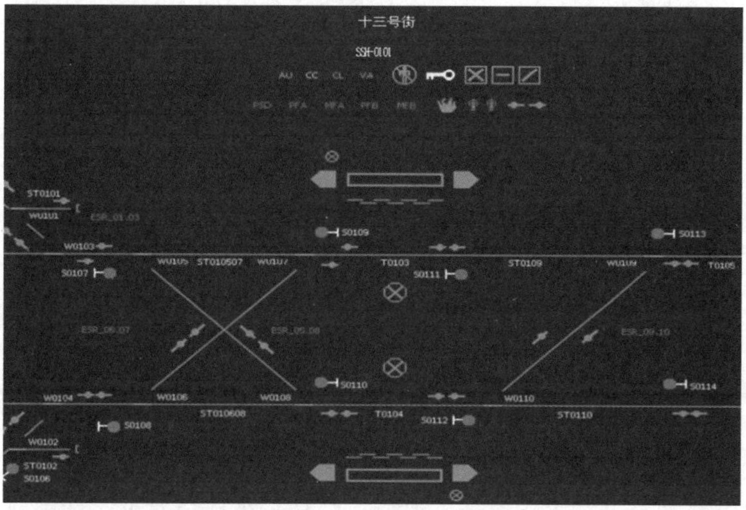

图 2.2.1　轨道图窗口

此外，地铁信号维护人员和调度员可通过 ATS 轨道图窗口设备显示状态，分析并判断设备故障情况。比如站名颜色反白色，可以判定人为正在对该站进行了操作请求。站名颜色红色通常判定 ATS 与联锁通信异常，一般为 ATS 软件 PTOP 进程倒切，或者 ATS 与联锁通信中断。屏蔽门颜色红色代表屏蔽门故障，黄色代表 PSD 报警，此时需在 ATS 工作站进行 PSD 报警确认。列车车次窗的颜色变化，能够直观地判定列车的驾驶模式和早晚点情况，有助于调度人员掌握列车的运营情况，及时排除安全隐患，提高地铁运营效率。

二、操作请求堆栈

操作请求堆栈窗口主要列出所有当前的控制请求，如图 2.2.2 所示。在该次序中，操作人员可以选取这些控制请求。请求堆栈窗口为每一个申请列出设备的所属车站，还有设备 ID 和已请求的命令。请求堆栈窗口也包括了发送请求和取消请求按钮。

图 2.2.2 操作请求堆栈窗口

操作请求堆栈记录设备的被操控情况，并提示命令是否可执行。当操作人员在 ATS 工作站上发送一条命令，系统会确认这个命令申请在当前的条件下是否有效。如果申请有效，这个申请就被显示在请求堆栈窗口的显示区域内，连同显示出绿色“请求成功”状态信息。如果用户发送这个控制指令给现场设备，轨道图窗口中也会显示变化，显示出设备将会处于什么状态。一般情况下，闪烁的颜色被用来表示这些设备有一个激活的请求。如果用户决定他不想发送这些未处理控制指令，用户可以在请求堆栈窗口中的“取消请求”按钮或选择背景的弹出式菜单中的取消功能去取消它们。

地铁调度员和行车值班员在对设备进行操作时，可参考操作请求堆栈中的信息提示，判断当前操作是否有效，比如，操作员发送一个信号机解锁的控制指令，系统首先检查对这个控制是否有效。若有效，变化会显示在当前请求堆栈表和轨道图窗口中，并显示“请求成功”信息，轨道图窗口中围绕所选信号机的区域成闪烁的青色，被操作的车站站名变成反白显示；若该请求无效，当前请求堆栈窗口的显示区域内显示出这个申请，同时显示错误信息。该信息有助于操作人员及时发现控制指令未成功，避免多次重复无效操作。并根据信息提示的错误，找到命令未成功的原因，第一时间更正，提高作业效率。

地铁 ATS 系统命令请求分为三级，一般请求有三个步骤，而不是基本的“选择和发送”程序。这些请求就是一级请求，需要一个确认的步骤。一级请求通常为触发潜在安全隐患的功能而设。比如，轨道解锁命令就是一个一级请求，而初始的轨道封锁命令则不是。一级命令还包括道岔单解、紧急道岔解锁等。其他请求则是三级（最常见）请求或二级请求。三级请求要求现场设备能在操作成功时返回一个表示，操作失败则不返回。而二级请求要求在操作失败时返回“失败”的表示。如果二级请求没有得到回应，则系统生成报警信息。

三、报警队列

当 ATS 检测到问题时，就会在“报警队列”窗口，（见图 2.2.3）中生成报警信息。系统同时也生成一个有声报警，提醒调度员报警情况。对于更为紧急的报警，系统会持续发出声音，直至报警被确认。而对于不太紧急的报警，系统则会发出简短的蜂鸣声。除了生成报警信息，系统还在轨道图窗口上显示设备报警指示。

ATS 系统报警优先级有 5 级，其中第 1 级是最紧急的，而第 5 级则是最不紧急的。每一报警的优先级在报警队列显示中均以不同的颜色列出。此外，优先顺序较高的报警会伴有持续的声音，而优先顺序不高的报警则伴随简短的蜂鸣声。表 2.2.1 列出了 5 个优先级别的特征。

图 2.2.3　报警队列

表 2.2.1　报警优先级别的特征

优先级	报警信息颜色	声音提示
1	红色	持续声音
2	黄色	持续声音
3	青色	无
4	白色	无
5	橙色	单声提示

由于报警队列的重要性，所以无法将其最小化或关闭。报警队列显示两个独立的列表：上方的列表显示未确认的报警。一旦工作站收到新的报警，其显示在“报警队列”窗口上方的列表中，所有报警在被确认之前均位于此列表。当用户确认仍然有效的报警时，系统会将报警移至下方的列表。下方的列表显示已通知的与设备相关的报警和仍然有效的情况报警。报警位于列表直到系统不再检测到该设备报警。当有效报警被确认后，该报警会移至下方列表。U 表示报警“尚未确认”并且仍然有效。U 状态下的报警仅显示在“报警队列”窗口的上方列表，I 表示报警尚未确认并且是“无效”的。I 状态下的报警仅显示在“报警队列”窗口的上方列表。A 表示报警“已经确认”但是仍然“有效”。A 状态下的报警仅显示在“报警队列”窗口的下方列表。

ATS 系统“报警队列”的两个列表中最多可显示 300 条报警。一般来说，这一最大限值足够容纳系统中的报警数目。如果报警数目超出 300 条，系统会隐藏一些报警并在“确认”按钮旁边显示文本“300 + ”。系统会首先隐藏已确认的报警。如果需要隐藏更多的报警，系统接着会隐藏最早未确认的报警。当发生故障时，可参考报警队列的报警提示，迅速查找故障点，以最短时间完成故障的处理。

四、日志报表

日志报表功能允许用户从在线或存档事件日志中调用已记录的系统事件信息，如图 2.2.4 所示。用户可以采取多种方法过滤此类信息并在显示器上显示报表或在日志报表打印机上打印出来。日志报表数据存储于在线系统和存档介质中。若用户请求的数据无法在线获取，则日志报表功能将尝试从已加载的存档介质中检索数据。若在加载的存档介质中仍然无法检索到该数据，应要求 ATS 维护人员提供适当的存档介质。日志报表显示窗体展示了查询日志日期的起始日期和时间、结束日期和时间、控制区域列表、过滤器列表，以及跟踪标识栏，如图 2.2.5 所示。

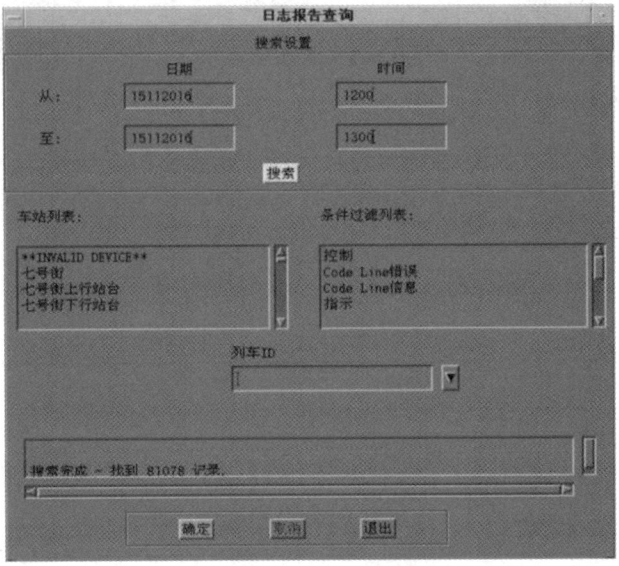

图 2.2.4　日志报表查询

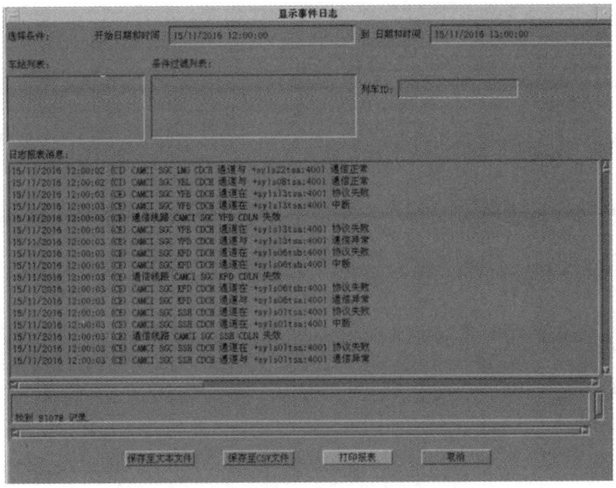

图 2.2.5　日志报表日志

地铁信号系统，通常借助于日志报表功能下载日志。当发生故障时，可通过日志可查找具体的故障时间，故障节点，以获取更具体的故障数据。

五、回放窗口及功能

地铁信号 ATS 系统可通过系统回放功能，在指定时间内从 ATS 系统的角度回放传输系统事件和设备状态，回放能重现特定时间范围内的界面显示，并在回放文本窗口里显示相匹配的已记录的文本信息，动态显示特定时间内的设备、控制和表示，以及相应的文本信息，辅助检查系统事件发生时的具体时间、信息通信及设备状态，以便分析故障，回放窗体如图 2.2.6、2.2.7 所示。回放对话的数据由三部分组成：回放软件（指特定时间点的所有可执行文件、数据库文件、屏幕文件等）、快照文件（包含特定时间点的系统状态）和事件日志文件（包含时间标记事件）。

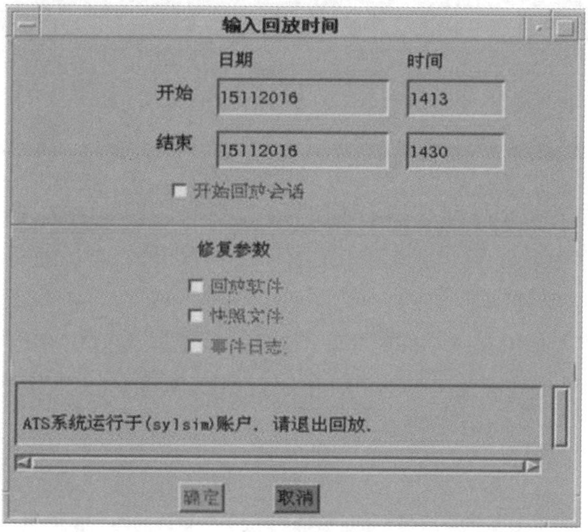

图 2.2.6　回放时间输入窗口

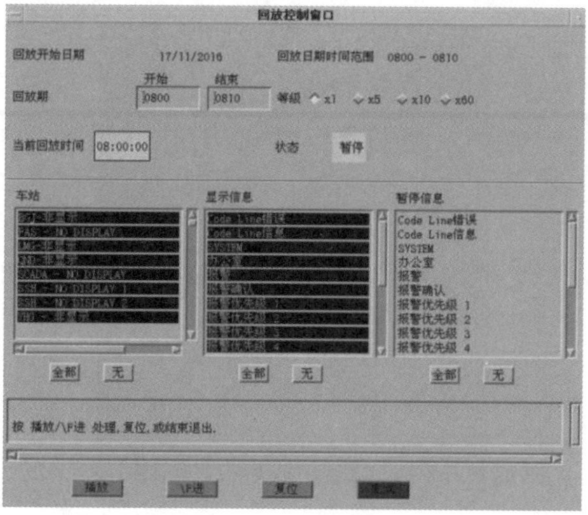

图 2.2.7　回放控制窗口

回放控制窗口显示回放开始时间、回放数据时间范围、当前回放时间和状态栏。回放文本窗口如图 2.2.8 所示。

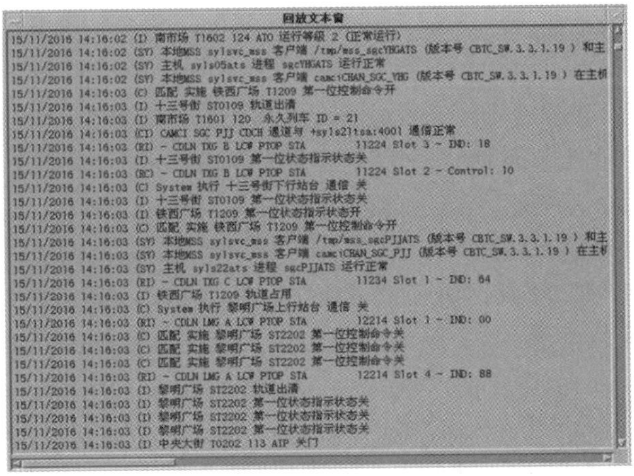

图 2.2.8　回放文本窗口

六、列车的监视和跟踪功能

ATS 系统对在线所有的运行列车进行实时的监视和跟踪，并在相应的轨道图上显示列车的位置和状态。点式 ATP 下，通过计轴的占用和出清实现列车的追踪；CBTC 模式下，通过 CC 实时报告列车位置实现列车的追踪。

列车监视和追踪的功能包括：读取列车车次号、列车运行计划时刻表自动产生车次号、人工输入删除变更车次号、列车运行的识别和跟踪、在调度台及大屏幕上显示列车位置报告、列车信息等。

七、列车控制

通过列车菜单（见图 2.2.9）ATS 系统可实现对列车的运行设置。

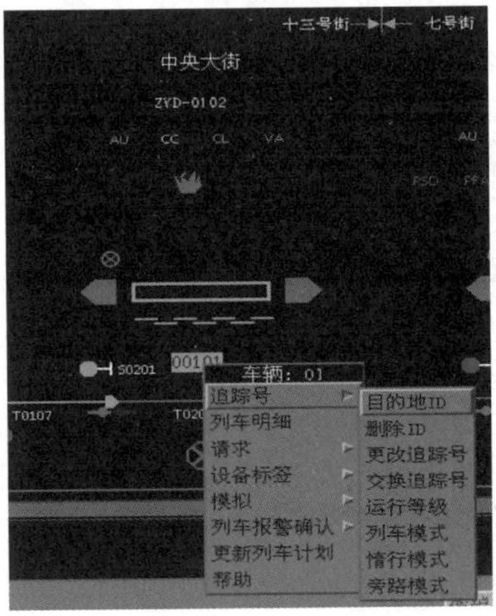

图 2.2.9　列车菜单

（一）扣　车

扣车功能允许用户去扣住正线上的所有客车。用户通过轨道平面图背景菜单进入扣住所有列车功能。

（1）LCP 盘站台扣车：LCP 站台扣车功能可以从车站控制盘实现。站台扣车将使 Microlok 关闭已开放的信号。站台扣车在 ATS 工作站上显示，但是 ATS 没有激活取消的功能。

（2）ATS 扣车：ATS 软件向 ATS 调度员提供在这个站扣车的人工扣车功能。列车一旦被停止，列车打开车门并在车站等待直至 ATS 调度员提供一个扣车释放请求。ATS 扣车不会使信号关闭，DTI 将显示扣车信息。

（二）设置列车运行等级

用户通过运行等级功能来改变一列列车的运行等级。运行等级为 1～9，其中 1 等级最高。运行等级设置如图 2.2.10 所示。

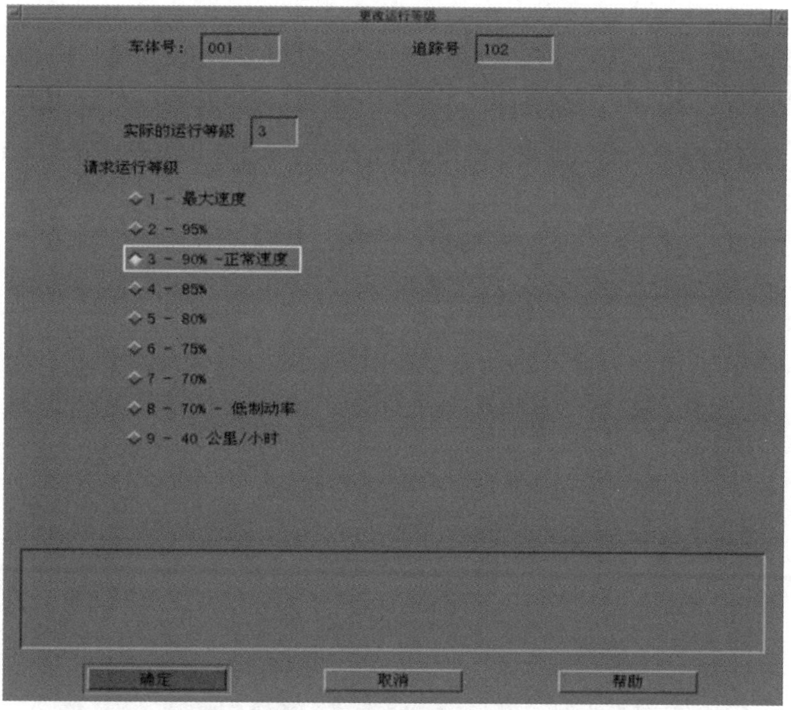

图 2.2.10　设置列车运行等级

（三）列车惰性模式

惰性模式是一种运行等级的功能，如图 2.2.11 所示。用户能在任何时间使用惰行模式功能，但是，运行等级必须在 1 级～7 级，并且目标速度要超过 40.2 km/h，否则这种模式是无效的。

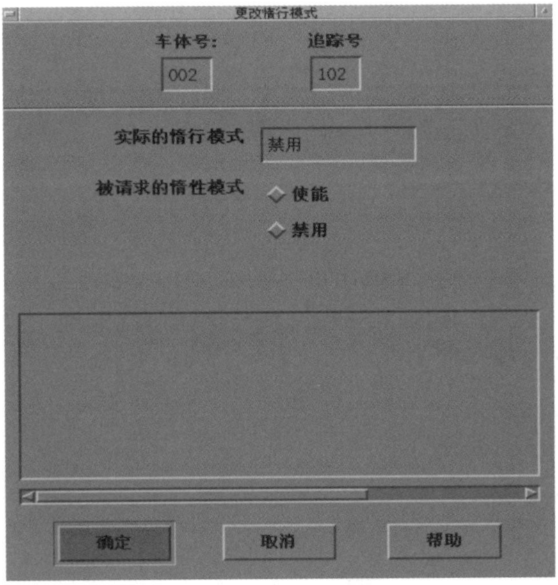

图 2.2.11　列车惰性模式

八、车站控制

车站控制包括：访问站台概要表、指定站台停站时间、设置车站停车制动率、设置跳停。

（一）访问站台概要表

用户可通过车站站台概要（见图 2.2.12），来观看当前车站站台信息与执行多方面的车站站台申请，这是关于站台或列车占用站台的轨道的申请。表格 2.2.2 描述了控制指令的显示颜色及功能。

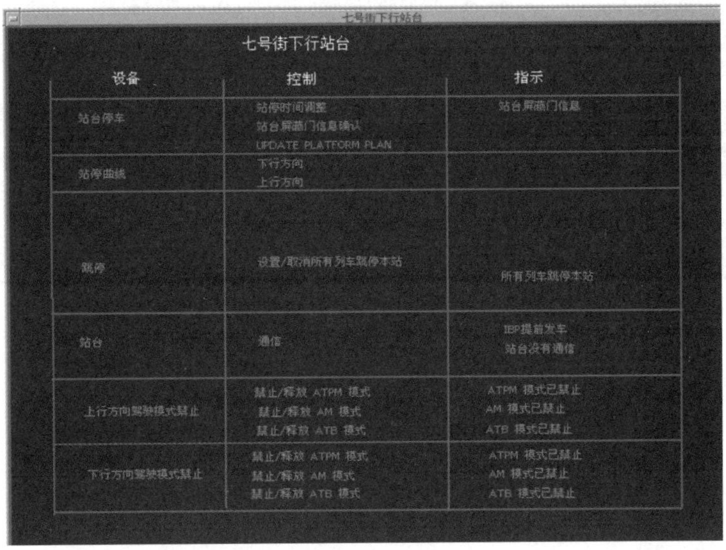

七号街下行站台

设备	控制	指示
站台停车	站停时间调整 站台屏蔽门信息确认 UPDATE PLATFORM PLAN	站台屏蔽门信息
站停曲线	下行方向 上行方向	
跳停	设置/取消所有列车跳停本站	所有列车跳停本站
站台	通信	IBP提前发车 站台没有通信
上行方向驾驶模式禁止	禁止/释放 ATPM 模式 禁止/释放 AM 模式 禁止/释放 ATB 模式	ATPM 模式已禁止 AM 模式已禁止 ATB 模式已禁止
下行方向驾驶模式禁止	禁止/释放 ATPM 模式 禁止/释放 AM 模式 禁止/释放 ATB 模式	ATPM 模式已禁止 AM 模式已禁止 ATB 模式已禁止

图 2.2.12　车站站台概要

表 2.2.2　车站控制指令颜色及功能

控制指令	颜色	功能
站台停站	稳定的灰色	调用站台停靠概要表
站停曲线（上行）	稳定的灰色	调用上行站台车站制动曲线概要表（已设默认制动率）
	稳定的黄色	调用上行站台车站制动曲线概要表（未设非默认制动率）
站停曲线（下行）	稳定的灰色	调用下行站台车站制动曲线概要表（已设默认制动率）
	稳定的黄色	调用下行站台车站制动曲线概要表（未设非默认制动率）
跳停	稳定的灰色	跳停下一站控制未设置或请求（默认）
	闪烁的黄色	已请求取消跳停下一站
	稳定的黄色	跳停下一站控制已设置并将阻止列车在下一站停靠
扣车	稳定的灰色	扣车控制未生效（默认）
	闪烁的绿色	扣车控制生效

（二）指定站台停站时间

用户能使用站台停靠表来为一个站台设置默认停站时间，如图 2.2.13 所示。各个站台的默认停站时间被定义在系统配置内。用户能用该窗口去修改预定义的默认停站时间。如果中央的系统是联机的，并且车站和列车在自动模式下，那么列车自动调整根据该窗口已指定的选项，来决定停站时间。如果用户选择了窗口内的使用默认停站时间单选按钮，那么 VR 将使用指定在默认停站时间栏中的车站停站时间。

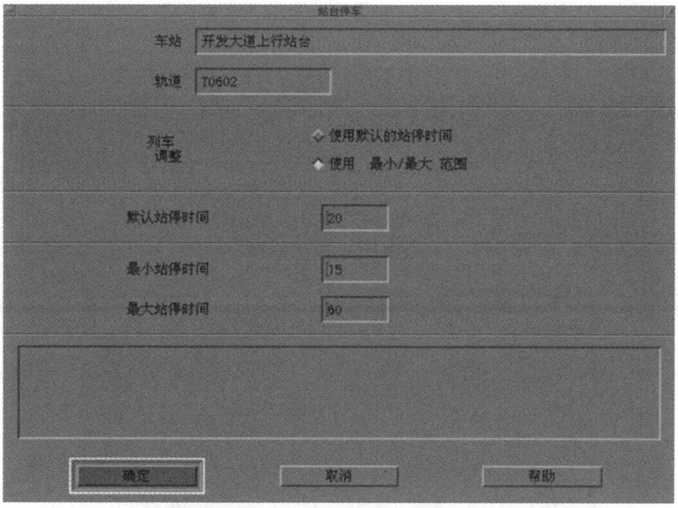

图 2.2.13　指定站台停站时间

（三）设置车站停车制动率

用户能通过使用车站制动曲线功能来修改列车指定的车站停车制动率，如图 2.2.14 所示。列车与中央/车站 ATS 通信，并接受用于在下个（邻近的）车站停车的制动率。用户不能取消这个功能，在用户发送一个制动率命令之后，要去回复旧的制动率，用户必须发送另一个制动率命令详细说明旧的制动率，如果中央 ATS 收到从列车发来的一个无效车站停车制动率值，中央 ATS 忽略该无效的速率并用最后已知的有效速率代替。如果系统检测出一个无效的速率，系统产生一个报警并显示出列车明细表，其中含有最后已知的有效速率。

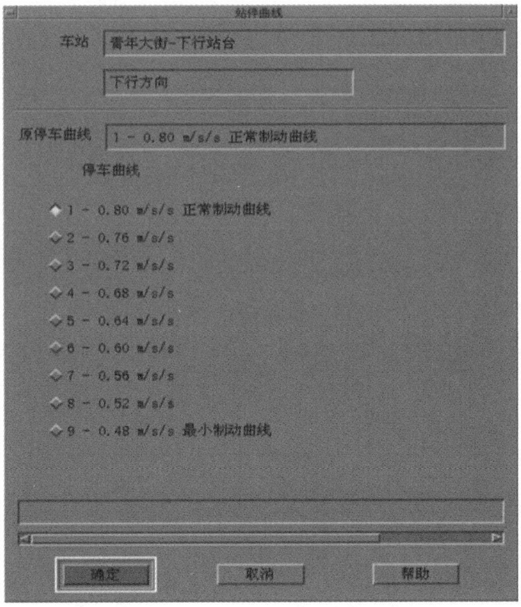

图 2.2.14　设置车站停车制动率

（四）设置跳停

用户可在所要跳过的车站之前的车站，设置一个跳下站命令，请求列车跳过这个计划中要停靠的车站，系统将跳停信息传输给列车。用户能在列车离站后发送这个命令。这个命令将持续到列车确认它已收到了命令。列车到达要跳停的车站之前任何时间，用户能取消一个之前执行的跳停下站申请。如果用户在列车收到最初的跳停下站命令之前，发送取消命令，系统将不传输这个跳停下站命令给列车。跳停显示如图 2.2.15 所示。

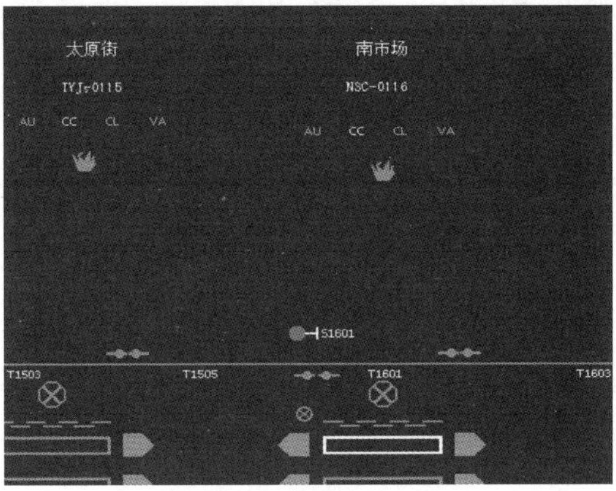

图 2.2.15　设置跳停

九、控制权切换

（一）请求本地控制

正常情况下，车站工作站只监视管辖范围内列车的运行，当车站需要控制时，需要向控制中心申请才能取得对这个站的控制权限，如图 2.2.16 所示。

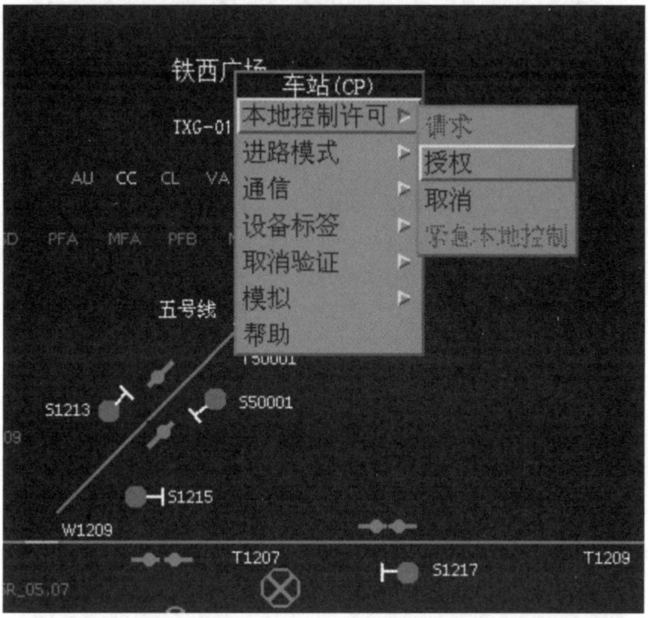

图 2.2.16　请求本地控制

（二）紧急本地控制

紧急本地控制是指在紧急状态下车站可以不需要 OCC 的授权就取得控制权。报警队列中会产生相应报警提示。紧急本地控制后，站名出现 CL 显示，如图 2.2.17 所示。同时报警队中出现报警提示，如图 2.2.18 所示。

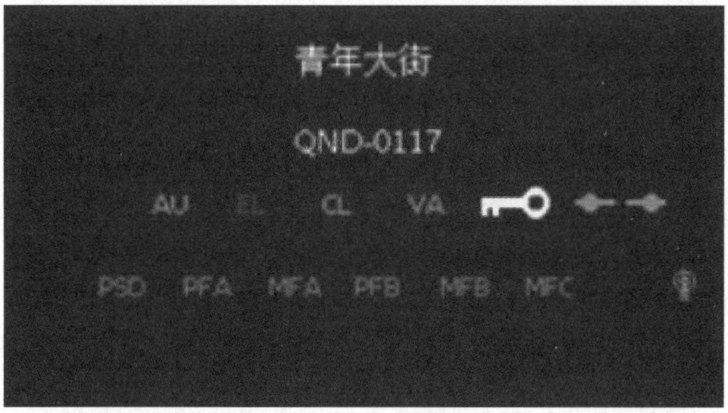

图 2.2.17　紧急本地控制

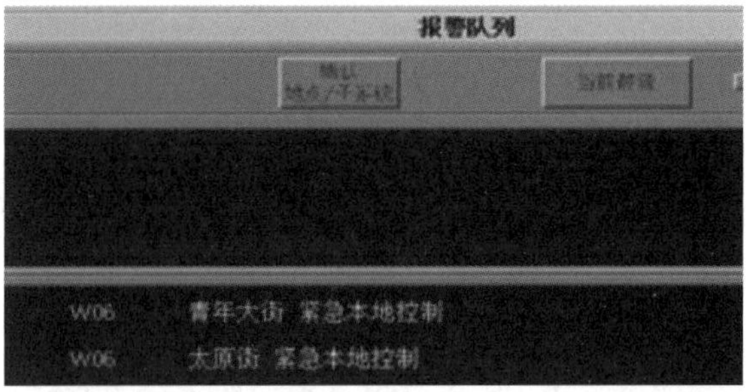

图 2.2.18　紧急本地控制

十、设备控制

ATS 设备控制功能包括办理进路、道岔操作、道岔封锁及解封、创建设备标签等。道岔封锁如图 2.2.19 所示。道岔解封属于 ATS 系统一级命令。该类命令为防止用户误操作，执行以下步骤：

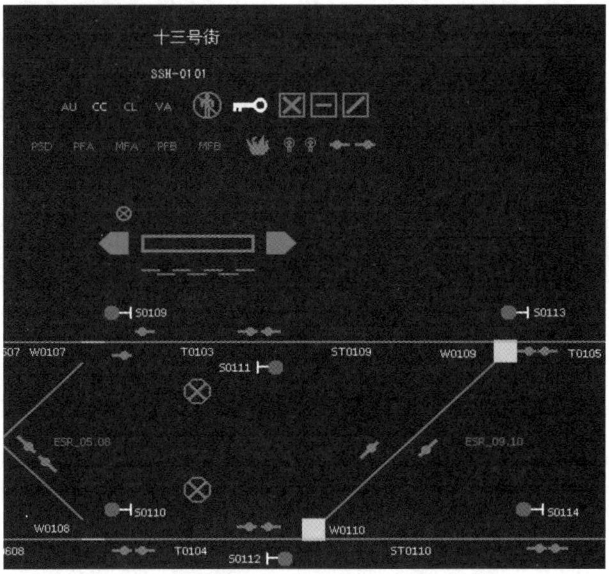

图 2.2.19　道岔封锁

（1）ATS 用户启动第一类功能时，其请求在操作请求堆栈中显示，并且必须在 90 s 内发出，否则会被取消。

（2）当第一类功能请求发出后，远端设备必须在 15 s 内做出确认反应。该反应会在屏幕上显示出闪烁的黄色“E”图标，如图 2.2.20 所示，表示已经收到远端设备的确认信息。如果远端设备没有及时做出回应，系统就会报警，并请求取消。

（3）ATS 用户须选定“E”图标，并在右键菜单选项中选择“使能”并发送请求，“E”图标停止闪烁。静态的黄色“E”图标表示该功能指令的再次确认过程已经完成。若在系统规定的时间内未完成“使能”确认，远端设备即会取消确认表示信息，屏幕上的“E”图标消失，相关设备恢复到其先前的状态。

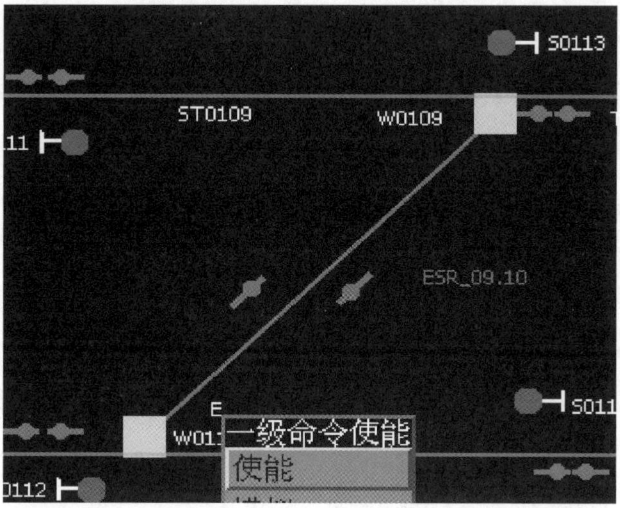

图 2.2.20　道岔解封

十一、时刻表和 VR 控制

时刻表和 VR 控制对于列车调整可以设置：时刻表调整、运行间隔调整、无调整三种模式，如图 2.2.21 所示。

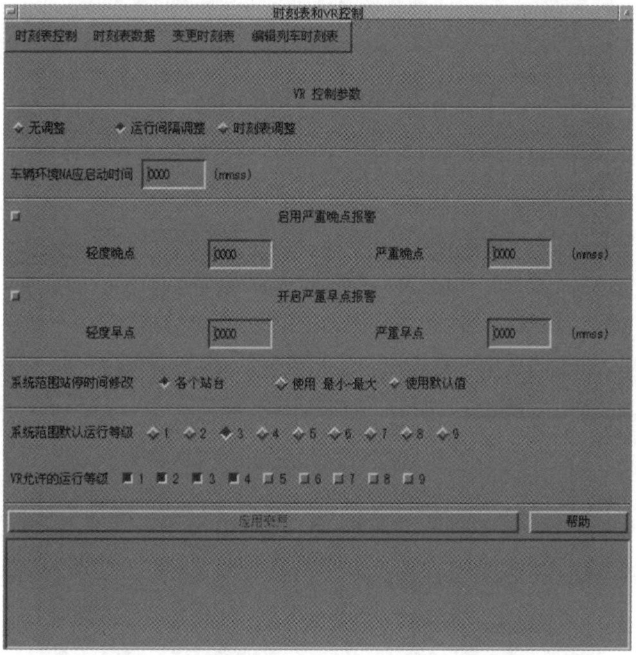

图 2.2.21　时刻表和 VR 控制

可以通过时刻表调整来设置轻微晚点和严重晚点的数值、轻微早点和严重早点的数值，若设置列车默认的运行等级后，新增列车将采用默认的运行等级运行。VR 系统自动调整列车的运行等级，并在所选的允许运行等级范围中进行调整。

（一）时刻表调

时刻表调整模式下系统根据时刻表中的信息来调整列车，使列车按照时刻表运行。

（二）运行间隔调整

运行间隔调整能自动管理列车运行，平衡正线上列车到达各个车站的时间间隔。在该模式下，列车并不自动分配新的目的地 ID。

（三）无调整

无调整模式下所有的列车管理功能均由调度员人工操作实现，系统不会自动控制调整。

（四）时刻表控制菜单

通过选择时刻表菜单可以直接选择当天的时刻表。通过选择日历菜单可以选择日历，日历将按照所定义的规则自动加载所需时刻表，时刻表控制如图 2.2.22 所示。

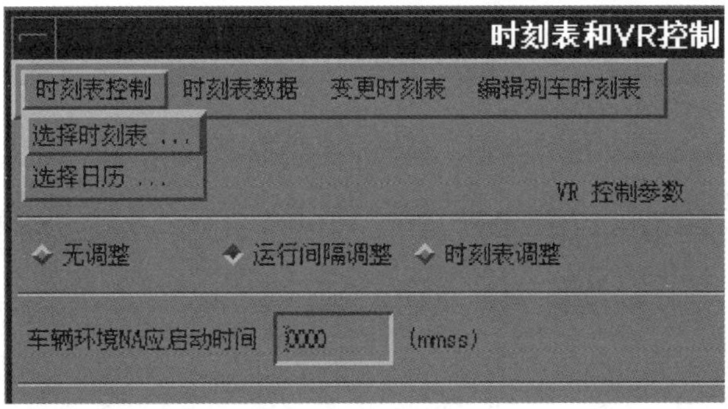

图 2.2.22　时刻表控制

（五）时刻表数据菜单

如图 2.2.23 所示，根据不同的索引显示时刻表信息，实时显示当前列车的运行信息，以及时刻表数据。

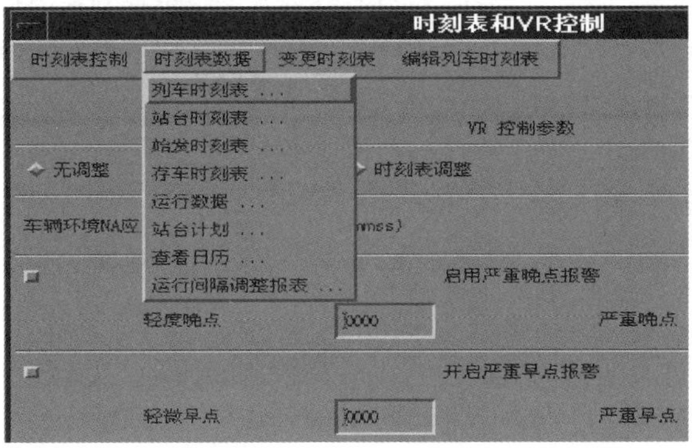

图 2.2.23　时刻表数据

十二、临时限速

地铁 ATS 系统可通过人工创建临时限速，对列车进行速度限制。

（一）创建临时限速

（1）鼠标右键点击预用作速度限制的轨道设备，选择“创建临时限速”，如图 2.2.24 所示。

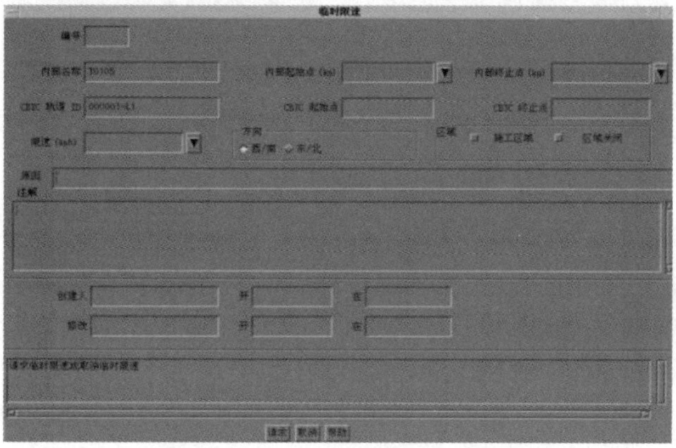

图 2.2.24　创建临时限速

（2）在该窗口中，选择限速值，填写限速原因及说明等，用鼠标左键点击“请求”。系统显示“临时限速”窗口，内部名称和 CBTC 轨道 ID 都已填充，需要选择内部起始点（kp），内部终止点（kp），当内部起始点选择后，CBTC 起始点会自动生成，当内部终止点选择后，CBTC 终止点随之自动生成，同时还需要选择速度限制的大小及方向。系统会显示“临时限速确认”，如图 2.2.25 所示。

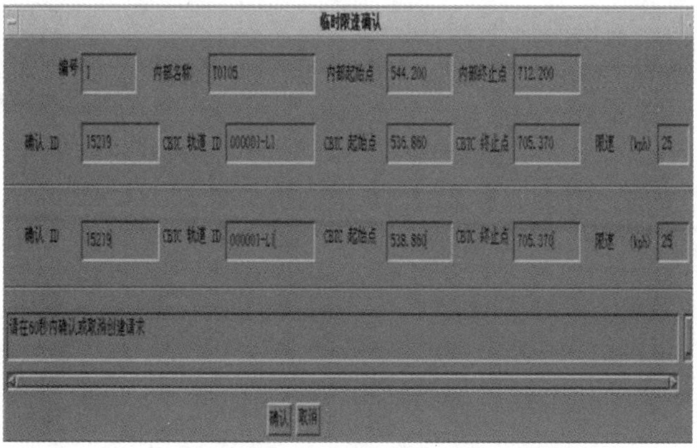

图 2.2.25　临时限速确认

（二）管理临时限速

从主菜单中选择“窗口”→“临时限速”→“临时限速概要”，该概要表如图 2.2.26 所示，在列表中选择想要操作的 TSR，可以进行查看、修改、复制、删除等操作。

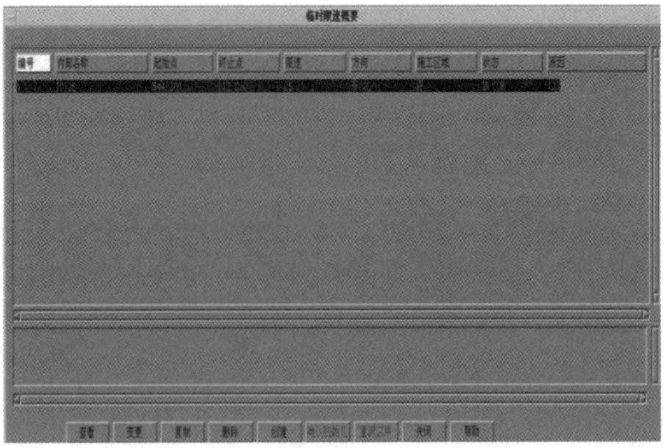

图 2.2.26　管理临时限速

临时限速的数据通常在 ATS 系统和轨旁系统之间要保持同步。如果轨旁的区域控制器重启初始化，那么，轨旁系统将丢失所有已存在的临时限速信息。ATS 调度员需要执行特殊的步骤，来确保两个系统都知晓相同的临时限速。这些步骤主要包括删除或者重新添加临时限速。当临时限速被重新添加后，轨旁系统将知晓该临时限速。如果当前没有有效的临时限速，调度员需要通过确认信息回应区域控制器的初始化，确认信息由临时限速概要表窗口给出。当区域控制器初始化时，给 ATS 系统发送“TSR 初始化请求”，生成一条报警以提示该请求。如果存在有效的 TSR，它们将显示为失去响应（闪烁）的状态，并且在临时限速概要表窗口中标记为“失去响应”。

（三）注意事项

（1）需特别注意的是必须在 60s 内填入确认 ID，CBTC 轨道 ID 等数值，点击“确认”，临时限速创建成功。

（2）不能在有车的区域设置临时限速。

（3）区域字段（施工区域、区域关闭）不选时，即默认状态时，界面上出现的 TSR 图标为青色；若选择了“施工区域”，则界面上出现的 TSR 图标为黄色。

十三、紧急道岔解锁 ESR

（一）功能说明

紧急道岔解锁功能是用来解锁由道岔区段的错误占用而锁闭的道岔。紧急道岔解锁是一个一级命令操作，需要二次确认后才能办理成功。首先 ATS/LCW 给联锁发送紧急道岔解锁请求，联锁收到紧急道岔解锁请求后给 ATS/LCW 反馈一个表示信息，ATS/LCW 收到表示信息后进行二次确认，联锁收到二次确认信息后延时 2 min 解锁道岔。

（二）限制条件

在如下情况下，可办理紧急道岔解锁。

（1）道岔由于道岔区段的错误占用而锁闭。

（2）道岔区段未进路锁闭。

（3）道岔区段未保护区段锁闭。

（三）操作步骤

（1）道岔因错误占用而锁闭，界面显示道岔锁闭，如图 2.2.27 所示，确认“道岔单锁”已取消（锁闭框显示灰色），且鼠标右键点击道岔显示“道岔不可单操”，如图 2.2.28 所示。

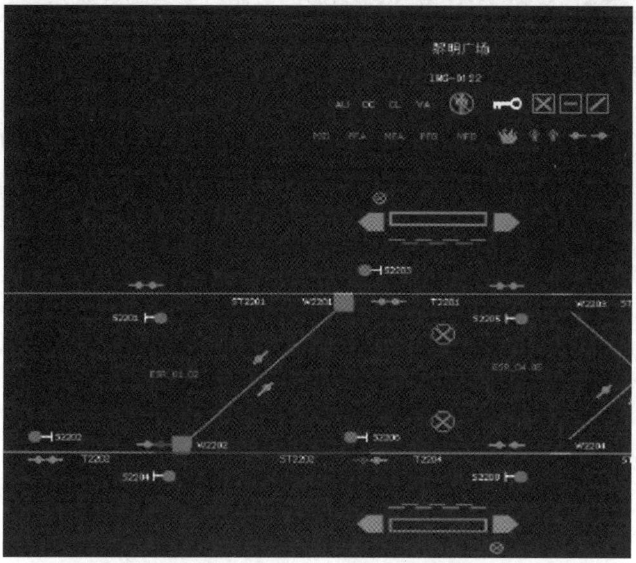

图 2.2.27　道岔因错误占用而锁闭

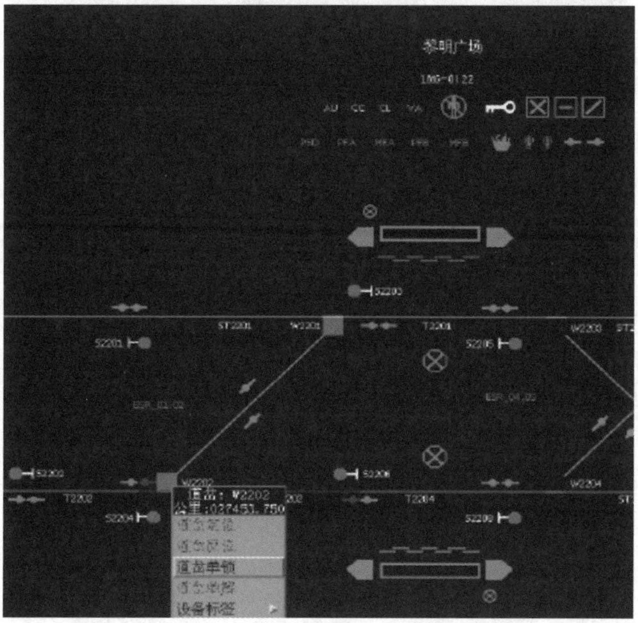

图 2.2.28　道岔不可单操

（2）鼠标右键点击 ESR，选择紧急解锁使能，如图 2.2.29 所示，并发送请求。

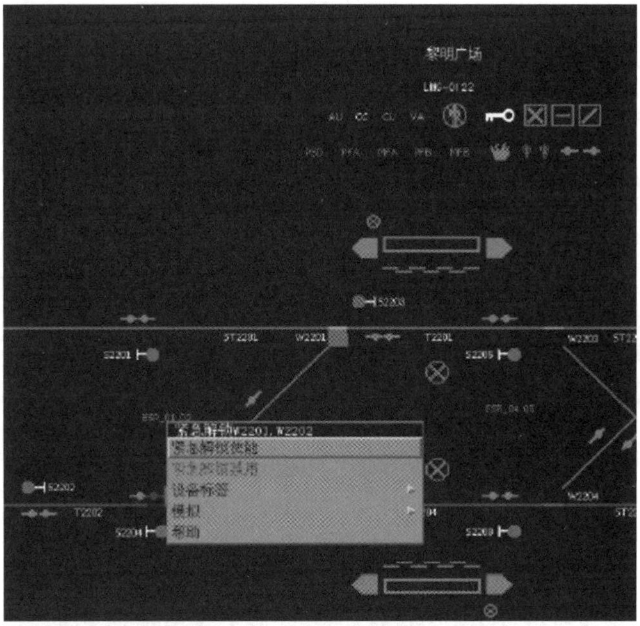

图 2.2.29　对道岔进行紧急解锁使能

（3）鼠标右键点击 ESR，选择紧急解锁禁用，并发送请求。

（4）发送命令后，锁闭的道岔框显示红色闪烁，ESR 下方出现闪烁的使能图标 E，如图 2.2.30 所示。

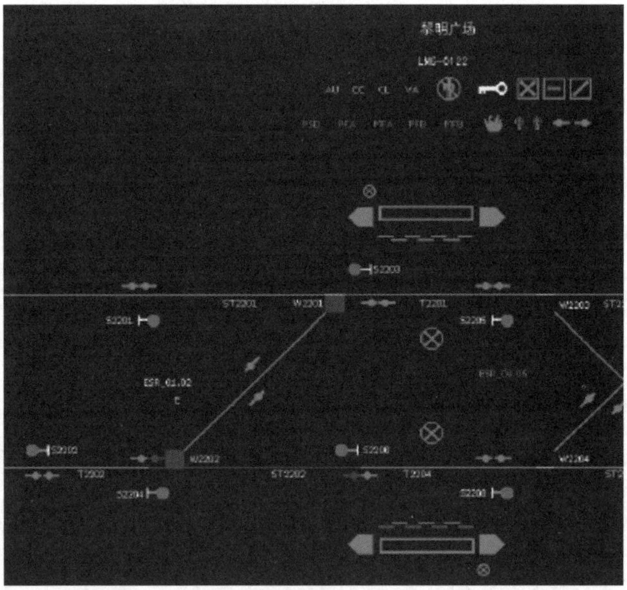

图 2.2.30　ESR 下方出现闪烁的使能图标 E

（5）在使能 E 图标上右键选择使能，如图 2.2.31 所示，并发送命令，此时锁闭框显示灰色，ESR_XX.XX 显示红色，此过程需在 10 s 内完成，若超过 10 s 不发送使能，ESR 请求将会被取消，界面恢复原来的状态。

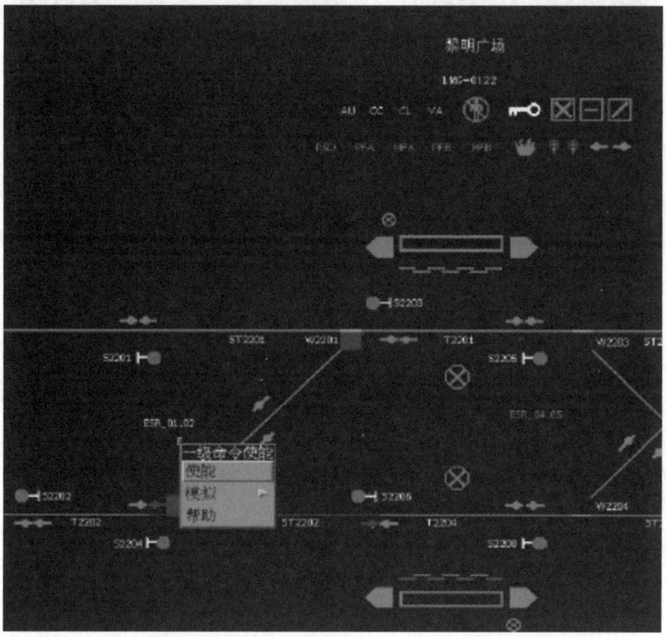

图 2.2.31　在使能 E 图标上右键选择使能

（6）等待 2 min 后，灰色锁闭框消失，道岔解锁。成功解锁后的道岔及 ESR 显示如图 2.2.32 所示，在道岔解锁后，若要对道岔进行相关操作在 1 min 内完成，否则 1 min 后道岔重新恢复锁闭状态。

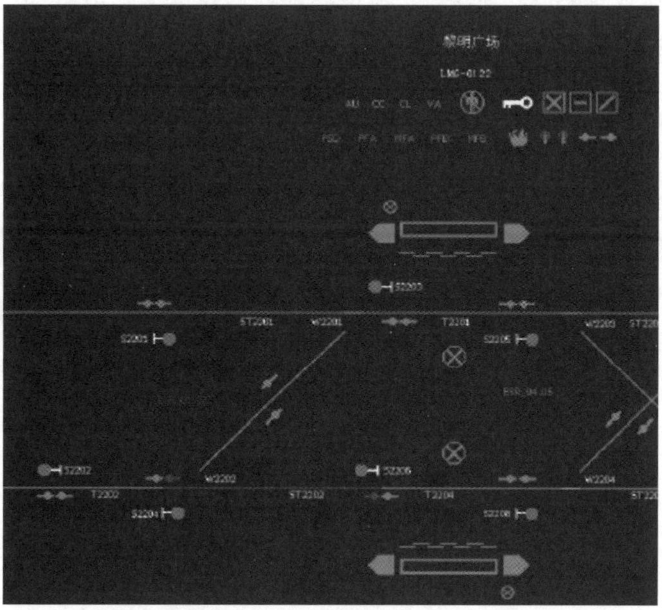

图 2.2.32　成功解锁后的道岔

（7）解锁状态下，鼠标右键点击道岔显示可以进行道岔单操，如图 2.2.33 所示。

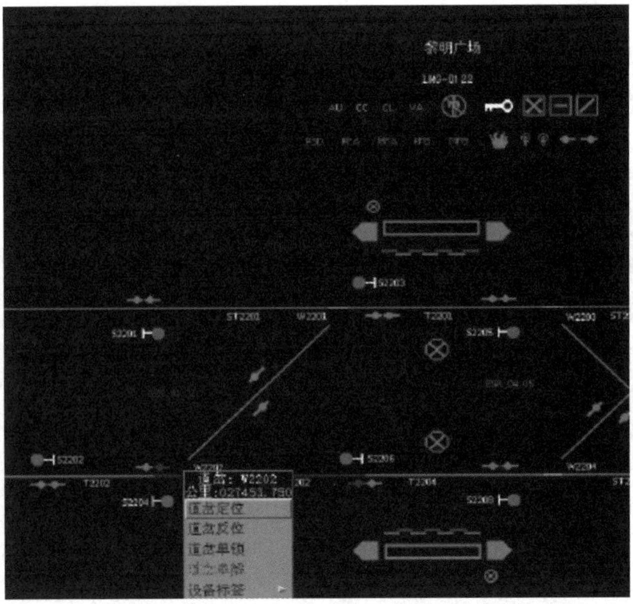

图 2.2.33　道岔可单操

（四）注意事项

（1）紧急道岔解锁成功后，有 1 min 时间可操纵道岔，1 min 后道岔重新锁闭，如需操纵道岔，需再次办理紧急道岔解锁。

（2）紧急道岔解锁仅在区段错误占用时使用，区段进路锁闭和保护区段锁闭时不可用。

（3）当联锁收到 ATS/LCW 下发的紧急道岔解锁请求后，联锁给 ATS/LCW 反馈紧急道岔解锁请求表示信息，ATS/LCW 需在 10 s 内给联锁发送二次确认信息，否则紧急道岔解锁请求命令将失败。

任务三　ATS 系统典型接口

一、ATS 与 PIS 接口

（一）接口原理

微课：ATS 系统与外部系统接口

某地铁列车自动监控系统 ATS 与旅客向导系统 PIS 的接口位置在控制中心的信号设备室内，连接方式如图 2.3.1 所示。接口类型为 RS485，ATS 系统设有两台终端服务器 Nport5650，分别负责 A 网和 B 网的数据传输接口。每一台终端服务器的 1、2 口都连接到 PIS 设备，同时给 PIS 发送两路信号，两路信号传输的信号相同。列车自动监控系统 ATS 向旅客向导系统 PIS 提供的站台信息包括列车的车体号、车次号、站台号、车站号、列车的到站时间、离站时间、跳停标记等。

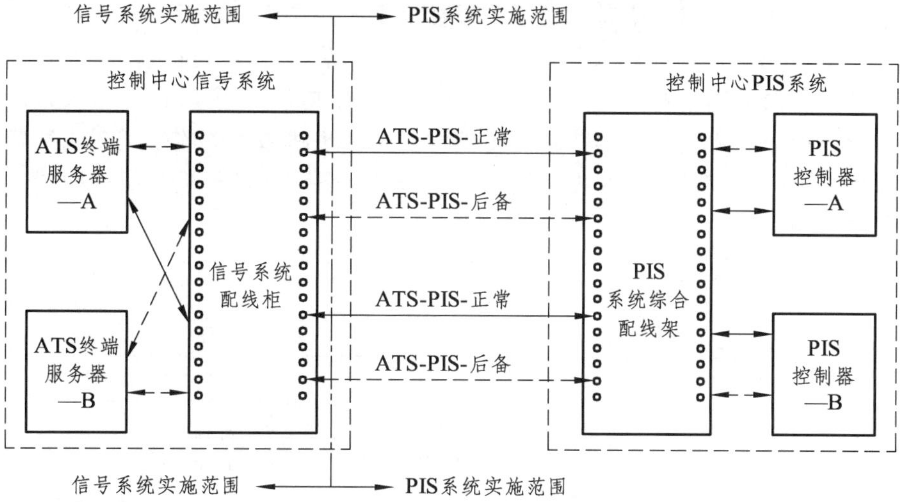

图 2.3.1　ATS 与 PIS 接口连接示意图

（二）数据传输

1. 数据来源

数据传输流程为：ATS 主机服务器→ATS 通信服务器 PISA/PISB→ATS 终端服务器→PIS 控制器。

首先数据来源于 ATS 系统的数据监控，ATS 通信服务器任务进程负责将数据转换成 PIS 设备能够识别的信息格式，然后通过终端服务器把网络的通信转换成串口通信发送给 PIS 设备。ATS→PIS 的数据包括未来 20 min 内可能进站的列车信息，PIS 接收到信息后只显示近 2 列车信息，即本次列车和下一次列车的信息。

2. 数据更新及 PIS 保持算法

每当有列车信息数据更新时才给 PIS 发送数据，没有列车信息更新就不发送数据。ATS

系统会根据列车的实际位置、列车的运行速度、列车早晚点情况、停站时间及时刻表数据来实时地计算列车到达每一站的时间。ATS 以站为单位来发送信息，如某地铁站未来的 101、102、103 中只有 102 车有数据信息更新，那么 ATS→PIS 会将 101、102、103 车的信息同时重新发送一遍。

由于 ATS 信息变化较大，PIS 厂商建议，为了不让列车到达信息倒回显示（例如，由于某种原因，本次列车的到站时间由 3 min 延长为 6 min），可采用了“比大不变，比小倒计时”的算法。

二、ATS 与大屏幕接口

（一）接口原理

地铁信号系统可通过网络接口发送信息到背投显示系统，背投系统根据配置在其指定的区域上实时显示信号系统的相关界面信息。信号系统根据事先确定的背投显示系统的分辨率调整好图像信息的比例，然后实时发送给背投显示系统。

一般地，地铁列车自动监控系统 ATS 和背投显示系统的接口位于控制中心的调度大厅内，接口类型是冗余的网络接口，如图 2.3.2 所示。网络协议采用 TCP/IP 协议，信号系统发送数字信号给背投显示系统，数据传输是单向的。ATS 主机服务器收集到全线站场信息后，经过计算处理，统一将信息分配并发布到各个工作站，各工作站根据自身的配置，显示范围和操作权限也不同。

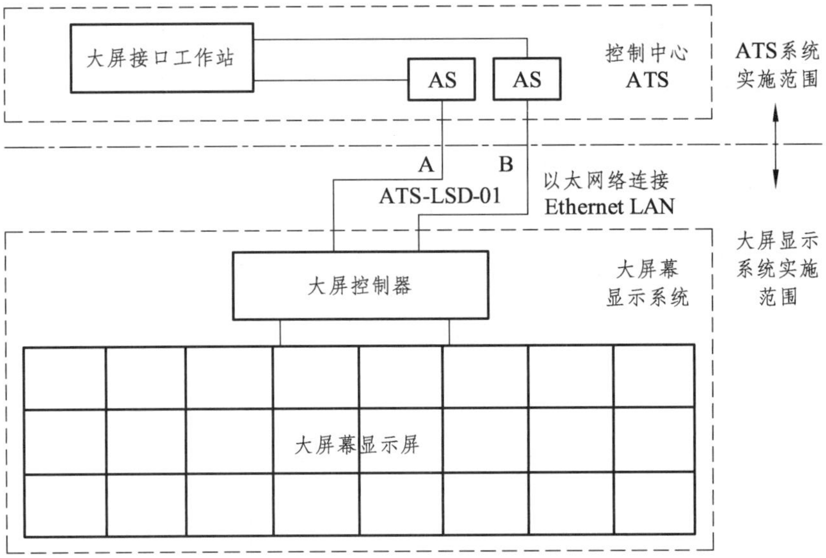

图 2.3.2　ATS 与大屏幕系统接口示意图

信号系统的大屏接口工作站使用 Linux 操作系统，采用 X11 协议，是一种矢量化图形界面窗口。

微软的 Windows 本身不包含对 X11 的支持，但是有不少第三方软件可以实现，如 Xmanager。设备硬件连接方式如图 2.3.3 所示。

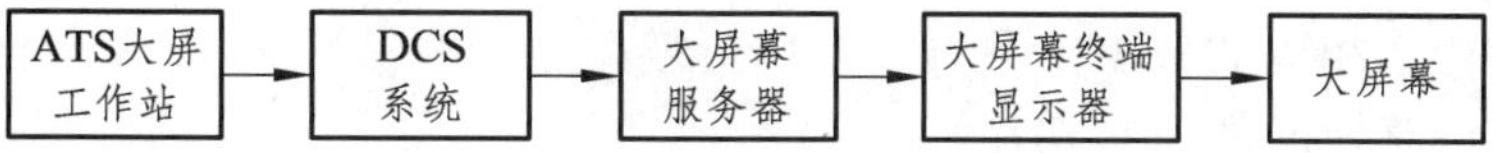

图 2.3.3　硬件连接方式

例如，某地铁 1 号线 ATS 大屏工作站发送给大屏两路信号：OVW001 和 OVW002。设计要求将两路信号同时发送给大屏系统，一主一备，同时投到大屏幕上显示，自动切换，但此时大屏无法负担大数据量，会出现卡滞现象。因此，目前没有将两路信号同时投到大屏幕上显示，而是由大屏系统手动选择使用哪路信号。

在接口协议中规定，当双方协议中断后，ATS 系统会主动尝试重新建立链接 3 次，如果链接失败则不再尝试链接，双方通信中断。

（二）大屏幕与调度工作站显示内容的区别

（1）大屏幕不显示信号机名称、道岔名称、轨道名称。

（2）大屏幕显示个别计轴点位置与调度工作站的不相同。

（3）对比调度两台工作站 sy1tdw001、sy1tdw002 和大屏工作站 sy1ovd001 的节点进程，其工作站内进程任务不相同。

（三）IATP 和 ATP 环境下大屏幕显示的区别

在 IATP 模式和 ATP 模式下，ATS 界面显示的区别如下：

（1）当 ZC 开启后，信号机颜色显示不同。

（2）当 DSU 开启后：

①　车体追踪号显示颜色不同。

②　列车定位标显示的颜色不同。

此时，ATS 界面显示的刷新时间是不同的：

IATP 模式下，列车为非通信列车。此时小的车次追踪标显示的位置是不完全准确的，是一个估算值。

ATP 模式下，列车是通信列车。此时小的车次追踪标显示的位置是实时变化的，ATS 系统是根据列车实际位置、运行速度等因素实时地进行数据更新，是一个实时变化更新的准确值。

因此，在 ATP 模式下，数据更新相对较快可能是造成大屏幕系统负担的一个原因。

三、ATS 与 SCADA 接口

列车自动监督系统 ATS 与 SCADA（电力监控）系统的接口位置在控制中心的信号设备室内，如图 2.3.4 所示。接口为冗余（常规/后备）串行链路，ATS 终端服务器到 SCADA 控制器的硬件连接采用带有 RS-422 协议转换器的 RS-232 协议。从中心 ATS 系统通过两个终端服务器，到两个冗余（常规/后备）SCADA 工作站，共有两个串行链路。从中央 ATS 开始有一路网络连接（常规）到 ATS 终端服务器 A 和一路网络连接（后备）到 ATS 终端服务器 B。两个 SCADA 工作站各自有一个串行链路到一个 ATS 终端服务器。各个 SCADA 工作站会通过它的串行链路传送相同的数据。只有一个串行链路会随时被中央 ATS 监视。中央 ATS 负责处理两个串行链路之间的所有切换。

ATS 通过一个串行链路从 SCADA 系统接收信息。它们之间的数据传输是单向的。只有 SCADA 系统发送数据。单向的数据流为 SCADA→ATS。

ATS-SCADA 链接有两个预先确定的终端服务器端口地址，每个冗余终端服务器 1 个。活跃的 ATS-SCADA 任务将通过两个预先确定的终端服务器（A/B）地址不断试图与 SCADA 系统工作站建立链接，直到链接建立为止。如果一个激活的 SCADA 任务无法同 SCADA 系统工作站 A 建立链接，休眠的 ATS-SCADA 任务将被激活，并同时尝试与 SCADA 信息工作站 B 建立连接，之前活跃的 ATS-SCADA 任务将变成休眠。

如果 ATS-SCADA 作业中某个软件发生了故障，或正在运行活跃的 ATS-SCADA 作业的服务器发生了处理器故障，这个活跃的 ATS-SCADA 作业就声明为“down”，冗余服务器上的休眠 ATS-SCADA 作业被立即激活。新活跃的作业将通过两个预先制定的终端服务器地址开始正常的周期性连接进程，直到建立与 SCADA 控制器的链接为止。

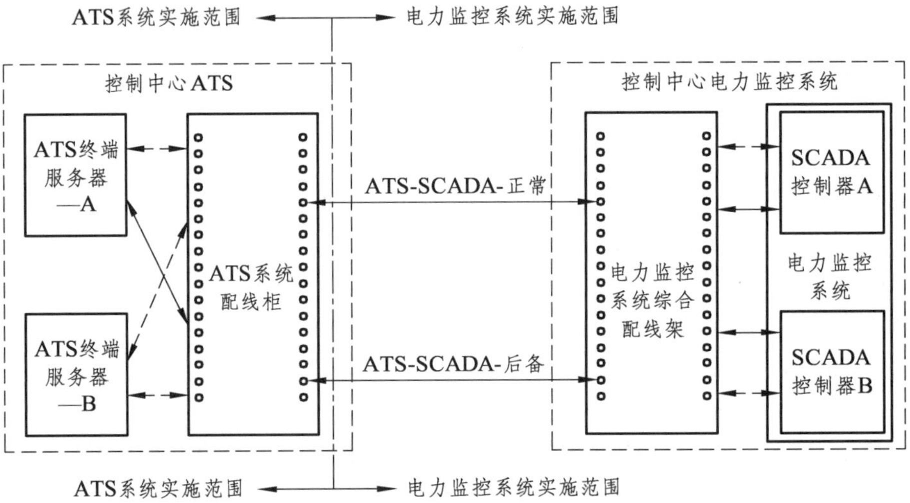

图 2.3.4　ATS 与 SCADA 系统接口示意图

所有区段的牵引供电数据按照一定的周期（每 5 s）发送，数据部分的格式包含一个比特流；每位表示一个牵引供电区段。位值为 1 时，表示该区段的牵引供电状态是已供电。反过来说，位值为 0 时，表示该区段的牵引供电状态是未供电。

任务四　典型 ATS 设备维护

一、技术规范

中央 ATS 子系统设备应保证行车调度员能随时监督、控制全线车站的接、发车进路，并可根据需要，局部或全部下放或收回对车站的控制权。

ATS 子系统设备应能实时地向行车调度员和其他有关人员提供全线车站、道岔、信号机、UPS 电源设备、ATP 轨旁设备等信号系统的设备状态、列车运行情况的表示信息。

大屏所显示的图形符号应与车站联锁设备所表示的含义相符。

ATS 子系统中央设备故障导致与车站连接中断时，系统应自动激活 ATS 次一级降级模式。（如 RTU 降级模式、VCC 降级模式，或点式运行等）。

ATS 子系统故障时，不导致车站联锁设备错误动作；当联锁站/设备站 ATS 子系统设备工作或故障时，不得影响其他子系统的工作的可靠性。

ATS 关键设备（一般包括主机服务器、通信服务器和接口服务器）需主备机热备，主机发生故障时，可实现无干扰自动切换。

人机界面设备实现功能备用，多台工作站可以实现相同的控制操作功能。

联锁站/设备站 ATS 系统设备必须连续稳定工作，及时反映被监测设备的故障及运用状态。当信号设备故障时，应及时发出报警，且实现故障诊断。

联锁站/设备站 ATS 子系统设备监测信息的传输应具有实时性和可靠性，应采用独立的传输通道，传输通道需冗余。

用于联锁站/设备站 ATS 子系统设备的计算机操作软件必须具有使用许可证。计算机的使用和维护，必须严格遵守随机技术资料的要求。

在同一监测网络中，各监测设备应有统一的时钟。

二、环境要求

ATS 中心设备在下列环境中应能可靠地工作。

（1）空气温度：室内 15 ~ 30 °C。

（2）相对湿度：室内 10% ~ 60%。

（3）大气压力：70 ~ 106 kPa（相当于海拔 3 000 m）。

三、操作规程

当要对带电压的仪器进行测量和测试工作时，必须遵守现行事故防止措施中的有关行为规定，必须使用合适的电子工具。

由于不同设备的重要性不一样，确定了对不同设备的故障处理的原则不一样。对行车重要的设备一有故障要尽快处理尽快恢复运营，对行车不太重要的设备可以在收车后进行处理或不影响行车时也可即时处理。

几乎所有的设备组件和所有的工作站组件都是以 MOS 技术用高度融合的组件接插而成。这些电子组件对过电压及静电非常敏感。原则上不可触摸电子组件，组件板上的组件针或连线绝对不能触摸，在同受到威胁的组件接触时，应注意人、工作位置和包装的接地。

在接触组件时，接触人员的手臂上应一直戴着放静电的臂带以达到接地的目的。

保存或运送组件和构件必须使用可导电的包装，例如涂有金属表层的塑料箱、金属。

如果包装是不能导电的，在这之前必须用可导电的材料将组件和构件先包裹起来。可使用可导电的泡沫塑料、EGB 袋、家用铝膜或纸张（绝对不能使用塑料袋或塑料薄膜）。如组件装有内部电池，必须注意不能使可导电的包装同电池的接头相接触。

四、ATS 设备日常维护

微课：ATS 中心设备维护

（1）ATS 中心设备日常巡检内容，见表 2.4.1。

表 2.4.1　ATS 中心设备日常巡检内容

项目	检修内容	正常状态与检修标准		检修周期
ATS 中心设备日常巡视维护	查看 ATS 机房温湿度	15～30 °C；10%～60%		每日
	检查机柜外观是否完好	机柜门无破损，柜门锁开关顺利		每日
	检查机房内各服务器指示灯状态	机柜正面	电源指示灯：绿色常亮	每日
			网口 1 指示灯：绿闪	
			网口 2 指示灯：绿闪	
			两个硬盘指示灯：同时绿闪	
			工作指示灯：绿色常亮	
		机柜背面	两个电源指示灯：绿色常亮	
			网口 1 指示灯：绿色常亮	
			网口 1 指示灯：绿闪	
	查看机房内各终端服务器指示灯状态	机柜正面	LCD 显示屏显示正确的机名和 IP 地址	每日
			READY 指示灯：绿色常亮	
			串口 1：LED 指示灯 TX 不断闪烁	
		机柜背面	电源开关：ON 位置	
			LAN 口指示灯：绿闪	

续表

项目	检修内容	正常状态与检修标准		检修周期
ATS 中心设备日常巡视维护	查看机房内 232～422 转换器指示灯状态	机柜背面	Power 指示灯：红色常亮	每日
			RS-232 侧接收指示灯：橙色闪亮	
			RS-232 侧发送指示灯：长灭	
	查看机房内 232～423 转换器电源指示灯状态	机柜背面	DC OK 指示灯：绿色常亮	每日
	查看机房内 KVM 切换器指示灯状态	机柜正面	Power 指示灯：绿色常亮	每日
			各显示器的 Power 指示灯：绿色常亮	
			各显示的 Select 指示灯：熄灭选中某显示器后，其 Select 指示灯红色常亮	
	查看机房内机架显示器指示灯状态	显示器正常显示		每日
	查看机房内磁盘车列指示灯状态	机柜正面	各硬盘（1～10）下端的指示灯绿色常亮或绿闪 UID 指示灯：浅橙色常亮	每日
		机柜背面	电源模块 OK 指示灯：绿色常亮	
			电源模块警告指示灯：熄灭	
			SAS 模块数据口 link 指示灯：绿色常亮	
			SAS 模块数据口 ACT 指示灯：绿闪	
			SAS 模块网口 link 指示灯：绿色常亮	
			SAS 模块网口 link 指示灯：绿闪	
	检查机房内 SAN 交换机各指示灯的运行状态是否正常	机柜正面	硬盘指示灯：绿闪或绿色常亮	每日
			UID 指示灯：浅橙色常亮	
			告警灯：橙色常亮	
		机柜背面	Power OK 指示灯：红色常亮	
			Link 指示灯：绿色常亮	
			网口指示灯：绿闪	
	运行命令，查看已运行的进程情况，是否王权运行了所有正确的选程			每日
	查接口服务器与外部系统的网络连接状态	Ping 各站 SCC 主机跟接口服务器的连接状态	网络连接状态正常，Ping 命令成功	每日
		Ping 综合监控系统跟接口服务器的网络连接状态	网络连接状态正常，Ping 命令成功	
	查主服务器与各车站 ATS 工作站的网络连接状态	Ping 车站 ATS 工作站跟主服务器的网络连接状态	网络连接状态正常，Ping 命令成功	每日

（2）ATS 培训室设备日常巡检内容，见表 2.4.2。

表 2.4.2　ATS 培训室设备日常巡检内容

项目	检修内容	正常状态与检修标准		检修周期
ATS 培训室设备日常巡检	查看 ATS 机房温湿度	15～30 °C		每日
	检查机柜外观是否完好	机柜门无破损，柜门锁开关顺利		每日
	检查培训服务器指示灯状态	机柜真面	电源指示灯：绿色常亮	每日
			网口 1 指示灯：绿闪	
			网口 2 指示灯：绿闪	
			两个硬盘指示灯，同时绿闪	
			工作指示灯：绿色常亮	
		机柜背面	两个电源指示灯：绿色常亮	
			网口 1 指示灯：绿色常亮	
			网口 1 指示灯绿闪	
	查看机房内 KVN 切换器指示灯状态	机柜正面	Power 指示灯：绿色常亮	每日
			各显示器的 Power 指示灯：绿色常亮	
			各显示器的 Select 指示灯：熄灭选中某显示器后，其 Select 指示灯，红色常亮	
	查看机房内机架显示器指示灯状态	显示器正常显示		每日
	运行命令，查看已运行的进程情况，是否完全运行了所有正确的进程			每日

（3）ATS 工作站设备日常巡检内容，见表 2.4.3。

表 2.4.3　ATS 工作站设备日常巡检内容

项目	检修内容	正常状态与检修标准	检修周期
OCC 设置提倡巡视维护	查看大屏工作站是否完好正常	工作站主机放置在规定位置，线缆整齐	每日
		鼠标键盘无卡阻，灵活好用	
		运行命令，查看已运行的进程情况，是否能够完全运行了大屏工作站所有正确的进程	
		大屏工作站桌完好无破损	
	询问行车调度，相关打印功能情况是否正常	各个报表页面打印功能可用	每日
		打印机无故障情况	
	询问行车调度，各工作站使用情况是否正常	行调工作站各功能可用且显示正常	每日

（4）车站 ATS 日常维护内容，见表 2.4.4。

表 2.4.4　车站 ATS 日常维护内容

集中站车站工作站	日常保养	日	① 设备正面背面各指示灯状态； ② 用户访问登录； ③ 进程运行情况； ④ 网络连接情况
	二维保养	月	① 重启工作站； ② 检查键盘、鼠标的功能并进行清洁
		半年	① 设备表面清洁； ② 检查主机外设插接件紧固部件螺丝； ③ 检查键盘及鼠标功能； ④ 检查散热风扇是否正常； ⑤ 电源及线缆检查； ⑥ 检查主机
	小修	年	① 设备内部板件清洁； ② 设备内部部件紧固； ③ 系统数据、用户密码备份、更新
	中修	五年	① 更换 BIOS 电池； ② 更换硬盘
车辆段/停车场工作站	日常保养	一季度	① 设备表面清洁； ② 检查主机外设插接件紧固部件螺丝； ③ 检查键盘及鼠标功能； ④ 检查散热风扇是否正常； ⑤ 电源及线缆检查； ⑥ 检查主机； ⑦ 设备正面背面各指示灯状态； ⑧ 用户访问登录； ⑨ 进程运行情况； ⑩ 网络连接情况
	小修	年	① 设备内部板件清洁； ② 设备内部部件紧固； ③ 系统数据、用户密码备份、更新
	中修	五年	① 更换 BIOS 电池； ② 更换硬盘
终端服务器	日常保养	日	① 设备正面背面各指示灯状态；（同中心服务器指示灯情况）； ② 网络连通情况
	二级保养	季度	① 设备表面清洁； ② 检查主机外设插接件紧固部件螺丝； ③ 检查散热风扇是否正常； ④ 电源及线缆检查
232/422 转换器	日常保养	日	① 设备正面背面各指示灯状态； ② 连通情况
	二级保养	年	① 设备表面清洁； ② 检查主机外设插接件紧固部件螺丝； ③ 电源及线缆检查

续表

转换器电源	日常保养	日	检查电源指示灯显示情况（同中心设备）
	二级保养	年	① 检查接地； ② 检查插接线缆紧固情况
KVM 切换器	日常保养	日	检查显示器、鼠标、键盘的切换功能
	二级保养	年	检查各插接件的紧固情况
机架显示器	日常保养	日	① 检查机架显示器显示情况； ② 检查切换后的情况
	二级保养	年	① 显示屏清洁； ② 检查插接件紧固情况
SCC 服务器	日常保养	日	① 正面背面各指示灯状态（同中心设备）； ② 用户访问登录软件； ③ 网络连接情况
	二级保养	半年	① 设备表面清洁； ② 检查主机外设插接件紧固部件螺丝； ③ 检查键盘及鼠标功能； ④ 检查散热风扇是否正常； ⑤ 电源及线缆检查（特别是地板下电源）
	小修	年	① 设备内部板件清洁； ② 设备内部部件紧固； ③ 系统数据、用户密码备份、更新
	中修	五年	① 更换 BIOS 电池； ② 更换硬盘
	二级保养	半年	显示屏清洁
ATS 机柜		日	检查柜门的完好
	二级保养	月	① 机柜表面清洁； ② 接地线连接情况检查
	小修	年	① 机柜配线标签、配线插接部件检查、整理； ② 机柜内清扫
KVM 延长器及其线缆	日常保养	日	检查鼠标键盘使用情况
	二级保养	月	① 检查延长器上各指示灯显示状态（同中心设备）； ② 检查延长器上各插接头的紧固情况
试车线工作站	日常保养	月	① 设备正面背面各指示灯状态； ② 用户访问登录； ③ 进程运行情况； ④ 网络连接情况
	二级保养	月	① 设备表面清洁； ② 检查主机外设插接件紧固部件螺丝； ③ 检查键盘及鼠标功能； ④ 检查散热风扇是否正常； ⑤ 电源及线缆检查（特别是地板下电源）； ⑥ 检查主机
	小修	年	① 设备内部板件清洁； ② 设备内部部件紧固； ③ 系统数据、用户密码备份、更新； ④ 功能测试
	中修	五年	① 更换 BIOS 电池； ② 更换硬盘

五、ATS 设备维护注意事项

定期维护由须定期完成的任务组成，例如清洁、安全检查、性能测试。所有定期维护任务必须由维护时间表安排并且记录在文件中。

（一）定期维护

定期维护时间表如表 2.4.5。

表 2.4.5　定期维护时间表

项目	维护类型	频率
设备室	定期清洁	一月一次
计算机显示器	定期清洁	一月一次
计算机键盘	定期清洁	一月一次
鼠标/追踪球	定期清洁	一月一次
计算机机箱	定期清洁	每四个月一次
打印机	定期清洁	一月一次
系统服务器	数据库监控	每天一次
应用数据库	定期数据库重启	每 4～5 个月一次

1. ATS 控制室以及设备室

控制室以及设备室必须定期清理，清理包括清洗控制台、用吸尘器打扫地板，清洗桌面。

2. 显示器

避免使用纸巾、厕纸、棉纸或类似 T 恤的东西擦拭 LCD 屏幕，这些非超软材料很容易刮伤屏幕。

绝不能在 LCD 屏幕上直接喷洒液体，液体可能进入显示器内部造成损害。

按下列步骤清洁显示器：

第 1 步：关闭显示器，如果屏幕是黑色的，则更容易看清楚有污迹或油迹的地方。

第 2 步：使用干燥，柔软的擦布很轻柔地擦拭屏幕，使用清洁眼镜的超细纤维布是很好的选择。

第 3 步：如果干燥擦布不能完全清除污迹或油迹，不要用力擦。直接在 LCD 屏幕上按压可能导致像素烧毁。

第 4 步：如有必要，用蒸馏水打湿擦布或同等比例的蒸馏水和白醋打湿擦布擦拭。

第 5 步：许多企业售卖为纯平显示器设计的特殊清洁喷雾瓶，但醋混合物可以达到同样效果。

第 6 步：屏幕周围塑料边缘可用多用清洁剂进行清洁，但注意不要接触到屏幕。

3. 键　盘

键盘按键表面、之间或下面有过多灰尘或污物将导致键盘故障。当用户在受污染键盘上按下某按键时，可能无法按下或者卡住输入多个按键内容。同样，研究表明键盘可以寄存以及传播有害细菌。

按下列步骤清洁计算机键盘：

第 1 步：将键盘按键朝下摇动。翻过键盘查看是否有大块颗粒仍然在按键中。将按键朝下，按压几次与异物相邻的按键将异物移除。

第 2 步：按键朝下拿住键盘，向键盘喷压缩空气，使用空气罐上喷管伸入按键下方以及按键细缝中。

第 3 步：用棉签沾湿外用酒精或清洗剂。将棉签在毛巾上擦拭除去多余液体清洗每个按键边缘，棉签沿着每排按键移动且在按键之间呈 Z 字形移动。

第 4 步：将洗涤液置于柔软无尘擦布上清洗按键表面以及四周。

第 5 步：用沾外用酒精或肥皂水洗液的无尘擦布清洗每个按键表面及四周。

第 6 步：使用沾湿擦布清洁键盘接线，将线缆从擦布中穿过。

避免使用强力清洁剂或工业溶剂。这些清洁剂可能除去按键上标记。

4. 计算机机箱

控制台计算机内部一年需进行几次清洁。

从工作站的用户手册中可获得如何打开计算机的相关指导。相关指导在描述如何增加扩展卡的章节中可以找到。确定设备未通电。在打开机箱之前，小心接触重金属而消散任何静电，例如桌子、椅子。为使静电累积最小化，当机盒打开时尽量少移动。

打开机箱后可看见电路板。使用压缩空气罐上的伸缩管吹掉机箱内所有灰尘。一直朝一个方向吹气，涵盖每个间隔以及污迹，但是不要将伸缩管强行伸入任何地方，没有必要接触电路板任何部分。移开空气罐上伸缩管结束清洁，在计算机上喷几下空气，避免空气中灰尘再回到盒内。盖机盖前吹掉出风口累积的灰尘。

作为压缩空气的另一选择，吸尘器也能有效除去主板上的灰尘、污迹以及毛发，从而防止在机箱内累积。当使用吸尘器时，与主板保持几英尺距离十分重要，防止任何组件被吸入吸尘器。小心将小组件吸走，例如接片。

一旦将机盖盖回计算机，随即对外部进行清洁。在清洁布上喷上洗洁剂，擦洗机箱，不能让液体流入驱动器中。

5. 鼠标/滚轮

清洁光电鼠标滚轴，首先移去鼠标底盖。检查鼠标底部查看鼠标盖应从哪个方向旋转。一般来说，盒盖需逆时针方向移动。用两根手指在鼠标盖上向箭头所指方向推。

当盒盖旋转至一英尺时旋转鼠标至正常位置，用单手覆盖鼠标底部，鼠标盖以及滚轮将会落下，若未掉落，轻轻摇动鼠标。清洁后，将跟踪球放置回鼠标内，将盖子盖回。

6. 打印机

打印机多余碳粉必须清除掉。黄色、红色以及青色墨粉会在墨粉盒上累积，虽然积起的墨粉不会造成打印缺陷，但墨盒上多余墨粉需要定时清洁。更换墨盒时清理掉墨盒口盖以及打印机上的多余墨粉。每个替换墨盒都提供有墨粉布清洁打印机上墨粉。

注意：不要用清洁布清洁墨盒中的鼓、显影套或者转印辊。这样做可以对设备造成损害以及造成其他打印质量问题。

如果墨盒上积累了墨粉，可能会掉落到转印辊造成无法打印。清洁转印辊上的墨粉，打印几张空白页直到不再空打印。

7. 重新连接所有设备

在将设备重装或重连接到系统前确定清洁过的设备都已干燥，为百分之百确定，重装或重连接到系统前可多等几分钟。

（二）一般周期维护

1. 定期重启控制台以及显示器

MMI 进程必须定期进行重启以保证窗口资源可用性。每台运行 MMI 的设备至少需要每 3 个月进行一次重启。设备包括每个调度员控制台以及大屏显示工作站。

2. 监测文件大小

系统管理员一项日常任务是监测某关键文件大小，确定文件不会过大或造成系统故障。常见问题是自动生成日志文件。

（1）大部分 ATS 系统中的日志或错误文件都会被系统自动整理或删除。

（2）模拟机生成一系列日志文件都需被监测并且保存在档案盘。若数目增加，大文件将被删除。

项目实训

实训目的

掌握城轨列控制系统中的ATS系统构成与维护。

实训内容

1. 教师介绍实训目的、方式和要求，调动学生参与的积极性；
2. 对学生进行分组，确定组长和人员分工，以小组为单位，制订实训计划；
3. 教师简介典型ATS系统结构、功能、接口和维护，组织学生学习调查、讨论；
4. 各小组通过不同方式获取资料进行分析、讨论；
5. 各小组根据调查、分析和讨论的情况撰写总结；
6. 各小组互相评价，教师给出点评和总结。

实训考核

完成任务后，对每名同学的总体表现进行自评、小组评价和教师评价，其中自评占总成绩的20%，小组评价占总成绩的30%，教师评价占总成绩的50%，如下表所列。

姓名		学号		所在小组	
学习任务					
评价内容	分值	自评	小组评价	教师评价	得分
1. 能严格遵守各项规章制度，具备安全意识	5				
2. 能很好地完成任务；能与本组同学合作交流、协同工作	5				
3. 学习态度端正、认真、主动	5				
4. 能熟练运用掌握的知识完成相应的任务	15				
5. 典型ATS系统组成	15				
6. 典型ATS系统功能	15				
7. ATS与PIS接口	5				
8. ATS与大屏幕接口	5				
9. ATS与SCADA接口	5				
10. ATS中心设备日常巡检内容	10				
11. ATS工作站设备日常巡检内容	5				
12. 车站ATS日常维护内容	10				
合计	100	任务综合得分：			

思考与练习

1. 简述 ATS 系统的组成。
2. 简述 ATS 系统软件结构。
3. ATS 报警主要包括哪些?
4. 列车调整（VR）可以设置成哪几种模式?
5. 控制中心 ATS 包括哪些主要设备?
6. ATS 系统向地面 ATP 传输了哪些信息?
7. 绘制 ATS 与 PIS 接口连接图。
8. 绘制 ATS 与大屏幕系统接口连接图。
9. 简述 ATS 系统中数据库服务器作用。
10. 简述 ATS 系统的功能。

项目三 车载设备维护

知识目标

1. 了解 TOD 设备的功能。
2. 掌握车载外围设备的结构与工作原理。
3. 熟悉车载控制器的组成与工作原理。

技能目标

1. 能够对车载显示屏进行故障分析和故障应急处理。
2. 能够对车载天线及速度传感器进行维护和测试。
3. 能够对车载天线及速度传感器的故障进行分析并进行应急处理。
4. 能够完成对车载主机故障板卡进行应急更换操作。

素养目标

1. 培养学生勇于创新、与时俱进的工作作风。
2. 培养学生遵守劳动纪律，注意安全，具备良好的敬业精神和协作精神。
3. 培养学生学习能力及与相关部门协同维修的能力。

任务导航

任务一　TOD 设备。

任务二　车载外设维护。

任务三　车载控制器。

任务一　TOD 设备

一、TOD 功能

TOD 是列车操作控制台（驾驶室）的一部分，提供驾驶员和车载控制（CC）系统之间的人机交互界面。TOD 系统有两个操作界面：驾驶界面和系统管理界面。

微课：TOD 设备构成

目前车载设备部分核心技术，我国还没有完全掌握。但党的二十大报告指出，坚持创新在我国现代化建设全局中的核心地位。完善党中央对科技工作统一领导的体制，健全新型举国体制，强化国家战略科技力量，优化配置创新资源，优化国家科研机构、高水平研究型大学、科技领军企业定位和布局，形成国家实验室体系，统筹推进国际科技创新中心、区域科技创新中心建设，加强科技基础能力建设，强化科技战略咨询，提升国家创新体系整体效能。深化科技体制改革，深化科技评价改革，加大多元化科技投入，加强知识产权法治保障，形成支持全面创新的基础制度。培育创新文化，弘扬科学家精神，涵养优良学风，营造创新氛围。扩大国际科技交流合作，加强国际化科研环境建设，形成具有全球竞争力的开放创新生态。

如图 3.1.1 所示，驾驶界面将显示整个列车的驾驶信息，包括车次号、车体号、驾驶速度、驾驶命令、驾驶模式、目标速度/距离、停车距离、下站距离、停/发车指示信息、列车制动施加信息、CC 被旁路信息、列车运行状态信息、实时行车消息和日志信息。驾驶界面布局内容的对应关系如图 3.1.2 和表 3.1.1 所示。

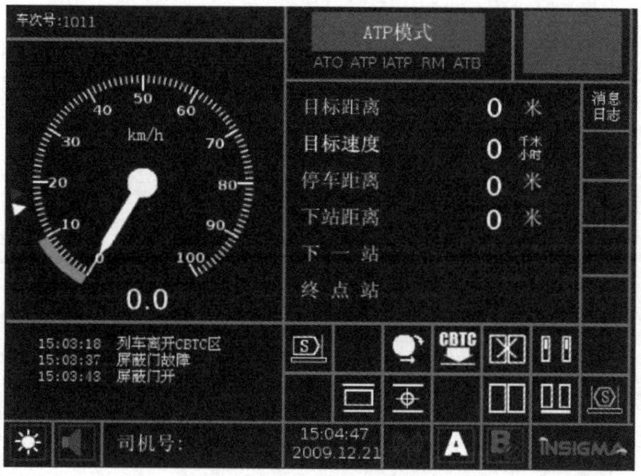

图 3.1.1　TOD 显示界面

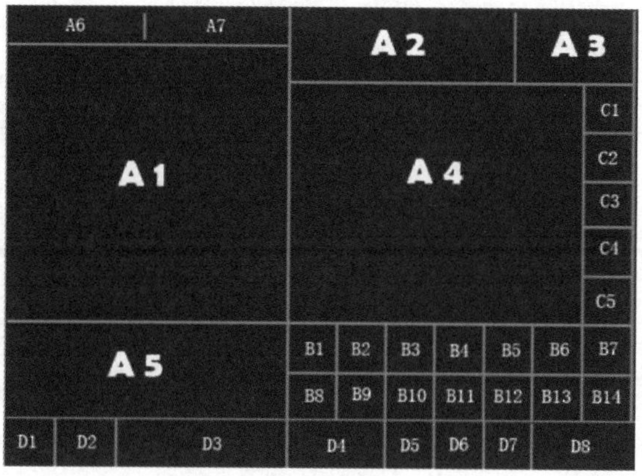

图 3.1.2　TOD 显示界面对应图

微课：车载设备 TOD 简介

动画：车载显示屏的显示标准

表 3.1.1　TOD 显示界面对应表

序号	布局号	显示说明
1	A1	列车速度仪表信息显示
2	A2	列车驾驶模式信息显示
3	A3	停发车指示信息显示
4	A4	目标信息及站名信息显示/EB 警告显示/CC 被旁路警告显示
5	A5	即时行车消息信息显示
6	A6	车次信息显示
7	A7	/
8	B1	停车窗信息显示
9	B2	/
10	B3	空转打滑信息显示
11	B4	进出 CBTC 区域信息显示
12	B5	车门控制模式信息显示
13	B6	车门状态信息显示（开、关、故障等）
14	B7	/
15	B8	故障信息显示
16	B9	列车完整性信息显示
17	B10	列车定位信息显示
18	B11	/
19	B12	车门使能信息显示
20	B13	屏蔽门状态信息显示
21	B14	停车状态显示
22	C1	消息日志窗口按钮
23	C2	发车日志窗口按钮
24	C3	/
25	C4	/
26	C5	/
27	D1	LCD 亮度调节窗口按钮
28	D2	持续声音报警关闭按钮
29	D3	司机登陆/注销窗口按钮
30	D4	日期时间显示
31	D5	车地无线通信状态显示
32	D6	当前 CC 工作状态显示
33	D7	尾端 CC 工作状态显示
34	D8	INSIGMA 公司 Logo，并作为主界面与系统管理界面的切换按钮

系统管理界面将显示TOD 的系统信息以及TOD软件版本信息,并且能够查看消息日志、上传日志、重启系统，为工作人员后期的维护工作提供了便捷的操作，如图 3.1.3 所示。

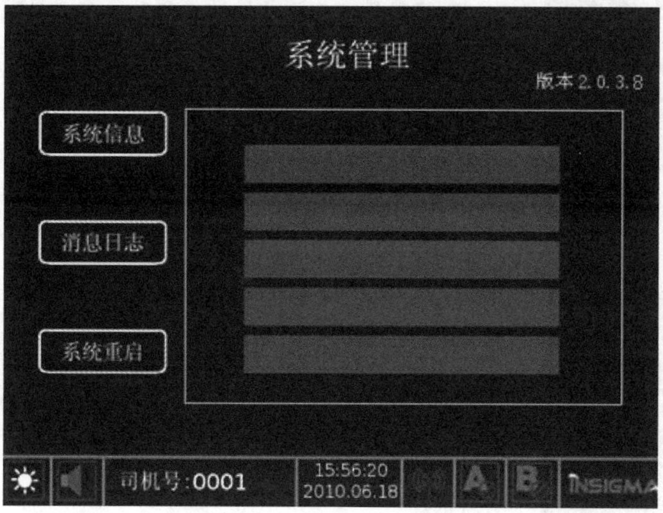

图 3.1.3 TOD 系统管理界面

在 TOD 界面的下方将显示列车的基本信息和基本控制按钮，让用户在任何操作界面都能看到当前 TOD 与 CC 的状态信息，并且可以进行驾驶界面和系统管理界面的切换。

二、TOD 界面

(一) 驾驶界面

驾驶界面显示列车当前运行状态信，该界面包含的内容有：车次号、驾驶速度、驾驶命令、驾驶模式、目标速度/距离、停车距离 、下站距离、停/发车指示信息、列车制动施加信息、CC 被旁路信息、列车运行状态信息、实时行车消息和日志信息。

(二) 车次号

TOD 界面的左上方 A6 区显示列车的车次号。

(三) 驾驶速度

TOD 界面左边 A1 区的仪表盘中显示当前速度、推荐速度、防护速度信息，其具体显示如表 3.1.2 所示。

(四) 驾驶命令

TOD 仪表盘下方显示当前驾驶命令，如表 3.1.3 所示。

表 3.1.2　驾驶速度说明

显示界面	显示说明
	当前速度≤推荐速度，指针表示为白色； 推荐速度：绿色的光带表示； FSB 最大防护速度：黄色的倒三角表示； EB 最大防护速度：红色的倒三角表示； 当前速度：指针表示
	推荐速度<当前速度≤FSB 最大防护速度，指针表示为黄色
	FSB 最大防护速度≤当前速度，指针表示为红色

表 3.1.3　驾驶命令说明

显示界面	显示说明
	当前驾驶命令为保持制动命令（白色数字表示当前速度，同指针指示）
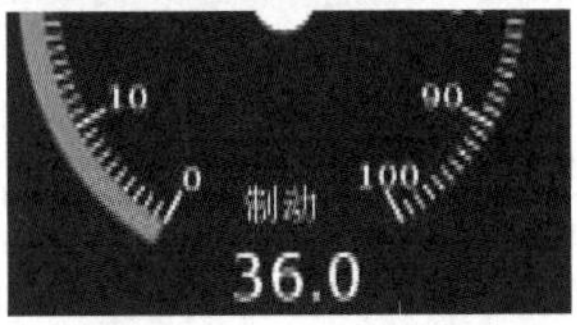	当前驾驶命令为制动命令
	当前驾驶命令为牵引命令

（五）驾驶模式

TOD 界面上方 A2 区显示驾驶模式信息，其包含当前列车驾驶模式（显示在上方）和所有驾驶模式的可用状态（显示在下方），具体含义如表 3.1.4 所示。

表 3.1.4　驾驶模式说明

显示界面	显示说明
ATO模式	当前列车驾驶模式是 ATO 模式，处于可用状态。（显示为白色）
	当前列车驾驶模式是 ATO 模式，处于不可用状态。（显示为灰色）
	当前列车驾驶模式是 ATO 模式，处于不可移动状态。（显示为黄色） 该模式状态出现的原因是当前模式（ATO）不可用，但司机强行采取本驾驶模式（ATO）。此时列车仍按照原驾驶模式运行
ATP模式	当前列车驾驶模式是 ATP 模式，处于可用状态。（显示为白色）
	当前列车驾驶模式是 ATP 模式，处于不可用状态。（显示为灰色）
	当前列车驾驶模式是 ATP 模式，处于不可移动状态。（显示为黄色）该模式状态出现的原因是当前模式（ATP）不可用，但司机强行采取本驾驶模式（ATP）。此时列车仍按照原驾驶模式运行
IATP模式	当前列车驾驶模式是 IATP 模式，处于可用状态。（显示为白色）
	当前列车驾驶模式是 IATP 模式，处于不可用状态。（显示为灰色）
	当前列车驾驶模式是 IATP 式，处于不可移动状态。（显示为黄色） 该模式状态出现的原因是当前模式（IATP）不可用，但司机强行采取本驾驶模式（IATP）。此时列车仍按照原驾驶模式运行
RM模式	当前列车驾驶模式是 RM 模式，处于可用状态。（显示为白色）
	当前列车驾驶模式是 RM 模式，处于不可用状态。（显示为灰色）
	当前列车驾驶模式是 RM 模式，处于不可移动状态。（显示为黄色）该模式状态出现的原因是当前模式（RM）不可用，但司机强行采取本驾驶模式（RM）。 此时列车仍按照原驾驶模式运行
ATB模式	当前列车驾驶模式是 ATB 模式，处于可用状态。（显示为白色）
	当前列车驾驶模式是 ATB 模式，处于不可用状态。（显示为灰色）
	当前列车驾驶模式是 ATB 模式，处于不可移动状态。（显示为黄色） 该模式状态出现的原因是当前模式（ATB）不可用，但司机强行采取本驾驶模式（ATB）。此时列车仍按照原驾驶模式运行
维护模式	TOD 处于维护模式，此时驾驶界面的所有信息将清空
---	当前驾驶模式未知
通讯中断	TOD 与 CC 的通信中断时，此时显示通信中断
ATO ATP IATP RM ATB	显示当前所有驾驶模式可用状态：白色表示可用模式，灰色表示不可用模式。如图：ATO 模式、ATB 模式可用；ATP、IATP、RM 模式不可用

列车驾驶模式包括如下模式。

（1）列车全自动驾驶模式（Full Automatic Train Operation，ATO）。

（2）有 ATP 防护的人工驾驶模式（Manual with Automatic Train Protection Mode，ATP）。

（3）点式 ATP 列车驾驶模式（Intermittent Automatic Train Protection Mode，IATP）。

（4）限制人工驾驶模式（Restricted Manual，RM）。
（5）无人自动折返模式（Automatic Turnback Without Driver Mode，ATB）。

（六）目标速度、目标距离、停车距离、下站距离

TOD 界面的中间 A4 区显示列车的目标速度、目标距离、停车距离和下站距离等信息，具体含义如表 3.1.5 所示。

表 3.1.5　目标速度/距离、停车距离、下站距离说明

显示界面	显示说明
	目标距离为 13 米； 目标速度为 18.0 千米/小时
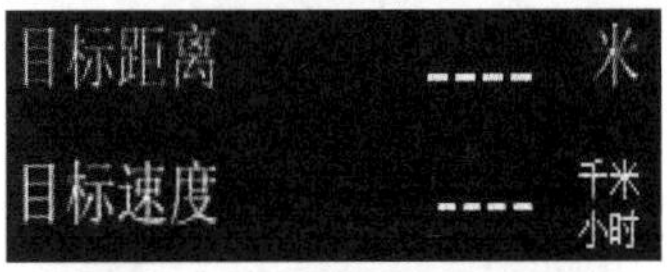	目标距离无效； 目标速度无效
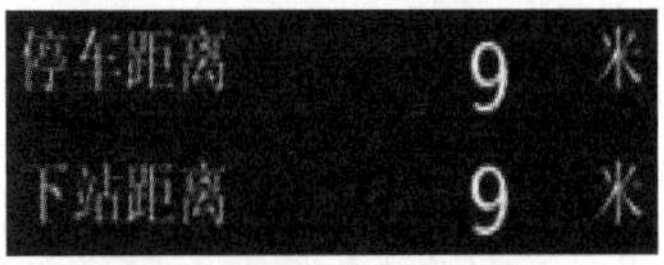	停车距离为 9 米； 下站距离为 9 米
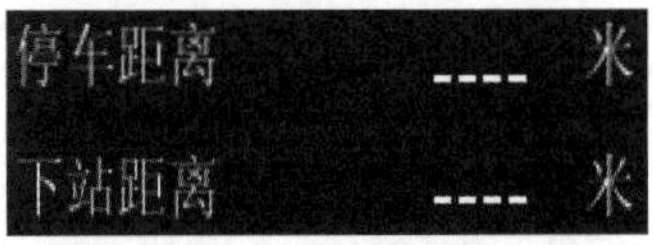	停车距离无效； 下站距离无效
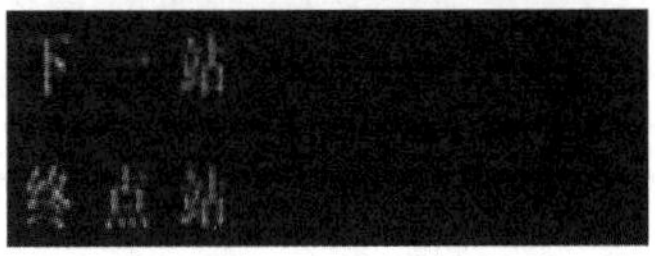	下一站站名； 终点站站名

（七）停/发车指示信息

TOD 界面的右上角 A3 区显示列车当前的停/发车指示信息，其具体含义如表 3.1.6 所示。

表 3.1.6　停/发车指示信息说明

显示界面	显示说明
	列车未收到停/发车指示。当列车在正常运行时，显示该图标状态
	列车收到禁行指示，表示有阻止列车发车的条件产生这些条件包括 ATS 扣车请求，或联锁扣车请求，或 CBTC 扣车请求。在未定义列车运行模式下也将显示禁行信息

续表

显示界面	显示说明
扣车	列车收到扣车指示，表示列车被扣留在站台，常指 ATS 扣车和联锁扣车
提前	列车收到提前发车指示
	非 IAPT 驾驶模式下，列车收到发车指示
IATP	在 IATP 驾驶模式下，列车收到发车指示
IATP	在 IATP 驾驶模式下，司机按下发车按钮，列车运行在获取定位之前，显示该信息
11	列车发车倒计时。当倒计时剩余 5 s 时，有声音报警提示
11+6	列车发车倒计时超时，如图表示列车发车倒计时为 11 s，当前已超时 6 s。当超时 1 s 时，有声音报警提示

（八）FSB 制动施加

（1）FSB 施加：当收到 FSB 施加时，在仪表盘右上方 A1 区出现闪烁的黄点。

（2）FSB 施加原因排除：当收到 FSB 施加原因排除时，在仪表盘右上方 A1 区闪烁的黄点变为静止的黄点。

（3）FSB 施加解除：当收到 FSB 施加解除时，仪表盘右上方 A1 区的黄点消失。

（4）FSB 施加过程中，有间歇性持续声音报警提示。

（九）EB 制动施加

（1）EB 施加：当收到 EB 施加时，TOD 界面的中间 A4 区以红色字体显示："紧急制动!"并伴随报警声音，如图 3.1.4 所示，同时仪表盘右上方 A1 区出现闪烁的红点。

图 3.1.4 紧急制动显示

（2）EB 施加原因排除：当收到 EB 施加原因排除时，TOD 界面中间 A4 区显示的红色“紧急制动！”信息消失，同时仪表盘右上方 A1 区的闪烁的红点变为静止的红点（不闪烁）。

（3）EB 施加解除：当收到 EB 施加解除时，仪表盘右上方 A1 区的红点消失，同时 A4 区的“紧急制动！”显示窗体消失。

（4）EB 施加过程中，有持续报警提示。

（十）CC 被旁路状态

当收到 CC 的被旁路信息时，TOD 界面的中间 A4 区以黄色字体显示：“CC 被旁路！”并伴随持续报警声音，如图 3.1.5 所示。

图 3.1.5　CC 被旁路显示

（十一）列车运行状态

TOD 界面的右下方 B1 ~ B14 区显示列车运行状态的图标，从而提示司机列车的实时状态。各个图标的具体含义如表 3.1.7 所示。

表 3.1.7　列车运行状态说明

列车状态分类	布局号	显示界面	显示说明
停车窗到位状态	B1	 （白色）	列车正常对准停车窗停放在站台
		 （黄色）	列车越位超过停车窗停放在站台，并完成了恢复对准停车窗的列车启动准备工作
			列车越位恢复停靠停车窗过程中
列车空转/打滑状态	B3		列车处于空转/打滑状态
列车即将离开 CBTC 区域状态	B4		列车即将离开 CBTC 区域

续表

列车状态分类	布局号	显示界面	显示说明
列车门旁路状态	B5		列车门旁路状态
列车车门控制模式状态	B5		列车车门控制模式为自动开门与自动关门
			列车车门控制模式为人工开门与人工关门
			列车车门控制模式为自动开门与人工关门
列车车门状态	B6		列车当前所有车门都已关闭并锁定
		 （白色）	列车至少有一个门处于打开状态
		 （红色）	列车车门发生故障
故障信息显示	B8	 （红色）	Tag 或 Odometry 故障时状态显示
		 （黄色）	FRONTAM、ZC 或 OC 通信故障状态显示
			无故障显示
列车完整性状态	B9		列车完整性正常
			列车完整性丢失
列车定位状态	B10	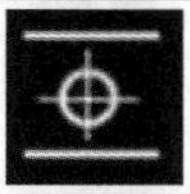	列车定位建立
			列车定位丢失

续表

列车状态分类	布局号	显示界面	显示说明
列车门使能状态	B12		列车左右门非使能
			列车左门使能
			列车右门使能
			列车左右门使能
屏蔽门状态	B13		该站无屏蔽门
		 （白色）	屏蔽门打开状态
			屏蔽门关闭并锁定状态
			屏蔽门开关未知状态，常表示为当相关的 ZC 无线通信丢失时
		 （红色）	屏蔽门故障状态
			IATP 驾驶模式的列车驶入站台时，屏蔽门的显示状态为不可用
列车停车状态	B14		列车此时为停车状态，当列车速度为 0 时显示

（十二）实时行车消息

TOD 界面的左下方 A5 区，显示重要的实时行车消息，如图 3.1.6 所示。其包含的消息事件如表 3.1.8 所示，同时所有的行车消息记录进消息日志中保存。

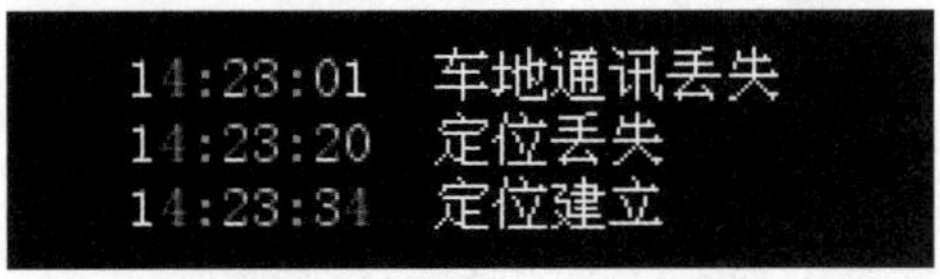

图 3.1.6 实时行车消息显示

表 3.1.8 行车消息事件

序号	行车消息事件
1	车地通信建立
2	车地通信丢失
3	列车完整性建立
4	列车完整性丢失
5	定位建立
6	定位丢失
7	列车车门故障
8	列车车门故障恢复
9	站台无屏蔽门
10	屏蔽门开
11	屏蔽门关
12	屏蔽门状态未知
13	屏蔽门不可用
14	紧急制动
15	紧急制动解除
16	CC 被旁路
17	CC 旁路解除
18	超速报警
19	超速报警解除
20	CC 设备工作状态异常
21	CC 设备工作状态正常
22	Odometry 设备故障
23	Odometry 设备正常
24	FRANTAM 通信故障
25	OC 通信故障
26	ZC 通信故障
27	FRANTAM 通信建立
28	OC 通信建立
29	ZC 通信建立

（十三）行车消息日志信息

列车处于静止状态时，触摸驾驶界面右方 C1 区的“消息日志”按钮，显示消息日志界面，如图 3.1.7 所示。消息日志中显示了列车在运行期间一周内的所有行车日志信息。

初次打开行车消息日志时，显示的信息是当前时间最近的消息日志，用户可以点击“首页”“上一页”“下一页”来查看所需要的消息日志。点击“关闭”按钮后，将退出该消息日志界面。

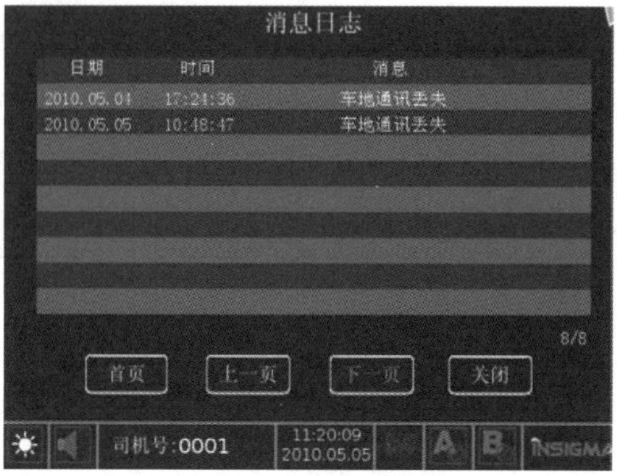

图 3.1.7　消息日志

（十四）系统管理界面

系统管理是为用户在后期维护 TOD 系统时使用的。系统管理界面不仅可以查看 TOD 软件的版本信息、TOD 的系统信息和列车运行的消息日志，也可以将该消息日志上传至服务器以便维护人员查看，并且有系统重启的功能。软件版本信息在系统管理界面的右上方显示，如图 3.1.8 所示。

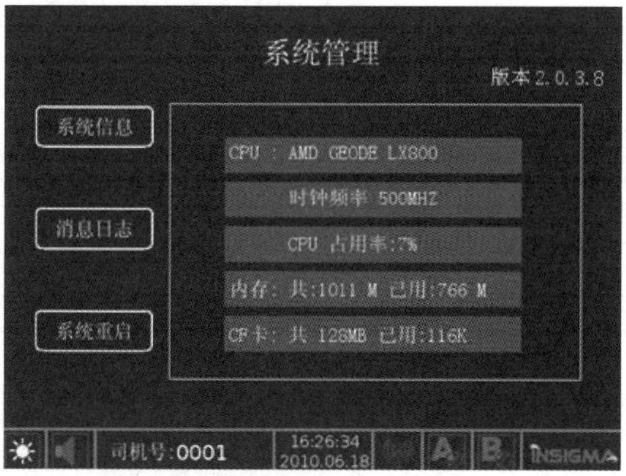

图 3.1.8　系统信息

（十五）驾驶界面与系统管理界面切换

TOD 为非驾驶模式（维护模式、通信中断）或列车停站时，可以点击右下角 D8 区的 Logo

进行驾驶界面和系统管理界面的切换。在系统管理界面下，若通信正常并进入驾驶模式，列车启动离站时将自动返回驾驶界面。

（十六）实时行车消息

点击“系统信息”按钮，界面显示系统信息，如图 3.1.8 所示。

（十七）消息日志

点击“消息日志”按钮，显示消息日志界面，如图 3.1.9 所示，该处的消息日志信息与驾驶界面的消息日志信息一致。

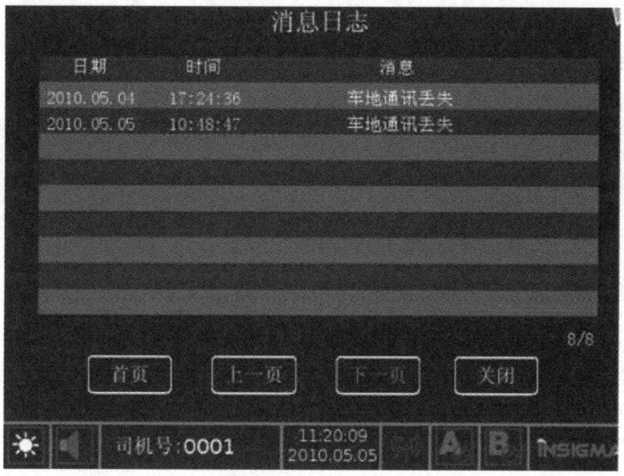

图 3.1.9　消息日志

（十八）系统重启

点击“系统重启”按钮，弹出用户登录系统管理窗口，如图 3.1.10 所示。输入用户名和密码后，点击“确定”，系统退出后自动进行重启。

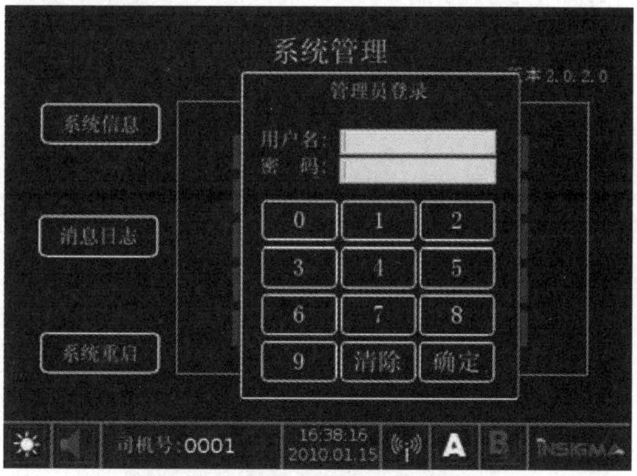

图 3.1.10　系统重启界面

（十九）基本信息和基本控制按钮

TOD 界面的最下方 D1 ~ D8 区显示当前系统的基本信息和控制按钮，及当前 CC 和尾端 CC 的设备工作状态，车地无线通信状态信息。如图 3.1.11 所示，按钮界面依次为 LCD 亮度调节按钮、报警声音控制按钮、司机号（司机登录/注销按钮）、当前时间、车地无线通信状态、当前 CC 工作状态、尾端 CC 工作状态、驾驶界面和系统管理界面的切换按钮（Insigma Logo）。

图 3.1.11 信息和基本控制按钮界面

（二十）LCD 亮度调节

TOD 界面的左下角 D1 区是 LCD 亮度调节按钮，触摸该按钮，弹出 LCD 调节窗口，如图 3.1.12 所示，司机可点击“–”或者“+”按钮（或者直接拉动左右光带）进行 LCD 亮度的调节。

当 LCD 亮度调节完成后，再次触摸该按钮，退出 LCD 调节窗口。注意：司机可触摸该按钮的条件是：维护模式或者列车处于停站状态的驾驶模式。

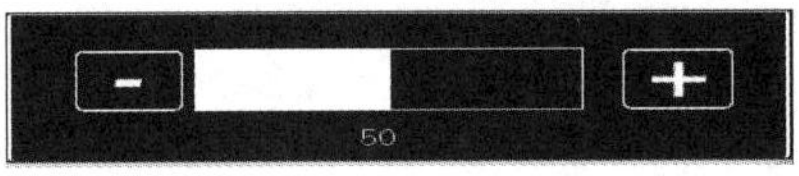

图 3.1.12 LCD 亮度调节窗口

（二十一）声音控制按钮

当有紧急制动、CC 被旁路等报警时，TOD 会响起持续报警提示音，司机知会该报警后可以触摸 TOD 界面左下方 D2 区的按钮，关闭该报警音。当报警音关闭后该图标将消失，当再次有报警时仍然会显示该按钮。

（二十二）司机登录、注销

TOD 界面的左下方 D3 区是司机登录/注销的按钮。在司机未登录时触摸该按钮，弹出“司机登录”窗口，如图 3.1.13 所示。输入正确的司机号后，点击“确定”，登录成功并退出该窗口，在界面左下方将显示已登录的司机号。

图 3.1.13 司机登录窗口

当司机号已登录时，可以点击该司机号按钮，弹出“司机注销”窗口，如图 3.1.14 所示。点击“是”，司机注销成功并退出该窗口，在界面左下方显示的司机号为空。

图 3.1.14　司机注销窗口

（二十三）当前系统时间

当前系统 TOD 时间显示要与其他的 CBTC 设备一样，保持时间的同步。该时间来自于 ATS 并由 CC 转发。当 ATS 未提供时，显示 TOD 设备的自身时钟时间（此时是否可作为实际的参考时间将视 TOD 设备的自身时钟是否有效而定）。

（二十四）车地无线通信状态显示

车地无线通信状态显示位于 D5 区，主要包括：区域控制器 ZC 的通信状态、数据存储单元 Frontam 的通信状态，其具体含义如表 3.1.9 所示。

表 3.1.9　TOD-CC 车地无线通信状态

显示界面	显示说明
 （白色）	以下所有通信状态都正常： 区域控制器 ZC 的通信状态； 数据存储单元 Frontam 的通信状态
 （红色）	以下通信状态至少有一个不正常： 区域控制器 ZC 的通信状态； 数据存储单元 Frontam 的通信状态

（二十五）TOD-CC 通信中断状态

当物理网络中断或 TOD 接收 CC 的所有报文数据超时，弹出网络通信中断提示窗口，如图 3.1.15 所示，且伴随声音警报。

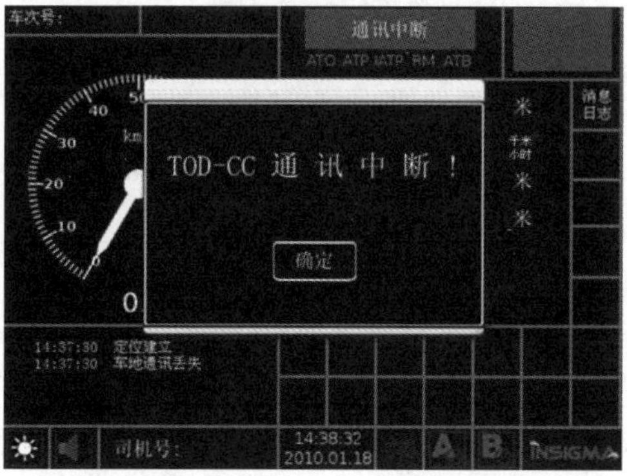

图 3.1.15　TOD-CC 通信中断

（二十六）当前 CC 工作状态

在 TOD 界面下方 D6 区的图标显示当前 CC 工作状态，D7 区的图标显示尾端 CC 工作状态，具体含义如表 3.1.10 所示。

表 3.1.10　CC 工作状态

显示界面	显示说明
	TOD 未接收到 CC 的任何数据信息，TOD 与 CC 数据通信中断
（黄色）	当前 CC 设备工作正常，但 TOD 未接收到完整的 CC 数据信息或出现技术性异常事件
（红色）	当前 CC 设备工作异常
（白色）	当前 TOD 接收 CC 数据信息正常
	TOD 未接收到 CC 的任何数据信息，TOD 与尾端 CC 数据通信中断
（黄色）	尾端 CC 设备工作正常，但 TOD 未接收到完整的 CC 数据信息
（红色）	尾端 CC 设备工作异常
（白色）	尾端 TOD 接收 CC 数据信息正常

三、TOD 维护与故障处理

（一）TOD 维护

TOD 显示器为列车的车载显示设备，是车载系统中十分重要的设备，此设备显示驾驶模式、设备状态和行驶速度等信息，它是否能正常工作直接影响着系统的工作。TOD 显示器维护包括故障维护和定期检修。

1. 维护工具及人员要求

维护所需工具是型号为 T25 的十字螺丝刀。要求维护人员接受过相关培训并且获得授权的具备电气维修经验的人员。

TOD 设备在出现故障（已无法正常使用）后，因现场无法进行维修，故只能采用整机替换法来满足行车需要。替换下来的设备如需维修，需要与供货商的售后服务部门联系。在保质期内，维护人员不能在未经同意的情况下拆开该设备。

2. 故障维护工作注意事项

（1）故障维护工作必须执行地铁运营的有关规章制度，以确保行车及人身安全。

（2）维护人员自己进行放电，例如通过触摸车辆接地。

（3）工作区域和工具必须符合 DIN EN 6 1340-5-2 对 ESD 安全工作的要求。

（4）每次更换部件时，必须将本设备的电源断开。确保物体未落在开放式的单元里，且无电子零部件被损坏。

3. 定期检修

1）维护工具

维护工具要求如表 3.1.11 所示。

表 3.1.11 维护检修时所需的工具

序号	工具	单位	数量
1	EMC-安全工作区域（导电垫、接地支架等等）	块	1
2	十字螺丝刀，型号为 T25	把	1
3	一字螺丝刀，小号	把	1

2）检修流程

（1）维护内容和要求

① 预防性维护是在正常的运行时间之外，由用户进行的，具体包括每两年一次的检查，其中包含根据维护说明书进行的功能测试。特别指出的是，每年可以进行一次显示器和 CCFL 灯管的功能和亮度检查，如果必要的话，对损坏件进行更换。CCFL 背光灯（冷阴极荧光灯管）会遭受物理老化，因此，应当根据外观检查的结果更换该部件。CCFL 背光灯大约 40 000 h（在 + 25 °C，50%的亮度下）后，背光亮度仅余一半。

② Compact Flash 卡中的控制器拥有对每个存储单元进行写访问的权限。在典型应用中，例如带有显示器设备的驾驶员控制台，和硬盘之类不同，可以假设使用寿命不会被期望成为无限。只有经过相关培训并且获得授权的具备电气经验的人员才能更换 Compact Flash 卡。

③ 只能使用家用或者玻璃清洗液（洗碗液）清洗本设备的前框架和触摸屏。使用腐蚀性溶剂（例如，丙酮、苯、稀释剂、四氯化碳）将会导致永久损害。

（2）更换 CCFL 灯管

① 断开本设备电源，并且从司机控制台上拆下本设备。

② 显示器面向下，将本设备放置在柔软的导电垫上，电气连接件面向维护人员。

③ 松开外壳后面板上的 6 个螺钉（十字螺丝刀 T25），如图 3.1.16 所示，抬起外壳，将其拆下。

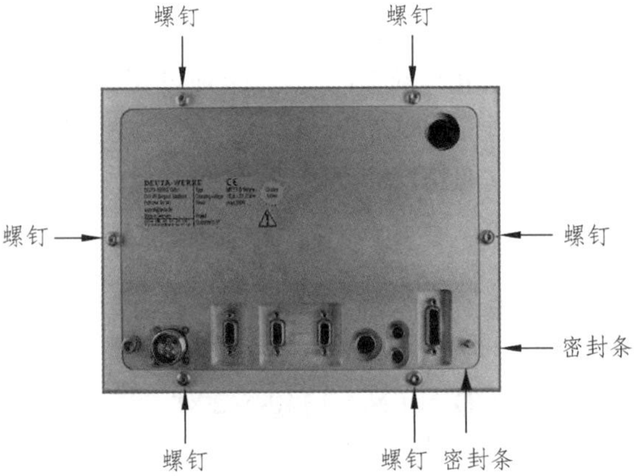

图 3.1.16　螺钉位置

从左侧可以触及 CCFL 元件，如图 3.1.17 所示。

图 3.1.17　CCFL 元件位置

拔掉插接式连接器，如图 3.1.18、图 3.1.19 所示。

图 3.1.18　拔掉下部 CCFL 元件的插接式连接器（从左侧看）

图 3.1.19　拔掉上部 CCFL 元件的插接式连接器（从设备的底部看）

小心地调直在 CCFL 元件上的铜夹子，这样可以越过双头螺栓，将该元件拉出来，如图 3.1.20、图 3.1.21 所示。

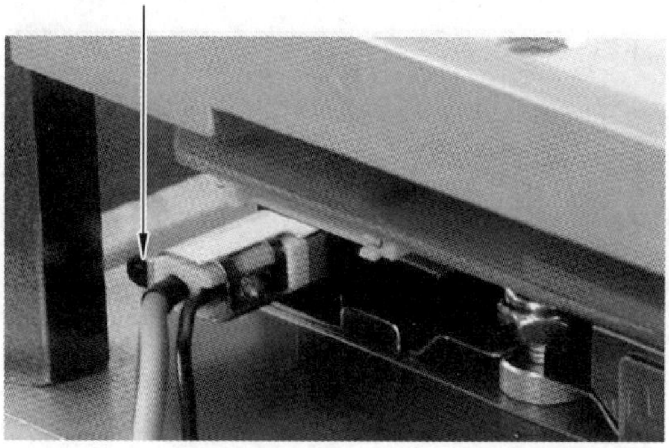

图 3.1.20　小心地调直铜夹子（发光元件已经被轻轻地拉出）

图 3.1.21　铜夹子被调直

按下防坠器，从其导柱上小心地拉出 CCFL 元件，如图 3.1.22 所示。

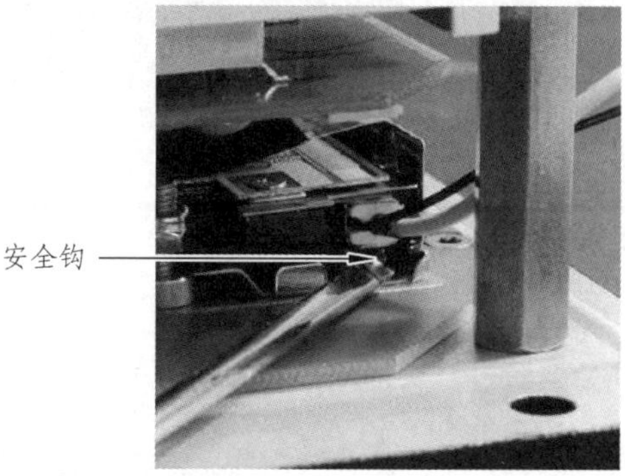

图 3.1.22　按下防坠器

对于将被插入的 CCFL 元件，同样调直铜夹子。

安装新的 CCFlL 元件。避免触及 CCFL 灯管的光线出口开口。请注意，在任何情况下，光线出口开口均指向内侧，防坠器必须明显地锁定。

重建 CCFL 元件的电气连接。放回外壳，并按图 3.1.16 所示使用 6 个螺钉固定。

注意：在重新组装的过程中，要特别注意密封条的正确位置，以防止任何可能的损坏，确保均匀地密封。必须均匀地拧紧螺钉，并且必须使用 Loctite243 胶固定。至此，CCFL 背光灯的更换结束。

（3）更换 Compact Flash 卡

① 断开本设备电源，并且从司机控制台上拆下本设备。

② 显示器面向下，将本设备放置在柔软的导电垫上，电气连接件面向维护人员。

③ 松开外壳后面板上的 6 个螺钉（十字螺丝刀 T25），如图 3.1.16 所示，抬起外壳，将其拆下。

在设备的顶部，可以触及 Compact Flash 卡，如图 3.1.23、图 3.1.24 所示。

图 3.1.23　Compact Flash 卡的位置（从左侧看）

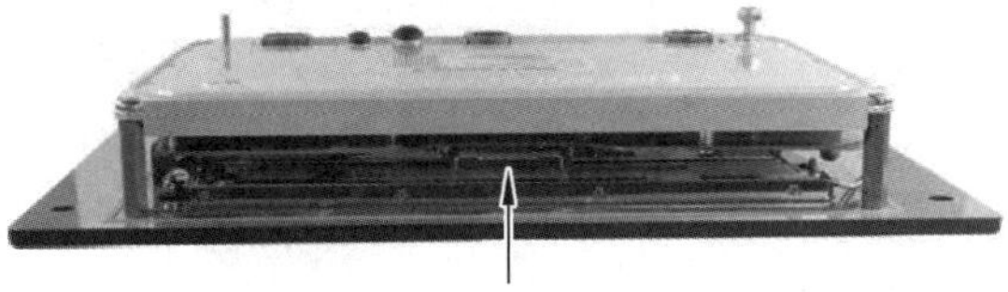

图 3.1.24　Compact Flash 卡的位置（从顶部看）

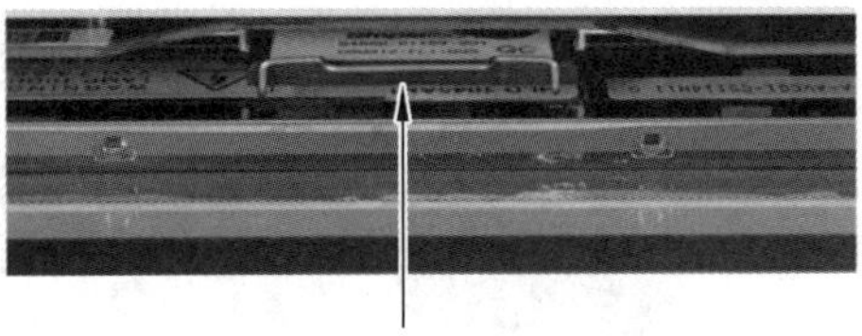

图 3.1.25　Compact Flash 卡和卡座

按下如图 3.1.26 所示的夹子。

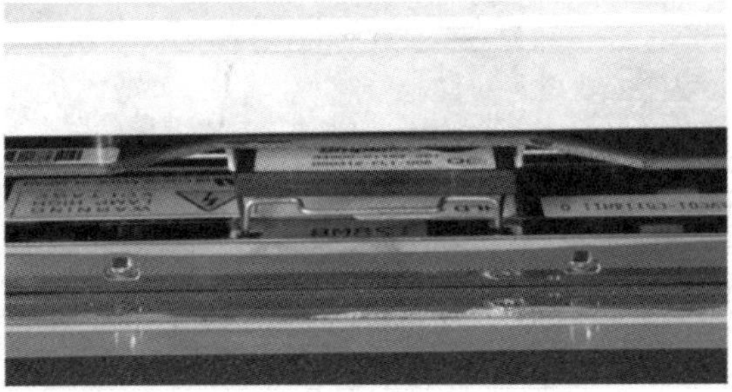

图 3.1.26　被按下的夹子

轻轻水平移动，拉出 Compact Flash 卡并拆下该卡，如图 3.1.27、图 3.1.28 所示。

图 3.1.27　拆下 Compact Flash 卡

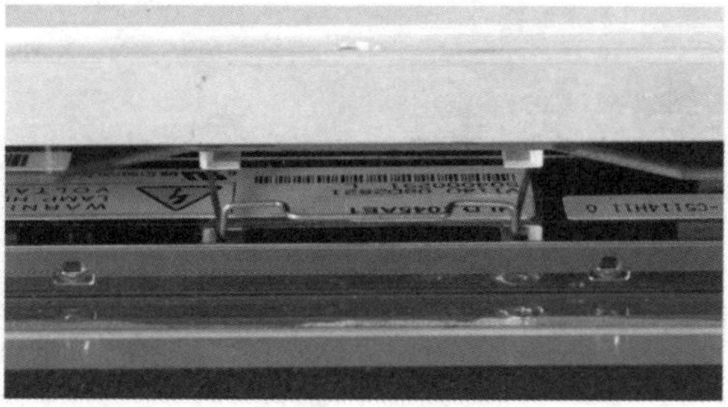

图 3.1.28　不带 Compact Flash 卡的卡座

现在可以插入新的 Compact Flash 卡。按回卡前方的弹簧，取保新卡固定在卡座里。安装回外壳，使用 6 个螺钉固定。

注意：在重新组装的过程中，要特别注意密封条的正确位置，以防止任何可能的损坏，确保均匀地密封，必须均匀地拧紧螺钉，并且必须使用 Loctite 243 固定。

至此，Compact Flash 卡的更换结束。

（二）TOD 常见故障处理

1. 硬件问题

（1）报警提示音

现象描述：点击按钮或报警的情况，没有提示音。

分析原因：TOD 声卡等硬件设备故障。

解决方案：更换备件，返厂维修。

（2）触屏位移偏移

现象描述：点击按钮等触屏有效区域，触屏位移偏移。

分析原因：屏幕未正确校准。

解决方案：触屏校准，或返厂维修。

（3）黑　屏

现象描述：TOD 屏幕突然黑掉。

分析原因：TOD 屏幕故障，TOD 屏幕临时性异常。

解决方案：TOD 断电上电，看是否能恢复使用。若重启无效，需返厂维修。

（4）卡　屏

现象描述：TOD 屏幕卡住。

分析原因：TOD 屏幕临时性异常。

解决方案：TOD 断电上电，一般情况会恢复使用。若卡屏频率高，需返厂维修。

（5）闪　屏

现象描述：TOD 屏幕亮度不断变化，忽明忽暗。

分析原因：TOD 屏幕故障。

解决方案：TOD 断电上电，看是否能恢复使用。若重启无效，需返厂维修。

2. 软件问题

（1）时钟不同步

现象描述：TOD 界面下侧的日期时间跟当前时间不一致。

分析原因：TOD 未与 Frontam 正常通信。

解决方案：检查确认 Frontam 是否开启且与 CC 通信。

（2）与 CC 未建立通信连接

现象描述：TOD 一直处于通信中断状态，无法进入维护模式等模式。

分析原因：CC 未启动；TOD 与 CC 网线未插好；TOD 的 IP 未配置正确。

解决方案：检查 CC 是否启动；确认 TOD 端和 CC 端网线是否插好且未插反；使用 USB 连接线连上 TOD，查看 TOD 的 IP 设置是否正确。

任务二　车载外设维护

一、速度传感器

（一）工作原理

微课：车载外设的结构和功能

微课：车载外设的维护

列车每端，安装两个速度传感器，分别安装在列车不同侧的不同非动力制动轴上。项目中的所有列车应该在所有控制司机室同样地安装速度传感器。

随着车轮轮齿的转动，当传感器经过轮齿的时候会输出数字脉冲。这些脉冲由硬件计数器来计数，从而可以在给定周期内测试速度。速度传感器经过多次现场使用并且被证明是非常可靠的。设备的配置和传感器的数量针对不同应用可能不同，并且车轮每转一圈可输出脉冲数量也与速度传感器的通道数量有关，与输出通道之间的相位差（如何把各个通道的输出整合在一起来提高分辨率）也有关系。

速度传感器选择的是 6 通道、90°相位差的 DF16 电光速度传感器。6 个通道分布在 1 个圆形的传感器基座上。标记每一个通道，通道 1 和通道 2 有 90°的相位差，通道 3 和 4 同样，通道 5 和 6 也一样。但是通道 2 和 3 或通道 4 和 5 或通道 6 和 1 没有关系。各通道采用独立的电源并且是相互电气隔离的。

速度传感器输入在 CC 内部的系统配置，如图 3.2.1 所示。ACSDV 为 CCTE 板和速度传感器提供电源。这种结构除了给 CC 系统增加多样性外，还提供了高可用性和高可靠性。对于测距子系统，只要列车位置的不确定性超出了预定的极限值，CC 将通过 EB 使列车停下。这种结构中任何一个单独的信号丢失，都不会使 CC 的正常运行停止。

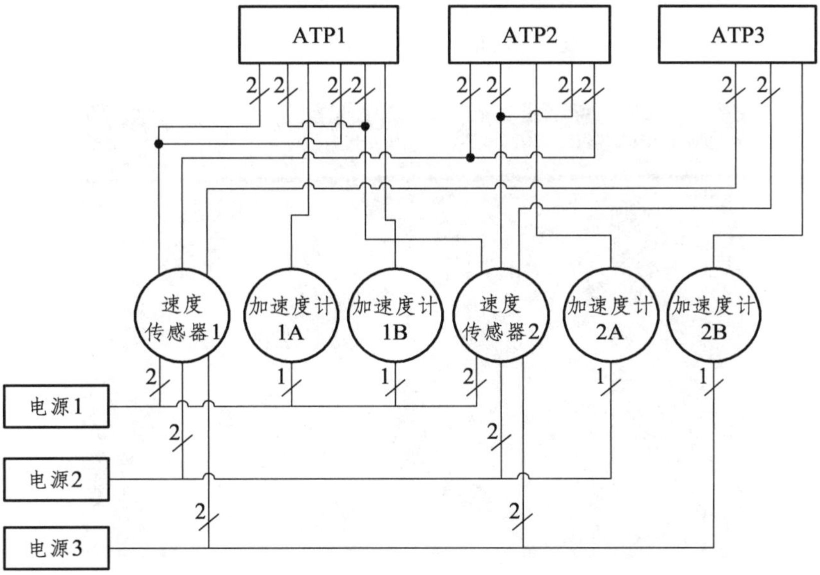

图 3.2.1　CC 里程子系统配置图

CC 是基于 3 取 2 的结构。如果供电板 1 失效（ACSDV2 和 ACSDV3 类似），在速度传感器 1、加速度计 A、加速度计 B 和 ATP 1 的一对通道将失去它们的电源，然后 CC 变成 2 取 2 的结构，但是图中的 ATP2 和 ATP3 仍然能收到测距数据，CC 功能不会受到失去数据源的危害。

每个速度传感器包含 6 个独立通道，分为 3 组。每组中的两条通道存在 90°的相位差，三组彼此独立（独立的电源、独立的机械结构）。两个速度传感器将安装在两个不同的轴上。它们采用独立的方法测量列车的位移和速度。即使其中一个速度传感器部分失效但其他车载组件工作正常时，CC 将继续正常工作。

（二）传感器结构

速度传感器实物如图 3.2.2 所示。自带电缆长度为车辆方提供的 2 000 mm，自带电缆的外径约为 23_{-1}^{2} mm（含防护层），最小弯曲半径为 150 mm。传感器由光电模块、外壳、传动轴、软性连接器、16 芯矩形防水插头、座和外附导线等组成，结构及视图如图 3.2.3、图 3.2.4 所示。各模块彼此隔离，可安装于内或外轨道上，通道数为 1 ~ 6。当机车运行时传感器产生频率 $f = n \times P / 60$（n 为转速，P 为内或外道的每转脉冲数）的方波信号，供机车电子控制系统对机车速度、空转、方向、打滑进行采样检测。

DF16 是光电式速度传感器。它有单、双、三、四、五及六通道可供选择。通过内外两轨道光栅盘扫描，传感器输出两种不同脉冲数的方波信号，内轨道每转 80 个脉冲，外轨道每转 200 个脉冲，输出可以是不同脉冲数的各种组合（不大于 200P/R 的任意脉冲数，或两种脉冲数输出的组合），各通道间彼此隔离，且带有极性保护、输出短数保护。传感器可方便地安装于轴箱盖上，传动部分采用软性连接，能克服安装不同心及驱动间隙。DF16 传感器具有坚固、密封、抗震、抗冲击、测速范围宽、温度适应范围宽、可靠性好、使用寿命长等特点。适用于国内外各种类型机车的速度、方向、空转及打滑等各项检测。

图 3.2.2　速度传感器实物图

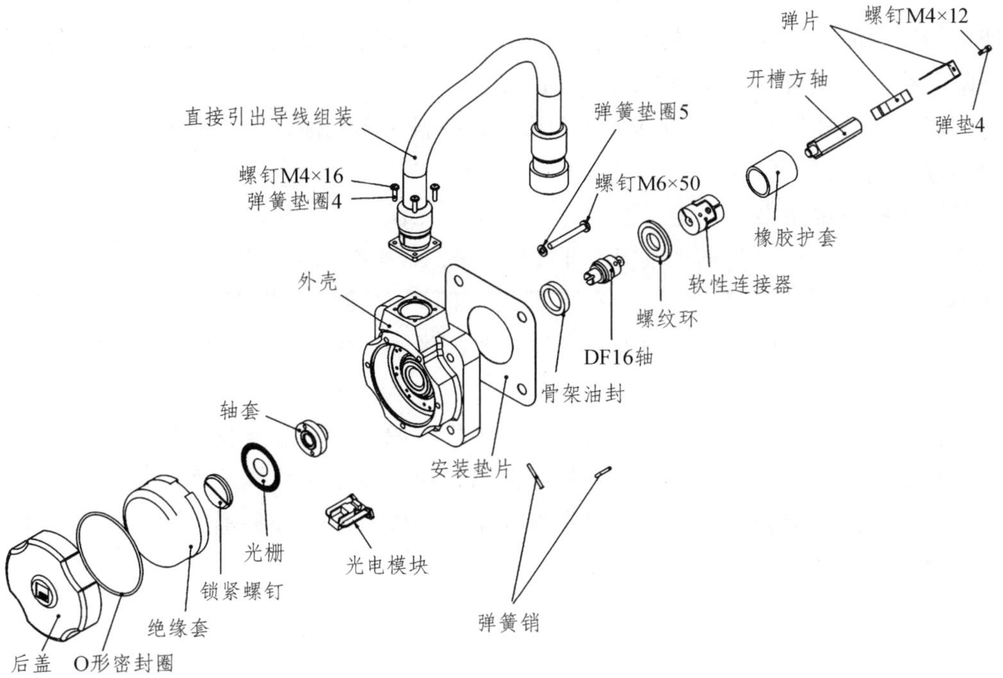

图 3.2.3　速度传感器结构图

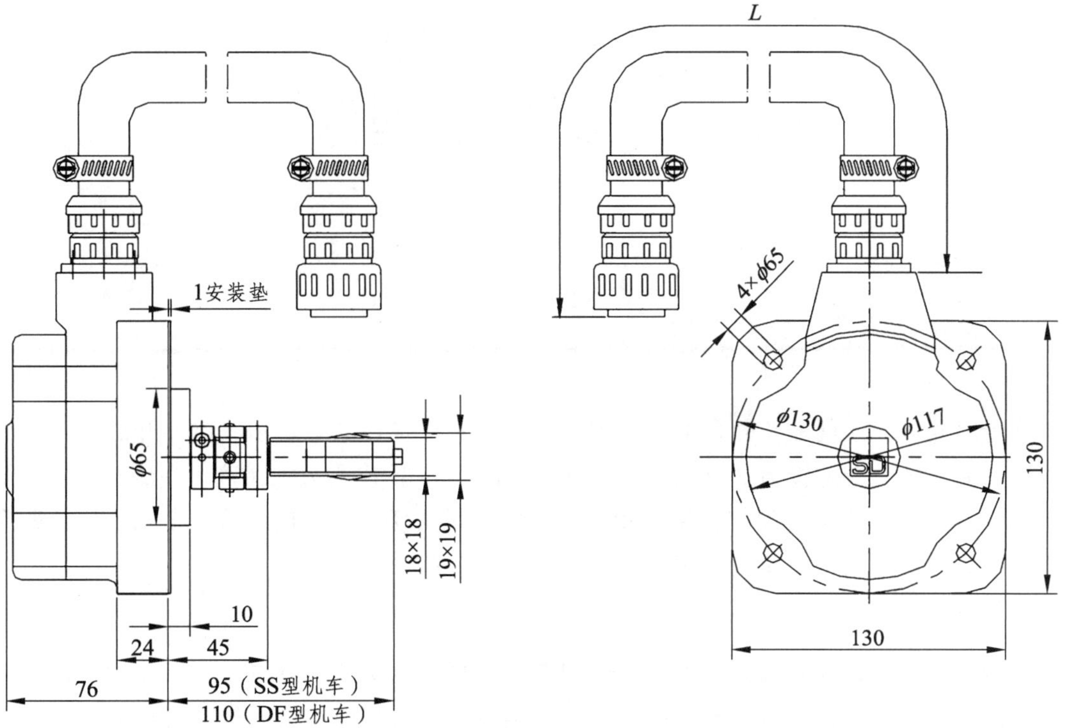

图 3.2.4　速度传感器视图

（三）传感器安装

使用传感器时，传动轴转动应灵活。电源电压、每转脉冲数、输出通道数、传动轴的长度、外附导线的类型及长度应与系统要求相符。

传感器工作电源为 DC12 ~ 30 V，不允许直接接机车蓄电池，应接机车电控系统的 DC/DC 变换器的输出端。

传感器严格按说明书接线定义接线，保证正确无误，无短路、断路现象。

直接引出电缆最小弯曲半径不得小于 150 mm，否则会引起电缆损坏。

传感器安装在列车轴箱盖上，安装必须牢固。方轴插入机车轴端（19 + 0.5）mm ×（19 + 0.5）mm 的方孔内，在方轴弹片上涂适量润滑油，保证方孔与弹片滑动灵活，延长使用寿命。

列车在静止状态下，连接电连接器，加上工作电源，传感器未装入轴箱盖前，转动传感器方轴，观察测速系统信号输出，若有相应输出，说明传感器接线正确。

与 DF16 传感器配套使用的对接式末端支架采用焊接或者安装螺钉固定在机车车架上，如图 3.2.5 所示。

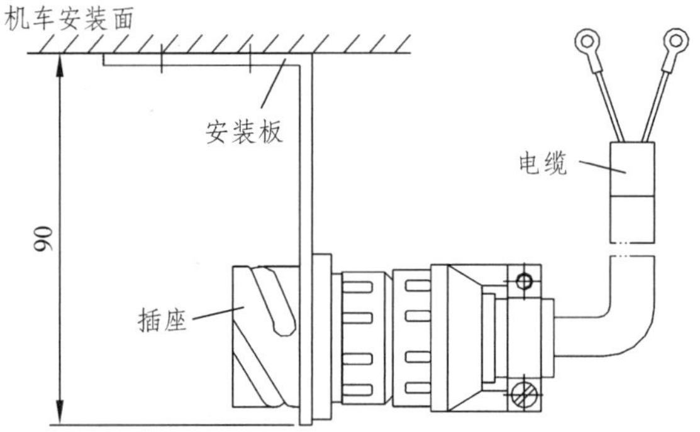

图 3.2.5　对接式末端支架安装示意图

（四）传感器测试与维护

1. 传感器功能测试

1）手动功能测试

将传感器装于速度表校验台上，按图 3.2.6 所示连接好电源及示波器，开启校验台，在手动操作模式下，转速设为 300 r/min。观察输出波形，输出为方波（高电平大于 9 V，低电平小于 2 V）。两个通道之间相位差（90° ± 45°），脉冲无丢失、无闪烁线，显示稳定，即为正常。传感器转动方向，面向出轴顺时针旋转。

2）自动功能测试

将传感器装于速度表校验台上，按图 3.2.6 连接好电源及示波器，开启校验台，在传感器自动操作模式下，根据传感器铭牌上的技术信息，输入相应参数，执行自动测试，自动测试结束后，程序会判断传感器是否合格，并可打印测试报告。

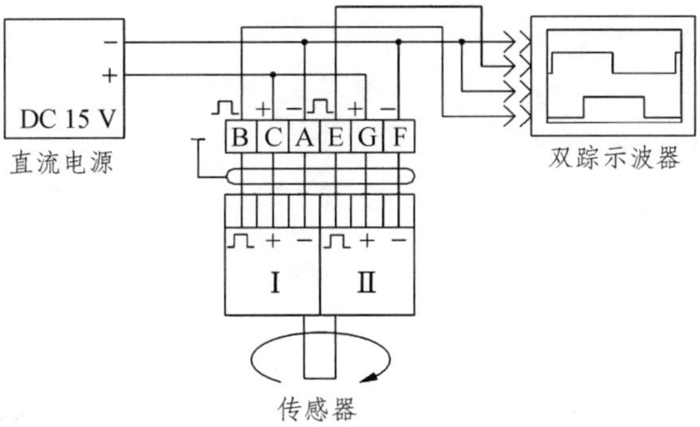

图 3.2.6　速度传感器手动功能测试连接图

2. 传感器维护

1）维护标准

速度传感器的维护标准如表 3.2.1 所示。

表 3.2.1　速度传感器维护标准

修程	周期	检修工作内容	检查步骤	检修标准
日常保养	每日	安装装置检查、检查设备外表，设备清洁	检查设备外表情况及清洁状况	设备固定良好，没有破损、脱漆、标识清晰正确
二级保养	每季	安装装置检查，检查设备外表，设备清洁，外观检查	手动检查安装装置的牢固情况，检查设备外表情况及清洁情况	设备外部安装或固定螺丝紧固，没有破损、脱漆、标识清晰正确。连接电缆弯曲度检查
		接线端子导通性检查	使用数字万用表检查速度传感器各通道与 CC 的导通性	所有速度传感器接线端子与相对应的 CC 的 P2 端子均导通
小修	每年	同二级保养内容		
		绝缘电阻测试	通道对外壳及各通道间的检查	正常情况下≥500 MΩ，极端湿热情况≥20 MΩ
		设备除锈、油漆	对锈蚀的设备、装置进行除锈、整机油漆	除去锈点及漆斑使设备无锈蚀平顺。油漆光滑、平整
		速度传感器工作状态测试	在试车线进行动车测试。测试需连接 MCT	MCT 检测的速度传感器工作参数值正常

2）故障处理

（1）舌轴断，轴卡死。

原因：传动机构同轴度差或长期磨损，疲劳损坏。

处理方法：更换舌轴并调整轴箱盖与驱动法兰盘的同轴度，新的舌轴上须加适量的润滑油脂。检查舌轴长度是否与车型相匹配，更换轴长合适的 DF16 传感器。

（2）信号输出状态始终为高或低。

原因：光电模块损坏。

处理方法：打开后盖，更换模块并重新测试。

（3）通电后，发现过流或短路。

原因：有超过正常供电电压输入，引起模块短路损坏。

处理方法：更换模块并重新测试。

（4）芯插头损坏。

原因：插头外部受力。

处理方法：更换带内配线的 16 芯插头。

（5）传感器外配线断。

原因：电缆固定不当，在机车运行过程中受到外力拉扯或电缆弯曲半径太小造成疲劳损坏。

处理方法：更换新的外配线。

（6）速度忽高忽低，甚至突然为零。

原因：传感器插头没有拧紧，或传感器插头受外力冲击而损坏，从而引起接触不良。

处理方法：清洁插座和插针接触面，拧紧导线插头，或更换插头。

（7）掉速。

即显示速度比正常值要偏低，但误差不大。将传感器放在校验台上测试，进行脉冲数测试，脉冲数低于正常值；或用示波器观察，脉冲有内烁现象。

原因：传感器腔内有油或灰尘堵住了光栅槽。

处理方法：打开传感器，用干净的软布将腔体和光栅擦拭干净。

二、查询应答器天线

（一）工作原理

应答器为无源设备，安装在道床上，由列车上的查询器天线的无线电信号激活。每列车装备 2 套查询器（TI）和查询器天线（TIA）。查询器安装在 CC 机柜中，查询器天线安装在列车底部。查询器使用两个不同的通道来提供信息给车载控制器：一个指示开/关状态的电磁场强度信号和一个数据的串口连接。串口连接也提供诊断信息通道以便 CC 能够监视信标读取器的状态。除此之外车载控制器将会关联来自读取器的诊断信息，磁场强度信号和关于信标正在读取的信息来判断是否信标读取器故障。

（二）天线结构

常见应答查询器天线（TIA）的型号为 TransCore® AA3234，如图 3.2.7、3.2.8 所示。

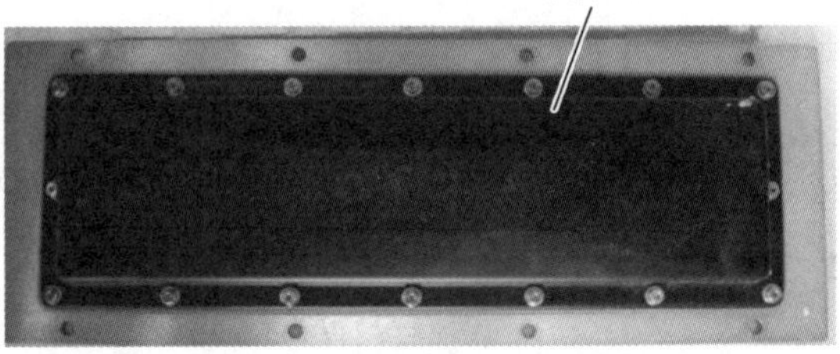

图 3.2.7　TIA 感应侧实物图

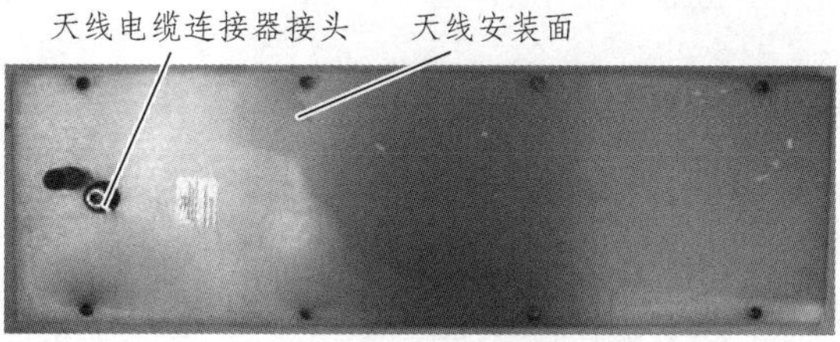

图 3.2.8 TIA 安装面实物图

（三）天线安装

1. TIA 安装要求

（1）TIA 应水平安装在带有司机室的拖车车厢的第一个转向架的二位端，因考虑弯道影响，TIA 必须居中安装在列车的纵向轴上。TIA 边到车体边的安装误差为 ± 5 mm（列车静止空载状态，标准轨道上测量）。从车钩到 TIA 中心的距离为（5 493 ± 20） mm。

（2）TIA 安装在距离轨面（TOR）高度为（300 ± 10） mm 处（列车静止空载状态，标准轨道上测量）。维护人员需要定期对 TIA 到 TOR 的距离进行测量。如果该距离超出（300 ± 10） mm 的范围，TIA 的高度就需要调整，以使距离调整至（300 ± 10） mm 的范围内。

（3）TIA 距离轨面的高度调整方式由车辆方提供。

（4）其他靠近 TIA 安装的设备电磁兼容性需符合 EN50121-3-2 标准。

（5）TIA 端连接器出线口处的电缆需固定在安装座（车辆方提供）上，防止列车振动引起连接器松动。

（6）TIA 车下走线的电缆建议采用金属走线管进行物理防护。这些金属走线管应没有毛边，以免毛边损伤电缆。

（7）TIA 电缆布线不要靠近机车的其他电缆（尤其是牵引电缆及交流供电电缆），或者确保它们之间是垂直交叉的。

（8）TIA 的净空区内不能存在金属物体，如图 3.2.9 所示。

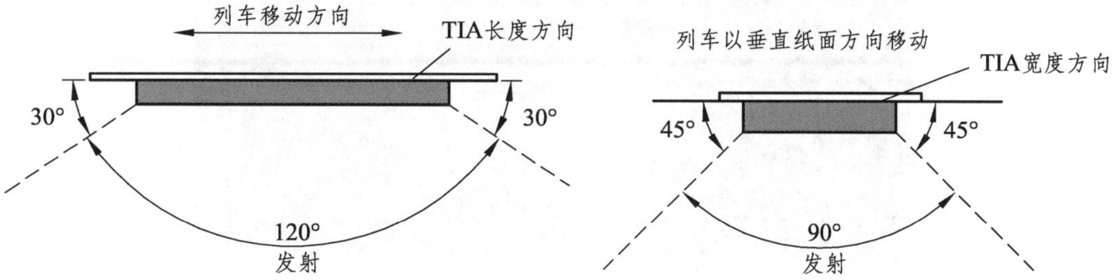

图 3.2.9 查询器天线净空区

2. TIA 安装座要求

（1）安装座必须满足车辆振动要求，满足标准 TB 3058-2002 中的 2 类规定。

（2）TIA 安装面材质为铝合金，安装座需要进行防腐处理。

3. TIA 接地要求

如图 3.2.10 所示，TIA 的接地要求是基于 APTA SS-E-005-98 和 EN50343 标准所规定的通常的接地方法，可参考 CEI 61000-2-5 里规定的接地线。

为确保 TI 与 TIA 能够正确工作，必须遵循以下 4 个步骤：

第 1 步：为保证 TIA 可靠的接地，应该采用镀锌的金属垫片，转向架安装板金属表面的接触点不要上漆，转向架安装板和金属垫片之间应该使用防腐胶。

第 2 步：为尽可能地减少阻值，步骤 1 中提到的技术要求也适用于转向架到机车车体接地点。由于机车车底环境恶劣，建议采用专用的带状编织接地线。

第 3 步：与 CC 机柜安装接口相连接。

第 4 步：保证 CC 和 TIA 的接地点是同一个参考点，且保证阻值尽可能的小，较合理的理论值应小于 1 Ω。

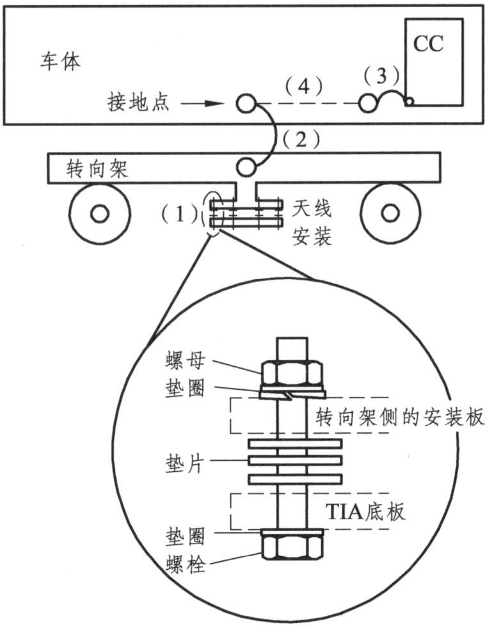

图 3.2.10　TIA 接地要求示意图

每端 CC 配置一个查询器，安装在列车的转向架上，如图 3.2.11 所示。

图 3.2.11　TIA 安装实物图

（四）天线维护

1. 维护标准

查询应答器天线维护标准，如表 3.2.2 所示。

表 3.2.2 查询应答器天线维护标准

修程	周期	检修工作内容	检修步骤	检修标准
日常保养	每日	安装装置检查，检查设备外表，设备清洁	检查设备外表情况及清洁状况	设备固定良好，没有破损、脱漆、标识清晰正确、TIA 接收信号范围内没有金属物质
二级保养	每季	安装装置检查，检查设备外表，设备清洁，外观检查	手动检查安装装置的牢固况，检查设备外表情况及清洁状况	设备固定良好，没有破损、脱漆、标识清晰正确
		同轴电缆线连接状态检查	手动检查同轴电缆线的连接情况	设备固定良好
		设备安装规范检查	按照规范检查设备安装位置	TIA 中心距车钩距离为（2 369±5）mm；TIA 安装在车辆纵向轴的中心外，边到边的误差范围为±5 mm；TIA 的安装高度距离轨面为（300±10）mm；使用十字水平仪检查 TIA 的纵向和水平方向的水平程度；TIA 天线地线检查
小修	每年	同二级保养内容		
		设备除锈、油漆	对锈蚀的设备，装置进行除锈，整机油漆	除去锈点及漆斑使设备无锈蚀平顺，油饰光滑、平整
		TI 工作状态测试	在试车进行动车测试，测试需连接 MCT	MCT 检测到的 TI 读取信标工作参数值正常

2. 查询应答器主机故障排查

1）检测 TI 主机射频功率

如果 TI 主机射频功率正常，测量 TI 主机至天线端之间的微波电缆（含增加的衰减器）工作状态，正常范围为 0.03 ~ 0.04 W，如果射频功率明显低于该范围，检查 TI 内部衰减器更换衰减器或 RF 同轴小电缆，换后仍未达到范围，建议更换 TI 主机。

2）查询器天线 TI 主机的输入电压和工作电压

首先测 TI 主机的输入电压，如图 3.2.12 所示，关掉主机电源开关，拔下 DC POWER INPUT 航空插头，用数字万用表测 A（+）和 B（–）之间的电压，正常应为 DC（28 ~ 140）V。

打开 TI 主机的后板，打开主机电源，用数字万用表测后板的检测端子 23（+）和 20（–）脚，工作电压正常范围为 DC（13.5 ± 1）V，如果没在这个范围，可以调节后板上的电阻 R1，使工作电压工作在正常的范围内。

如果通过调节电阻仍偏离正常电压范围，建议更换 TI 主机。

3）检查查询应答器主机内部电缆

检查 TI 主机内部安装的衰减器连接电缆，拆掉侧盖，上盖和后盖，连接衰减器和 R 模块的 RF 同轴电缆完好无损，如图 3.2.13 所示。

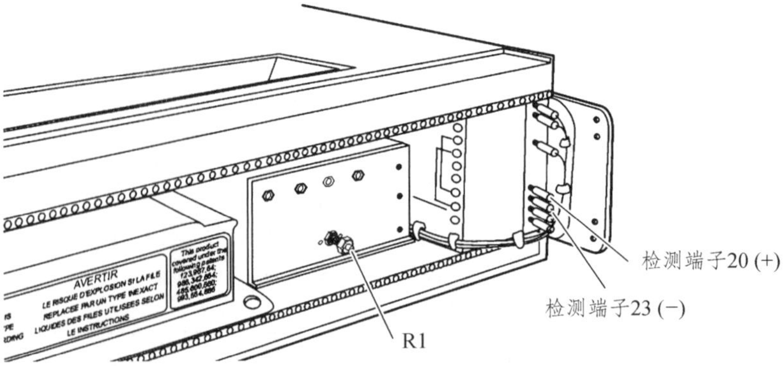

图 3.2.12　TI 主机部件示意图

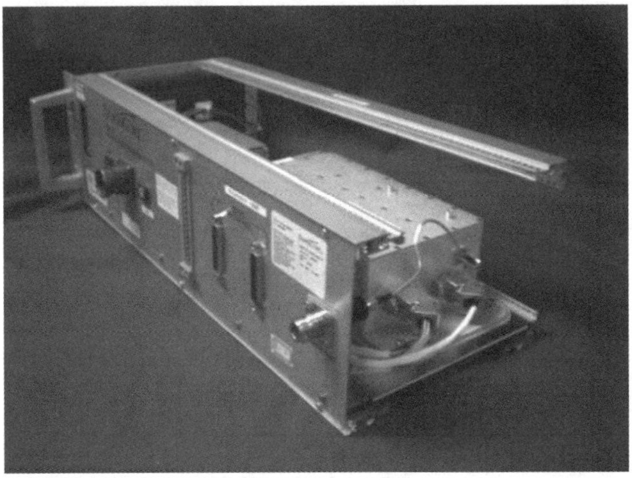

图 3.2.13　已拆掉侧盖，后盖和上盖的 TI 主机

检查从 1403RF 模块输出端到“n”型内部连接器同轴电缆的状况。寻找严重弯曲处、拐弯处和扭曲处。如果同轴电缆弯曲严重，同轴电缆故障，则需更换。

如果以上检查均完好，检查去除衰减器后的 TI 功率，标准范围应该在（1.6 ± 0.1）W。

如果测量值在标准范围内，恢复衰减器，调节 R，使 TI 功率满足 0.03 ~ 0.04 W；

如果测量值不在标准范围内，建议更换 TI。

三、加速度计

（一）工作原理

每套 CC 装备四个加速度计，如图 3.2.14 所示，包括两个数字型和两个模拟型，安装在 CC 机柜底部。两套设备互为冗余，用于提高系统的可用性和可靠性。

加速度计作为仪器本身存在一定的误差值，经过长时间工作后，误差值逐渐增大，与先前输入列车的校准值的绝对值超出误差允许范围，加速度计计算速度时将存在较大的误差，导致故障发生。

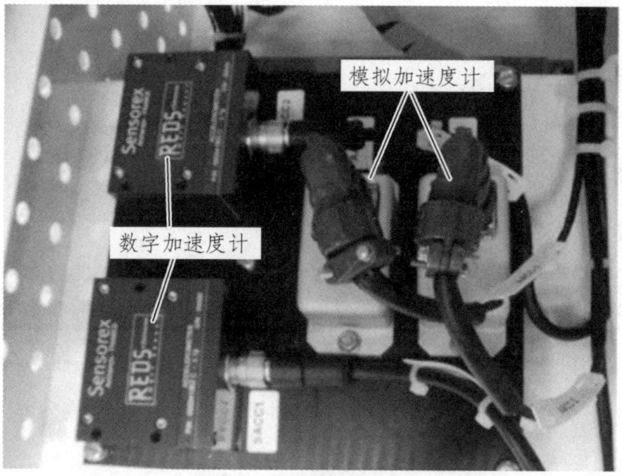

图 3.2.14　加速度计安装实物图

加速度计共分两套，每套有两个不同的加速度计。两套设备为了提供高可用性。每套加速度计会做一个比较，以确认输出的有效性。当空转/溜车开始时，CC 使用空转/溜车开始前的速度，利用加速度仪进行补偿来计算当前的速度和位置。一旦空转/溜车结束，速度和位移的测量将切换回由速度传感器负责。

两套加速计为冗余结构，每一套包含两个不同型号、来自不同厂家的加速度计，所以 CC 容许某个加速度计失效。如果任一加速度计故障，不影响列车正常运行。

当两个同型号的加速度计同时发生故障时，CC 将无法为列车防护功能提供有效的加速度测量。当两个不同型号的加速度计同时发生故障时，根据它们在系统中的位置，CC 也许仍然能提供加速度测量。如图 3.2.1 所示，组合方式为加速度计 1A 和加速度计 2B、加速度计 2A 和加速度计 1B、加速度计 2A 和加速度计 2B。所以，如果没有上述组合可用，CC 运行将受到影响。

当加速度测量无效时，在溜车的情况下，CC 将继续测量列车的速度和列车的位移，但不能对加速度进行补偿。引入的额外位置不确定。只要列车的位置的不确定距离低于最大极限值（30 m），列车将保持定位并继续正常运行。

（二）加速度计自锁

在车载系统中有 MNV 芯片，此芯片有一个功能是负责记录加速度计报错次数的功能。当在一定时间内报错次数超过了规定的阈值，加速度计就会自锁。自锁规则如下：

（1）加速度计短期自锁，简称短锁。在 10 s 内报错超过 40 次，就会触发短锁。

（2）大于 1 小时的加速度计自锁，简称小时锁。在 1 小时内报错超过 160 次，就会触发小时锁。

（3）大于 1 天的加速度计自锁，简称长锁。在 24 小时内报错超过 300 次，就会触发长锁。

任务三　车载控制器

一、车载系统概述

微课：车载系统构成

CBTC 系统中的车载控制器（CC）系统同时提供列车自动防护（ATP）与列车自动运行（ATO）两种功能。一般而言，ATP 系统是指能在列车超速运行（或出现危及安全的 ATP 故障）时施加自动制动的一个安全（安全相关）系统，ATO 则为列车提供完全自动运行的功能。

如图 3.3.1、图 3.3.2 所示，各列车 CBTC 的 CC 系统由以下组件构成。

两个车载控制器（CC）设备机架，两驾驶室各一个。每个 CC 都有一个移动无线电（MR）、一个信标读取器（TI）、两个列车自动防护和运行（ATP/ATO）机笼、一个条件电源板（BCB）、两个模拟加速计、两个数字加速计、三个安全继电器，以及多个连接器（与列车系统接口）。

两个司机显示屏（TOD）：两个驾驶室各配一个。

四个模式转换开关：每个驾驶室各两个。

四个光电速度传感器（EOSS），分别安装于列车两端拖车的不同轴上。

四个 MR 天线：每个司机室各两个。

两套 TI 天线：每个司机室各两个。

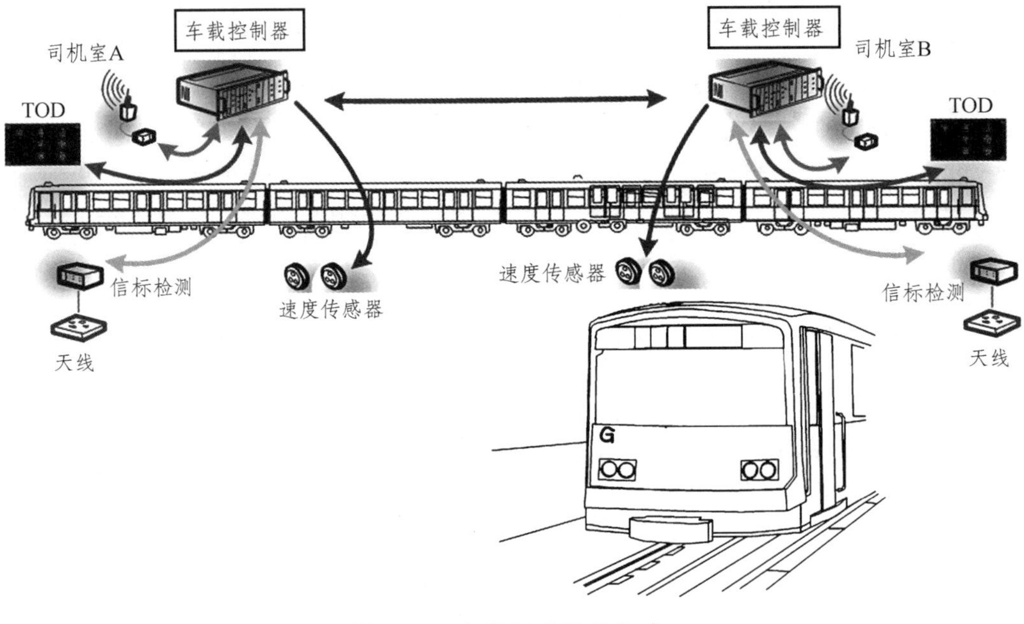

图 3.3.1　车载系统设备构成

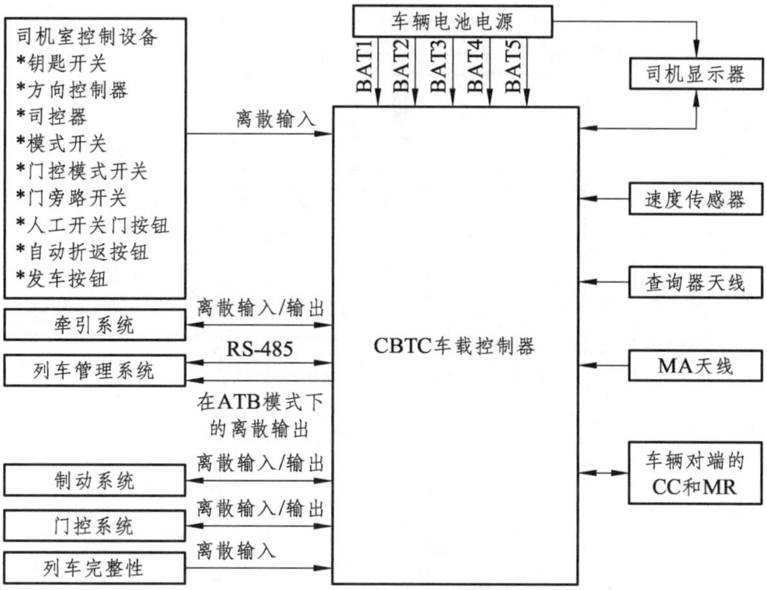

图 3.3.2　车载系统的功能模块图

二、车载机柜构成

每个拖车司机室安装一个 CC，该子系统包括一个安全“三取二”处理器及输入/输出控制器。该子系统负责根据轨旁区域控制器（ZC）提供的信息确定列车位置、监控列车速度、确保必要的合适的制动顺序、管理列车控制模式并控制列车。

微课：车载主机柜的结构和功能

CC 连接速度传感器、加速计及信标读取器用于确定列车位置，通过司机显示屏向驾驶员显示驾驶信息、设备状态及报警信息。它们分置于列车两端的两个移动无线单元（MR）与 CC 相连，CC 与轨旁设备进行数据通信。

CC 系统的主要组成部分都安装在两个 CC 设备机架内，各机架则安装于驾驶室提供的设备箱内，如图 3.3.3、图 3.3.4 所示。

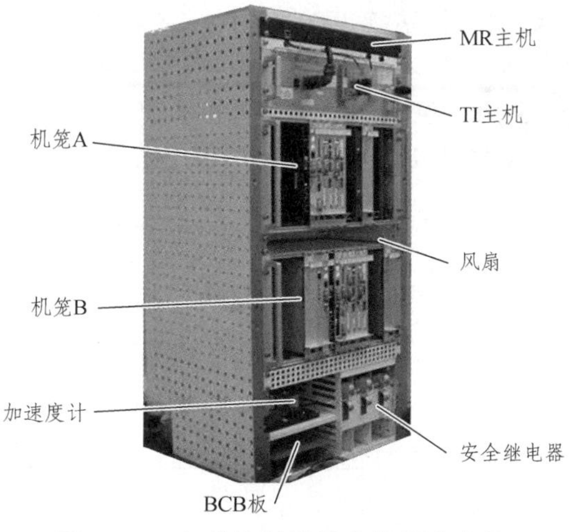

图 3.3.3　车载控制器设备机柜实物图

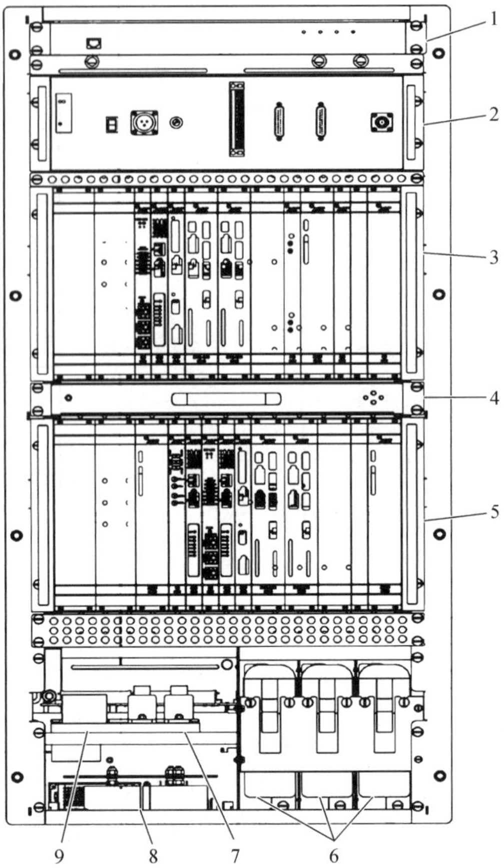

1—移动无线电机组；2—信标读取器；3—机笼 A；4—风扇；5—机笼 B；6—安全继电器；
7—模拟加速度计；8—电池调节器 PCB；9—数字加速度计。

图 3.3.4　车载控制器设备机柜结构图

三、车载控制器设备

（一）移动无线单元

如图 3.3.5 所示，车载数据通信系统（DCS）的主要功能由移动无线主机（MR）及 MR 天线实现，每个 CC 机柜包含一个移动无线主机，用于车载和轨旁设备间的数据传输。MR 与 ATP 和 ATO 机笼之间通过两个独立的以太网连接。以太网扩展器（装于以太网交换扩展器 PCB）通过双绞线提供端对端网络通信。所有车载设备均可通过车载以太网络进行连接。

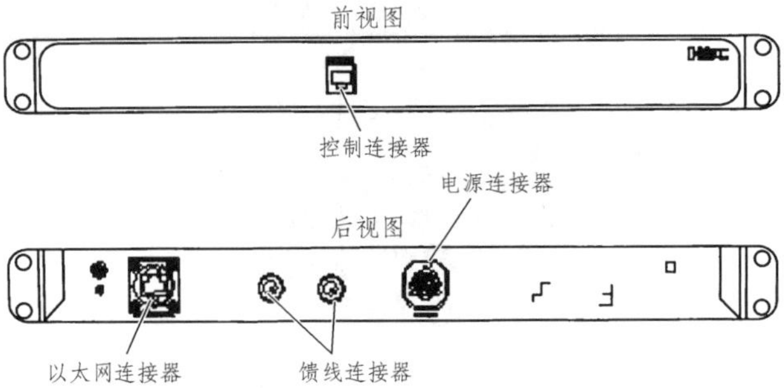

图 3.3.5　移动无线主机示意图

（二）查询应答器主机

图 3.3.6 所示为查询应答器主机。查询应答器沿道床方向安装，它有无源的，也有有源的（动态）。只有在接收到安装于列车上的查询应答器（TI）天线的信号之后它们才被激活。一旦查询到相关信号，查询应答器即向列车传输识别数据。列车上的 TI 随后使用已存储的轨道数据库将这些数据映射至道床边的具体位置。

每个司机室包括一个 TI（安装在 CC 机柜内）和一个 TI 天线（安装在第一个转向架末端）。每个 TI 提供一个 RS-232C 接口、一个用于 STROBE 和 RF 信号的输入/输出接口、一个与 TI 天线的同轴电缆接口和一个电源接口。

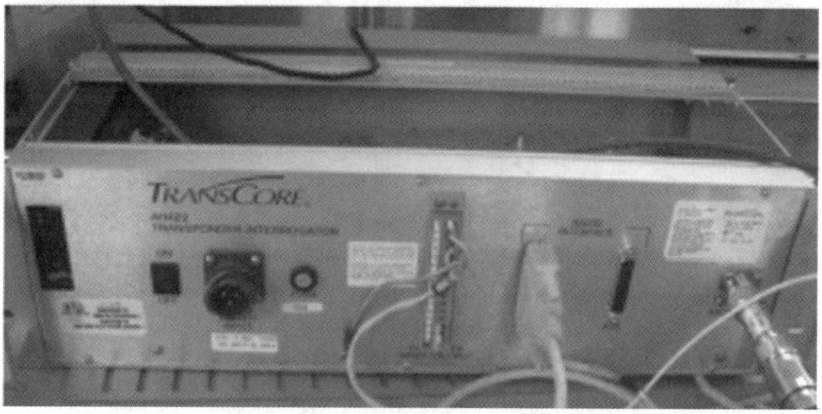

图 3.3.6　查询应答器主机实物图

（三）机笼

CC 机柜包括两个为 ATO/ATP 电路板模块提供的机笼（A 上方，B 下方），机笼 A 如图 3.3.7、图 3.3.8 所示；风扇安装在 CC 机柜，如图 3.3.9 所示；机笼 B 安装在 CC 机柜内，如图 3.3.10 所示。机笼的内部各模块的功能，如表 3.3.1 所示。

图 3.3.7　无板机笼 A

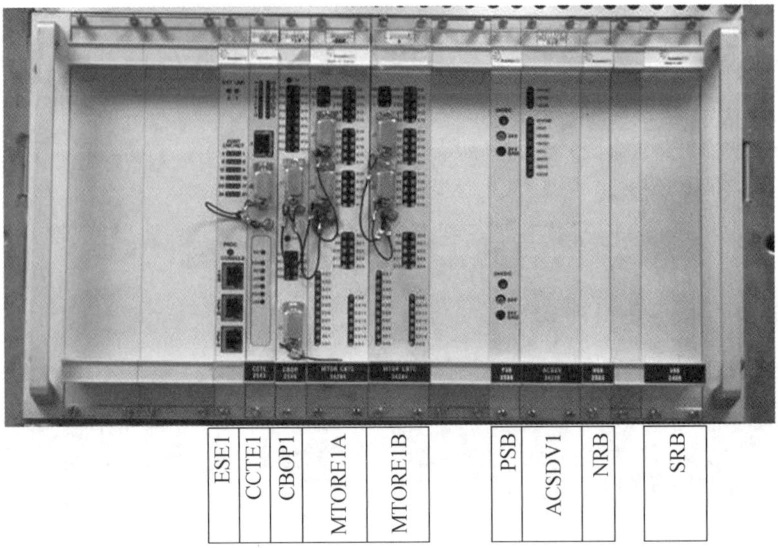

图 3.3.8　机笼 A

图 3.3.9　CC 机架内的风扇组合

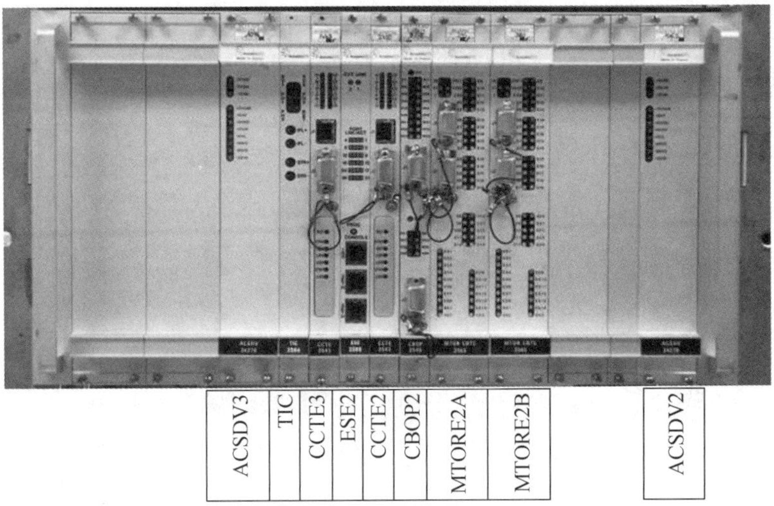

图 3.3.10　机笼 B

表 3.3.1　车载控制器机笼各模块功能

机笼模块	功　能
ESE	管理 CC 与其他车载系统之间的以太网通信
CCTE	管理处理器计算，数据结果检查，数据分享以及 ATO 功能，允许通过维护工具从以太网端口下载； TACH 子板安装在 CCTE 两个连接器上，与外界没有直接的连接器，它为列车速度以及位置计算收集数据； PMC（CIP）子插件板管理 CCTE 以太网通信以及传感器输入
CBOP	存储 CCTE 以及 MTORE 模块的参数
MTORE	管理 CC 与其他车载系统间安全和非安全的输入/输出
PSB	为 MR 及 TI 提供工作电源
ACSDV	为 CC 机笼 PCB 模块提供工作电源
NRB	提供 CC 内部的非安全继电器输出
SRB	提供 CC 内部的安全继电器输出
TIC	验证及转换 TI 发给 CCTE 处理的信号（PMC 子板）

（四）机笼中的各模块

CC 系统机笼的 CCTE 板中主处理器包含有四个模块，ME：存储互换模块，AP：应用模块 VO：表决器模块，CPL：耦合器模块。“三取二”的 CCTE 板内部结构如图 3.3.11 所示。

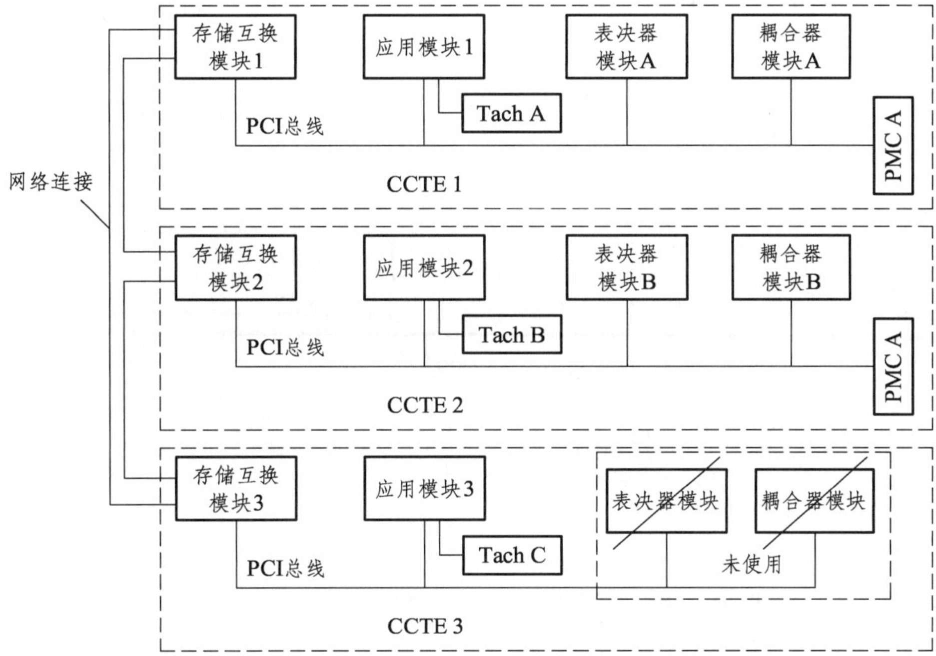

Tach：CCTE子板，为列车速度以及位置计算收集数据
PMC：CCTE子板，管理以太网通信以及传感器输入

图 3.3.11　CCTE 板内部结构图

CCTE 是冗余的控制器，在每个单个故障发生时，它都会提供安全的列车防护/安全。它们通过各自的应用模块（AP）模块的独立运算，相互通过存储交换模块交换结果（ME 模块），再通过表决（VO 模块），保证三个计算机至少有两个的结果一致，以实现上述功能。如果表决同意，CCTE 通过 PMC 模块，发送控制信号给列车，允许列车继续运行。这也就是保证在单点故障时的安全运行的冗余的方式。

1. ESE 板卡（以太网交换和扩展器）

以太网转换扩展器板面（ESE）上的 LED 灯表示司机室 A 和 B 之间是否存在数字用户线连接（主/备），如图 3.3.12 所示。若数字用户线连接不存在，LED 灯闪烁。若 DSL 连接存在，LED1 为主控司机室和 LED2 备用司机室都持续亮灯。

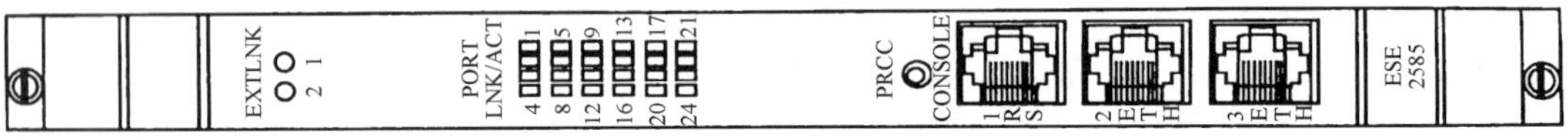

图 3.3.12　ESE 板卡示意图

端口 1 ~ 24 为连接/活动 LED（一个 LED 配一个端口）。当检测到有效连接的完整信号后每个 LED 保持灯亮（意味着连接可用但不是必须有效）。与以太网接口建立连接后以及两个装置达到相同的速度时会出现这种情况。它同时表明该端口可用并将成为交换机机构的一部分。当有数据活动时 LED 灯闪烁；接收或发送动作都会使 LED 灯闪烁。

PRCC：这一 LED 说明处理器正有效运行，无处理器发生错误。LED 在正常情况下处于开启，当处理器有错误时关闭。

2. CCTE1、2、3 板卡（主处理器）

Carte Compact Traitment ERTMs（用于 ATP 处理的小型面板）前面板上有设备状态 LED 指示器。LED 灯显示初始化状态以及工作状态，如图 3.3.13 所示。

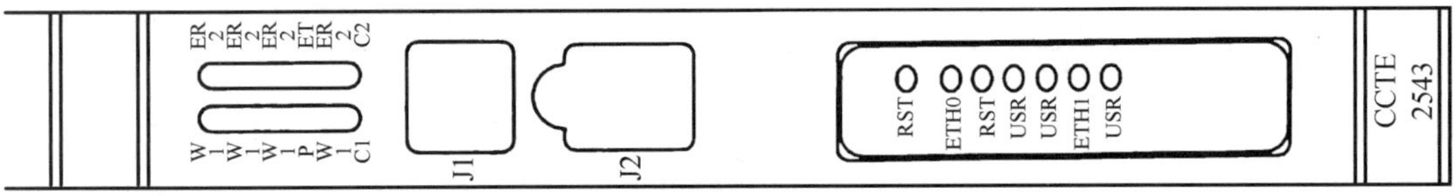

图 3.3.13　CCTE 板卡示意图

W：WatchDog 数据状态，在所有 4 区域中显示。

Er：错误显示器，在所有 4 区域中显示。

J1：Ethernet 以太网。

J2：串口连接。

PMC：附于 CCTEPCB 子板，管理 CCTE 以太网通信以及传感器输入，CCTE 前面板开口允许 PMC 上显示 LED 灯。

3. CBOP 板卡（主处理器外部存储器）

CBOP 存储器板存储 CCTE 和 MTOREPCB 模块的参数，如图 3.3.14 所示。

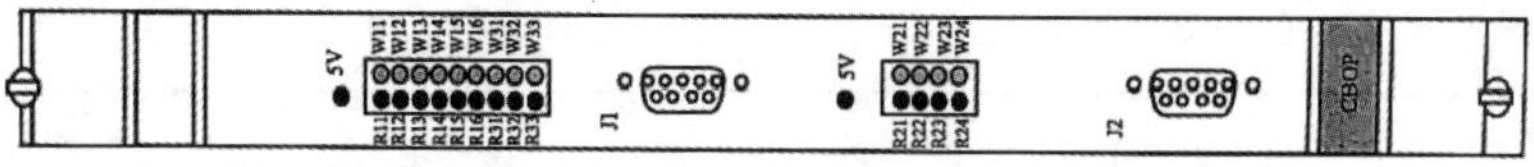

图 3.3.14　CBOP 板卡示意图

Power 电源：5 V。

绿色及红色 LED 灯显示 CBOP 内存状态，其中 R11 到 R33 为 9 盏绿色 LED 灯、W11 到 W33 为 9 盏红色 LED 灯、R21 到 R24 为 4 盏绿色 LED 灯、W21 到 W24 为 4 盏红色 LED 灯。若绿色灯亮起，相应 CSEE 外部存储板（CBOP）通电。若绿色 LED 灯闪烁，表示读取内存；若红色灯亮起，相应 CBOP 内存存在问题。

4. MTORE 板卡［输入/输出（I/O）］

I/O 板管理 CC 和其他车载系统间安全和非安全的输入/输出，如图 3.3.15 所示。

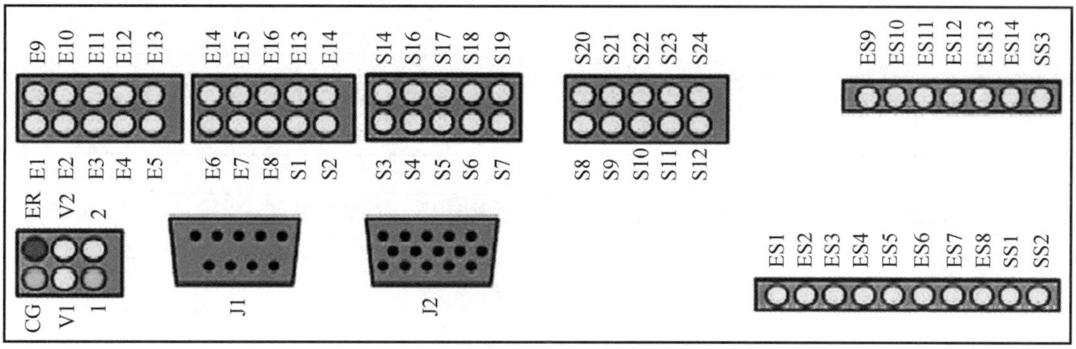

图 3.3.15　MTORE 板卡示意图

CG：监控器。

ER：故障板。

V1：现场总线 1。

V2：现场总线 2。

1 和 2：可编程状态。

ES1 ~ ES8：安全输入。

SS1 ~ SS2：安全输出。

J1：启动模式配置连接头。

J2：软件上载连接头。

ES9 ~ ES14：安全输入。

ES1 ~ ES16：非安全输入。

SS3：安全输出。

S1 ~ S24：非安全输出。

5. PSB 板卡（移动无线主机和查询器电源）

PSB 板卡为 MR 及 TI 提供工作电源，如图 3.3.16 所示。电源板是专为 DC 72 V 或 DC 110 V 输入设计，DC 24 V 提供两 60 W 的独立输出。电源 1110IMX35D12D12-8 转换器是独立电源列车核心。两套电源指示：每套有一个绿色 LED 灯表示电源输出正常，两个测试插座输出 24 V。

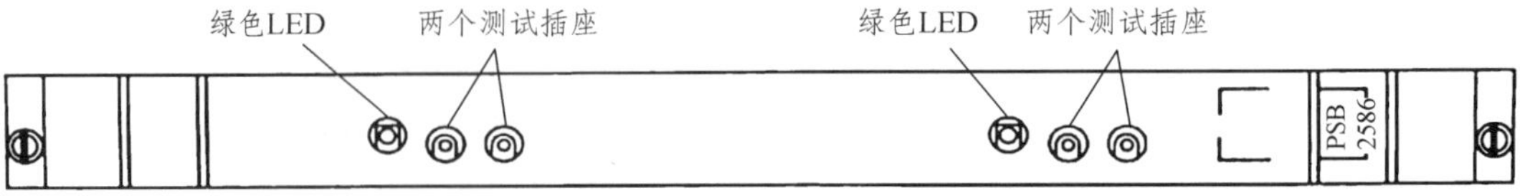

图 3.3.16 PSB 板卡示意图

6. ACSDV 板卡（机笼模块电源）

ACSDV 机笼模块电源为 CC 机笼 PCB 模块提供工作电源，如图 3.3.17 所示。ACSDV 板卡电压对应指示灯含义如表 3.3.2 所示。

图 3.3.17 ACSDV 板卡示意图

表 3.3.2 ACSDV 板卡电压对应指示灯含义

电　压	含　义
+5VME	给 CCTE 板供电，VME 总线以及 CODOU 板
+12VME	给 CCTE 板供电，VME 总线以及 CODOU 板
−12VME	给 CCTE 板供电，VME 总线以及 CODOU 板
+5VSY	给 CCTE 板供电，VME 总线以及 CODOU 板
+5VL	调制解调器、射频和音频供电
+5VP	通过 CCTE 板给现场总线供电
+12VE	系统线路用 +12 VR 给 COR 板供电
+24VME	输入、传感器、回路、射频和音频供电
+12VS	MTORE 板安全输出供电

7. NRB 板卡（非安全继电器板）

NRB 板卡用于安装输入/输出的 10 个非安全继电器板，也称作非安全继电器板。如图 3.3.18 所示，NRB 板卡上的继电器由独立 MTORE 板控制。理想 NRB 不包含除继电器以及少量无源元件外智能元件。NRB 是无源元件，提供 10 对非安全继电器用于 MTORE 与车辆连接。继电器板不进行处理，并且在 MTORE 与列车线间提供电隔离。非安全继电器板是使用两个相连继电器 SIL-0 相容板面，使用跳线在冗余 MTORE 以及车辆 I/O 间提供单独接口。每个继电器使用两个常开接点，一个用于电气开关，另一个用于检查回路。

图 3.3.18 NRB 板卡上的继电器

NRB 板卡主要功能有开门输出、关门输出、全常用制动输出、ATB 模式下向前与向后输出、牵引制动指令信号输出。

8. SRB 板卡（安全继电器板）

SRB 板卡用于安装安全输入/输出的 8 个安全继电器，也称作安全继电器板。安全继电器板（SRB）上安装的 8 对（总共 16 个）继电器，如图 3.3.19 所示，每对继电器由独立 MTOREI/O 控制。每个继电器使用一个常用关闭（NC）接头以及常用开放（NO）接头中的两个。NC 接头为继电器更改状态提供反馈状态。NO 继电器提供 I/O 控制器及车辆间接口。继电器最终输出将作为平行 NO 接头布线的安全输出。

SRB 板卡主要跟门使能、ATB 时虚拟钥匙、牵引使能输出。所以当电客车在正线运营时出现没有门使能输出或者 ATO 模式下无牵引问题时，可以考虑 SRB 板卡是否出现故障问题。

图 3.3.19 SRB 板卡上的继电器

9. TIC 板卡（查询应答器转换器板）

TIC 板卡用于验证及转换由 TI 发送给 CCTE 处理的信号（PMC 子板），如图 3.3.20 所示。应答器（TIC）板提供与 AMTECH 应答器子系统和 CC 传感器输入板之间接口。

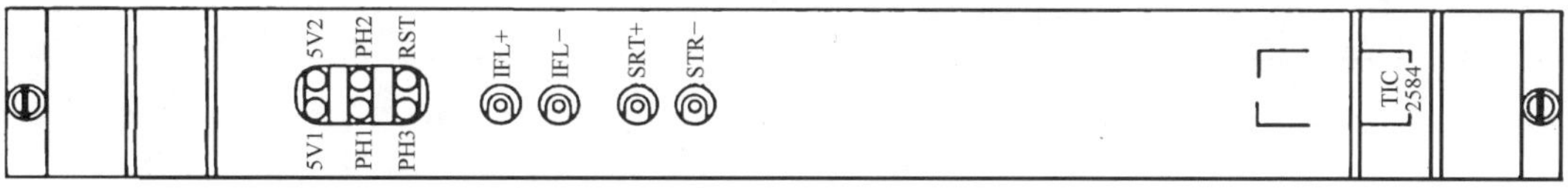

图 3.3.20 TIC 板卡示意图

（五）安全继电器

CC 机柜包含三个 PN-159B（PN-N436788）安全继电器，如图 3.3.21 所示。ATP 使这些继电器励磁以启用 ATO，并防止 ATP 强行制动。

图 3.3.21　三个 PN-159B 安全继电器

四、车载控制器维护

车载控制器（CC）在最小可更换单元（LRU）上进行维护，与 CC 相关的一级 LRU 如表 3.3.3 所示。

表 3.3.3　CC 的 LRU 表

硬件设备	LRU
移动无线单元	√
查询应答器	√
PMC 板卡	√
TACH 板卡	√
ESE 板卡	√
MTORE 板卡	√
安全继电器	√
NRB 板卡	√
SRB 板卡	√
PSB 板卡	√
TIC 板卡	√
ACSDV 板卡	√
加速度计组件	√
应答器读取天线（车底）	√
CBOP 板卡	√
条件电源板（BSB）	√
机笼 A、B	√
风扇组件	√

（一）预防性维护

定期预防性维修检查（PMI）能够预防故障以及系统故障。

维护人员负责维持 CC 设备总是安全并且良好运行。通过对设备进行定期检查、清洁、测试及按要求调整（如需要）来实现，如表 3.3.4 所示。通过最新的修护和 PMI 记录，审查这些动作的历史记录，维护时间表以防止电路性能降低。PMI 可在可能导致列车运输问题以及最终列车停驶的重大故障发生前发现可疑情况。

表 3.3.4　预防性维护内容

预防性维护操作	间　隔
常规检查	每 3 个月
清洁操作	取决于设备以及环境
静态测试	一般检查期间任何系统干预之后

1. 常规维护

常规维护是对 CC 不同的部件进行目测，检查设备有无机械损坏，特别是位于车体外部的设备（应答器读取天线、速度传感器等）。

系统启动后，注意 CCTE 以及 TOD 不同的 LED 灯状态和故障状态和保护 CC 板 LED 灯。

注意：CC 断电后，重新上电启动前须等待 40 s。若在 40 s 内重启，CC 易受到尖峰电流的影响。

2. 静态测试

静态测试目的是证实 CC 系统工作正常，在常规检查期间或者在任何干预之后运行，例如：安装新设备（例如一个备用件）更换故障设备，或者拆除以及重新安装设备。

CC 包括设备本身的可见显示（显示电压，监控器定时器，内存故障，I/O 故障等）。LED 灯以及 LED 不同颜色组合提供可视化指示，CC 面板提供测试插孔。

（二）故障处理流程

1. 安全注意事项

进行车载系统故障排解时，注意避免人身伤亡。避免做任何有可能使自己或他人遭受电击或由于移动设备而造成伤害的事情。在裸露电线以及电子器件的设备周围工作时须格外小心。在离开无人看管的设备前警告他人。若设备无人看管，切断电源。

当系统工作时，列车作非预期的移动，可能会造成损伤或伤害。由于列车能够在未得到通知的情况下移动，故警告他人远离列车。可根据所掌握的有关问题的严重性和类型，断开 CC 系统与外部系统的连接以便在安全的环境下进行工作。

2. 电源故障排除

当排除故障时，若无明显故障，分析问题的第一步必须测量电源电压。

（1）检查电源

如果电源电压不是规定值，须检查。如果提供的电源不正确，系统将无法正常工作。电源电压低可能是系统某些部分发生故障所致。

（2）负载下测量电源电压

测量完整系统下的电源，已安装所有电板，已连接所有电缆。若电源无电压输出，检查明显的可能性，如开关故障，保险丝熔断或断开。

（3）检查输入电源的稳定性

当检查电源时，也要检查输入电源的稳定性。某些故障就是由于瞬间断电或电压值降低导致。中央处理器（CPU）/内存条以及其他电子电路都易受电压波动的影响。

3. 故障排除准则

排除故障前遵守以下准则将能够快速解决问题。

（1）故障在什么环境下发生

判断故障是否发生在静态测试、正常运行、预防性维护或程序诊断的某一过程中，这有助于重复（重建）故障并且隔离故障。

（2）是否有任何更改

判断系统之前是否正常工作或是否是启动问题。若系统一直工作正常，判断是否做过何种更改。硬件、软件或接线是否有更改，确定为 CC 系统是否有问题，问题是否可能来自于与 CC 接口的外部设备。

（3）确认问题

检查主要功能（通过 LED 指示器）以验证是否真的存在问题。

（4）关闭电源 40 秒

使设备完全复位，然后打开电源，再试一次。可能只是暂时性的问题或仅出现一次的问题。如果问题仍然存在，则作进一步处理。

（5）先尝试简单操作

关闭电源的情况下，取出板卡并重新安装。当取出板卡时，观察是否有过热点和灼痕等明显问题。检查所有连接器，确定其牢固。检查电缆是否有损坏和磨损的痕迹。

（6）避免将问题复杂化

排除故障时，要避免将问题变得更难识别。避免造成新的问题，这样会存在多个症状，出现更难解决的新情况。

（7）问题是否与电磁环境干扰有关

某些故障可能是电磁干扰造成的。例如，CPU 故障和内存错误可能是由电源线上的电噪声或外源噪声引起的。这种类型的问题很难追踪，需要耗费很长时间，还可能需要特殊技术和测试设备。

4. 常规分析步骤

单一的诊断步骤并不能保证可成功地处理 CC 系统的每个问题，以下只是一般的常规做法，是尽可能追踪到问题根源的逻辑顺序。

（1）彻底分析症状

症状对找出故障来说可能很有帮助，但要注意其他人的症状报告。最可靠的分析是要通过亲自去再现症状而得出。

（2）观察面板指示灯状态

大部分系统故障信息都可从电路板的 LED 上取得。打开 CC 系统的柜门，观察 LED 和其他显示。

（3）排除故障的逻辑顺序

当确信仅是硬件的问题后，才能继续进行故障排除。拆掉盖板，首先测量电源电压。通过这步，可将问题的范围缩小到一块或两块板上，或某个主要组件上（如安全继电器、速度传感器等）。

5. 排除故障的其他考虑因素

在排除 CC 系统故障之前，请注意如下因素：

（1）准备 CC 备件

至少为CC机笼中的每块板卡准备一个备用板卡和一个备用安全继电器（型号PN-159B）。当故障定位到板卡或继电器时，采用备件可以快速使设备恢复正常工作。

（2）匹配原设置

更换电路板时，确定新板为正确的零件，可正常工作，并且跳线设置正确。

（3）正确安装板卡

确定将板卡正确地安装进机笼。每块板都装在机笼特定的槽内。此外，板卡名在每个槽轨末端的母板上有标示。不要强行将板卡插入错误的槽中。

（4）使用静电防护

当在 CC 上工作时，一定要戴接地腕带，否则可能严重损坏 ATC 设备。

6. 通过症状排除故障

通过症状排除故障主要是针对在没有可靠事件信息的情况下确定问题并追踪问题。下述症状是能够观察到的典型问题。下面列举的这些问题的故障排除过程，有助于解决问题的一些推荐操作。

（1）完全死机

完全死机表现为无反应，无指示，无活动迹象。这可能是由于主电源断电或配电电路中发生的重大故障。面板指示器断电可判断是死机的现象。遵循排除电源故障。

（2）部分死机

部分死机特征包括完全或部分没有 LED 指示，或通过复位循环 CPU。遵循排除电源故障。

（3）显示不正确，但功能正确

系统正确工作（至少观察或感觉上），但指示与执行不相符（如速度显示错误或无速度显示）。

（4）TOD 上的 ATP 故障指示器点亮

表现为 CPU 已停止工作，且无有效的事件信息。

项目实训

实训目的

掌握城轨列控制系统中的车载设备构成与维护。

实训内容

1. 教师介绍实训目的、方式和要求，调动学生参与的积极性；
2. 对学生进行分组，确定组长和人员分工，以小组为单位，制订实训计划；
3. 教师简介 TOD 设备、车载外设和车载控制器，组织学生学习调查、讨论；
4. 各小组通过不同方式获取资料进行分析、讨论；
5. 各小组根据调查、分析和讨论的情况撰写总结；
6. 各小组互相评价，教师给出点评和总结。

实训考核

完成任务后，对每名同学的总体表现进行自评、小组评价和教师评价，其中自评占总成绩的 20%，小组评价占总成绩的 30%，教师评价占总成绩的 50%，如下表所列。

姓名		学号		所在小组	
学习任务					
评价内容	分值	自评	小组评价	教师评价	得分
1. 能严格遵守各项规章制度，具备安全意识	5				
2. 能很好地完成任务；能与本组同学合作交流、协同工作	5				
3. 学习态度端正、认真、主动	5				
4. 能熟练运用掌握的知识完成相应的任务	15				
5. TOD 功能	5				
6. TOD 界面	5				
7. TOD 维护	10				
8. 速度传感器维护	10				
9. 查询应答器天线维护	10				
10. 车载控制器构成	10				
11. 车载机柜构成	10				
12. 车载控制器维护	10				
合计	100	任务综合得分：			

思考与练习

1. 简述 TOD 的功能。
2. 简述 TOD 界面包含的主要内容。
3. 简述车载机柜的主要构成部分。
4. 简述车载机柜中机笼 A 的主要模块构成。
5. 简述 ESE 板卡和 CBOP 板卡的功能。
6. 简述 CC 系统机笼的 CCTE 板中主处理器模块构成。
7. 简述移动无线单元的功能。
8. 简述 CCTE 板卡的主要功能。
9. 简述 MTORE 板卡的主要功能。
10. 简述查询应答器主机的主要功能。

项目四 轨旁设备维护

知识目标

1. 掌握区域控制器的结构和功能原理。
2. 掌握数据存储单元的结构和功能原理。
3. 掌握 DCS 系统的结构和功能原理。

技能目标

1. 能够对区域控制器进行日常维护和故障后的应急处理措施。
2. 能够对数据存储单元进行日常维护和故障后的应急处理措施。
3. 能够区分 DCS 有线网络、无线网络的故障界定和维护。

素养目标

1. 培养学生从事专业工作安全生产、环保、职业道德等意识。
2. 培养学生的团队协作、组织协调能力。
3. 培养学生高度的责任心和良好的职业道德。

任务导航

任务一　区域控制器。
任务二　数据存储单元。
任务三　数据通信系统。

任务一　区域控制器

一、轨旁设备构成

CBTC 系统中，车站分为联锁集中站与非集中站，轨旁设备，如图 4.1.1 所示，主要包括：ATP/ATO 轨旁设备，无线车-地通信系统及轨旁基础外设，包括应答器、信标、列车检测设备等。其中基础设备在此不做介绍。列车自动防护系统（ATP）是列车自动控制系统（ATC）的一部分，它分为轨旁计算机单元和车载计算机单元。通过轨道到列车的通信网络，轨旁单元和车载单元之间的双向通信得以实现。

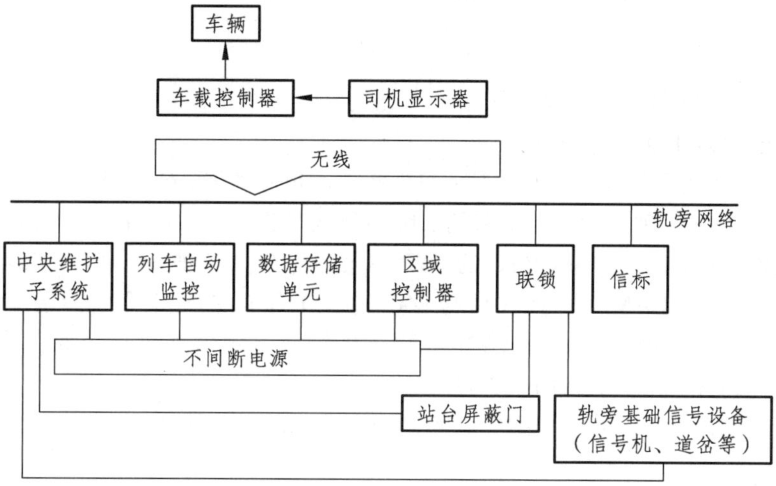

图 4.1.1　轨旁设备结构图

对于 CBTC 系统我国正逐步实现自主知识产权。党的二十大报告指出，坚持面向世界科技前沿、面向经济主战场、面向国家重大需求、面向人民生命健康，加快实现高水平科技自立自强。以国家战略需求为导向，集聚力量进行原创性引领性科技攻关，坚决打赢关键核心技术攻坚战。加快实施一批具有战略性全局性前瞻性的国家重大科技项目，增强自主创新能力。加强基础研究，突出原创，鼓励自由探索。提升科技投入效能，深化财政科技经费分配使用机制改革，激发创新活力。加强企业主导的产学研深度融合，强化目标导向，提高科技成果转化和产业化水平。强化企业科技创新主体地位，发挥科技型骨干企业引领支撑作用，营造有利于科技型中小微企业成长的良好环境，推动创新链产业链资金链人才链深度融合。

列车自动防护（ATP）负责列车的安全运行，在地铁系统中由它完成保障安全的各种任务。ATP 连续检测列车的位置和速度，监督列车必须遵循的速度限制，车门的控制，监督和启动屏蔽门，追踪所有装备信号设备的列车，考虑联锁条件（像转辙机和防淹门的监督），并为列车提供移动授权。

车载设备通过车载定位设备和轨旁信标应答器准确定位列车，并将列车的速度位置信息。通过无线 AP 传到 ZC 区域控制器，ZC 区域控制器结合数据存储单元、联锁、ATS 系统的列车控制相关的数据，通过计算生成行车许可，再通过轨旁 AP 发送至列车，实现对列车速度的实时控制。

轨旁设备常见英文缩写释义如下：MLK—联锁；ZC—区域控制器；FRONTAM—数据存储单元；ATS—列车自动监控；CMS—中央维护子系统；UPS—不间断电源；PSD—站台屏蔽门；CC—车载控制器；TOD—司机显示器。

二、区域控制器（ZC）结构

微课：区域控制器

当列车在受控线路区域内按照正常时刻表运行时，CC 将列车的位置与运行方向发送给 ZC，而 ZC 使用列车当前位置、行驶方向、进路以及周围线路的当前状态来决定每列车的 MA。ZC 通过 DCS 通信子系统向 CC 传达列车的 MA。CC 负责列车在自己的 MA 范围内运行。

ZC 有规律地、定期性地通过 DCS 系统向其管辖区域内运行列车的 CC 发送 MA。ZC 还会把列车 MA 内的信号和道岔等障碍物状态告诉 CC。与之相反，CC 也会把列车位置和行驶方向周期性地告诉 ZC。

（一）区域控制器设备总体构成

ZC 设备主要由以下单元组成。

“三取二”ATP 处理平台-CSD，负责执行 ZC 相关的核心功能。CSD 由三个叫作“PCSG1/2/3”的模块组成，三个 PCSG 独立运行，单系的故障不影响 ZC 的正常运行。另外该平台为每个 A/B 网提供两路以太网通信，用于轨旁 CBTC 的 ATP 应用并与 CC、其他 ZC、FRONTAM、MLK 通信。

本地维护计算机-SILAM，负责收集与 ZC 相关的维护数据并把它传送给 FRONTAM。SILAM 由两个叫作“SilamA/B”的计算机和辅助的键盘显示器和鼠标组成。该子系统收集与 ZC 相关的维护数据并把它传送给 FRONTAM。

ZC 设备构成如图 4.1.2 所示，图中各部件功能见表 4.1.1 所示。

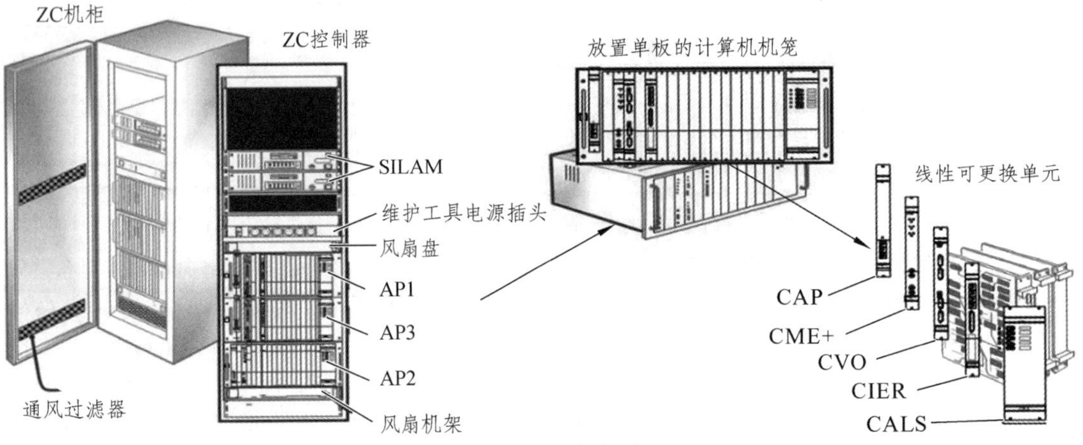

图 4.1.2　ZC 设备构成图

表 4.1.1　ZC 部件功能表

ZC 部件名称	功能描述
PZC	空的机架
CAP	应用板
BCH-CAP	应用板编码插头

续表

ZC 部件名称	功能描述
CVO	表决板
CVO Coding Plug	表决板编码插头
CME +	存储交换板
CIER	以太网接口板
CALS	电源板
SILAM	本地计算机辅助维护系统
Backup ZC Maintenance Power Supply Panel	备用 ZC 维护电源板
Fan Filters	风扇过滤器
BZC	ZC 组匣
ZC Cords	ZC 电缆
PVentil ZC （or PVF）	ZC 机柜风扇架
ZC	ZC 机柜
AP 1/2 Tray	安装板卡的机架 1/2
AP 3 Tray	安装板卡的机架 3

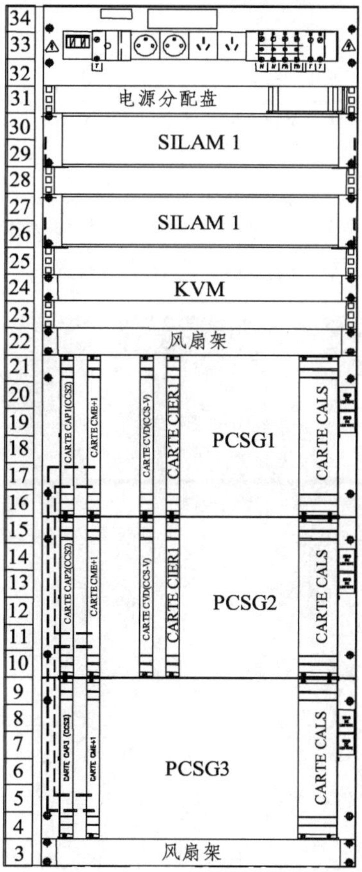

图 4.1.3　区域控制器 ZC 机柜布置图

ZC 机柜中有三个 PZC 机架，分别为 AP1（PCSG1）、AP2（PCSG2）和 AP3（PCSG3）。通过图 4.1.4、图 4.1.5、图 4.1.6 可以看出每个 PZC 机架内各种板卡的位置。每个板卡的位置用字母标识出来。

A	B	C	D	E	F	G	H	J	K	L	M	N	P	Q	R	S	T	U	V	W
CAP1		CME+1				CVO1		CIER1											CALS1	

图 4.1.4　AP1 布置图

A	B	C	D	E	F	G	H	J	K	L	M	N	P	Q	R	S	T	U	V	W
CAP2		CME+2				CVO2		CIER2											CALS2	

图 4.1.5　AP2 布置图

A	B	C	D	E	F	G	H	J	K	L	M	N	P	Q	R	S	T	U	V	W
CAP3		CME+3																	CALS3	

图 4.1.6　AP3 布置图

AP1 或 AP2 机架的实物如图 4.1.7 所示。AP3 机架和 AP1 或 AP2 机架结构完全一样，只是 CVO 板和 CIER 板所在槽位是空的，空位处装有面板。

图 4.1.7　AP1 机架实物图

（二）ATP 处理平台

“三取二”ATP 处理平台-CSD 是一个应用程序处理器单元，包括以下部件。

（1）三个应用处理器板（CAP）。

（2）两个表决处理器板（CVO）。

（3）三个交换存储器板（CME-CSD）。

（4）两个以太网连接处理器（CIER）。

ZC 运算所需信息由通信板（CME-CSD）输入，并通过交换存储板送至三个应用处理板（CAP）分别进行运算，运算结果同样通过交换存储板（CME-CSD）分别送到两个表决处理板（CVO）中进行判断处理，将结果通过通信板（CME-CSD）送到 DCS 网络中，实现与外部系统的通信。CSD 及输入/输出安装在 AP1、AP2 和 AP3 三个机笼中。

AP1 和 AP2 机笼，每个均包括下列电路板：1 块 CME-CSD 通信板；1 块 CAP 板；1 块 CVO 板；1 块 CIER 板；1 块 CALS 电源板。

AP3 机笼包括下列电路板：1 块 CME-CSD 板；1 块 CAP 板；1 块 CALS 电源板。

PCSG 机笼实际设备和布置如图 4.1.4、图 4.1.5、图 4.1.6、图 4.1.7 所示。

（三）PCSG 的各板卡

1. CAP 板卡

每套 ZC 有 3 块 CAP 板卡，图 4.1.8 所示为其正常的工作状态。CAP 板卡存储应用程序，执行与 ZC 相关的安全功能的计算。

图 4.1.8　CAP 板及其正常工作状态

2. CME + 板卡

每套 ZC 有 3 块 CME + 板卡，图 4.1.9 所示为其正常的工作状态。三个 CME + 板卡用于在 CAP、CIER 和 CVO 板之间传输数据。

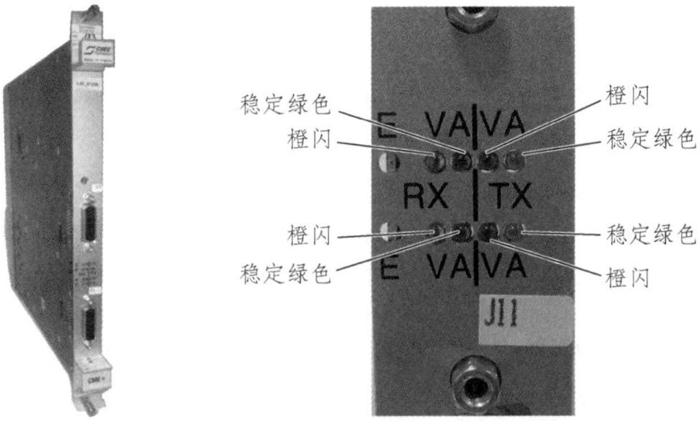

图 4.1.9　CME + 板及其正常工作状态

3. CVO 板卡

每套 ZC 中仪机架 AP1 和 AP2 有 CVO 板卡，图 4.1.10 所示为其正常的工作状态。两个 CVO 板卡为安全表决板，用于比较 3 块 CAP 板的输出。如果 3 个输出中至少有两个是相同的，该输出被传送到 CIER 板。

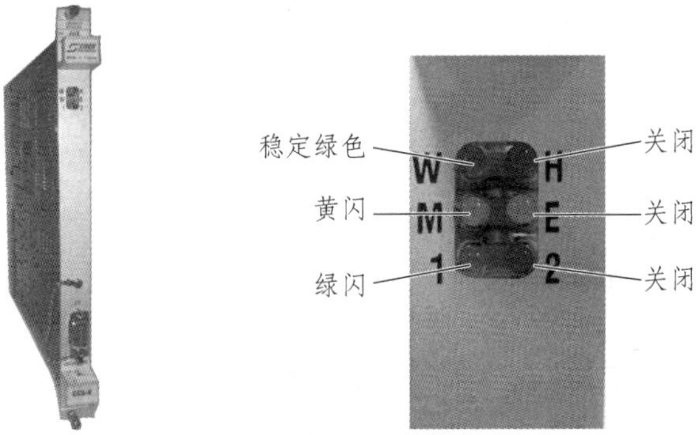

图 4.1.10　CVO 板及其正常工作状态

4. CIER 板卡

每套 ZC 中仪机架 AP1 和 AP2 有 CIER 板卡，图 4.1.11 所示为其正常的工作状态。CIER 板卡通过以太网连接与外部设备之间交换数据。

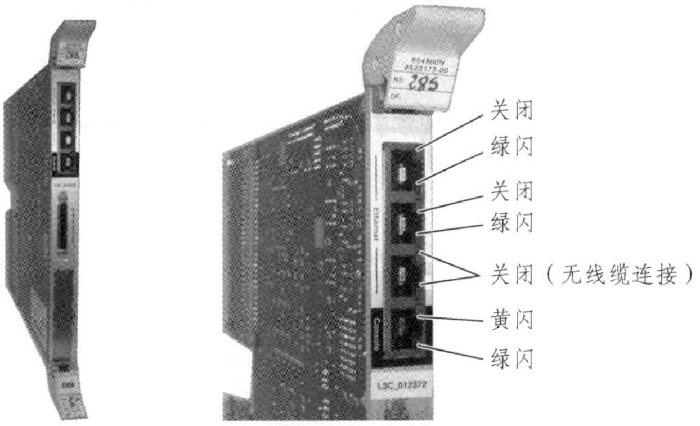

图 4.1.11　CIER 板及其正常工作状态

5. CALS 板卡

每个 AP 机架都有一块 CALS 板卡，图 4.1.12 所示为其正常的工作状态。CALS 板卡用于为每个机架提供电源（输入电压为 24 V）。

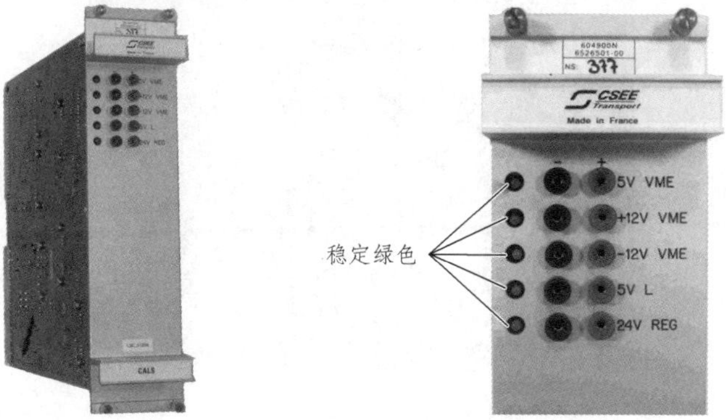

图 4.1.12　CALS 板及其正常工作状态

（四）ZC 的其他部件

1. PVF 单元

PVF 为风扇机架，用于 ZC 机柜的散热，如图 4.1.13 所示。

图 4.1.13　PVF 风扇

2. SILAM 单元

SILAM 单元为本地计算机维护辅助系统，负责收集与 ZC 相关的维护数据并把它传送给 FRONTAM。SILAM 由 2 个叫作“SilamA/B”的计算机和辅助的键盘显示器和鼠标组成，如图 4.1.14 所示。

图 4.1.14　SILAM 单元

3. CAP/CVO 编码插头

CAP/CVO 编码插头用于存储每块 CAP/CVO 板卡所需参数，如图 4.1.15 所示。

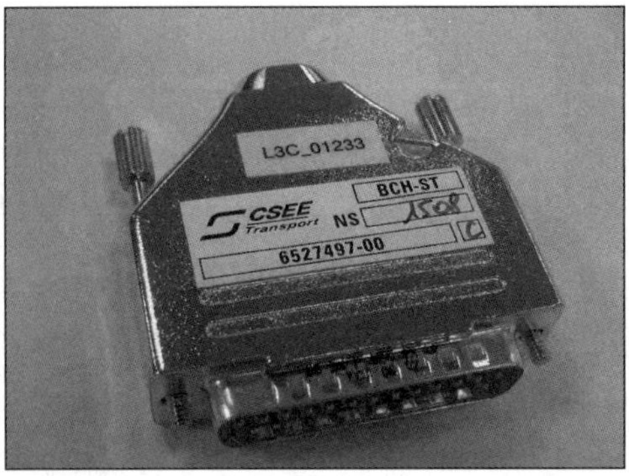

图 4.1.15　CAP/CVO 编码插头

三、ZC 与外部系统的接口

ZC 与 ATS、MKL、FRONTAM、相邻 ZC 以及 CC 的接口是通过数据通信子系统（DCS）实现的。

ZC 机柜与 DCS 系统通过 100 M 的以太网连接，ZC 与以太网连接如图 4.1.16 所示。

机柜的连接是从 PCSG 机笼的前面板（2 个 CIER 板）和 SILAM（2 台）的背部面板上的以太网口连接。

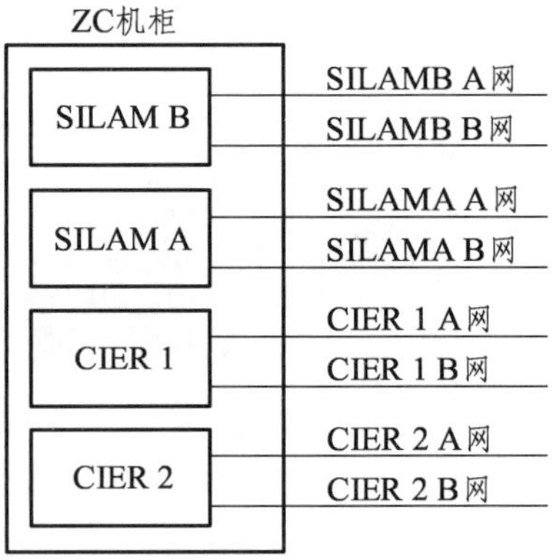

图 4.1.16　ZC 与以太网连接图

（一）ZC 与 ATS 接口

CBTC 轨旁和车载设备不直接与 ATS 系统通信。ATS 通过 FRONTAM 来发送和接收数据。因此，ATS 到 ZC 以及 ZC 到 ATS 子系统之间的信息都是通过 FRONTAM 来转发的。

FRONTAM 负责采集、处理和传输 ATS 系统需要的所有的 CBTC 轨旁和车载的信息。

对于与安全相关的信息，接口支持安全命令协议，该协议由两个子系统之间交换的一系列信息组成。其允许设置和取消临时限速（TSR），以及报警的确认（例如列车完整性丢失，PSD 报警）。

ATS 子系统发送给 CBTC 的命令应包括如下数据信息。

（1）对于临时限速（设置和取消），应包括相应的轨道、限速区域的界限（起始和结束）以及操作员输入的限速值。

（2）对于列车完整性丢失报警的确认，应包括列车的 ID 号。

（3）对于 PSD 报警的确认，应包括 PSD 的 ID 号。

（4）所有的信息都应包括 CRC 校检和时间戳。

ATS 与 CBTC 子系统之间的通信顺序如图 4.1.17 所示，主要用于所有与安全相关的命令。

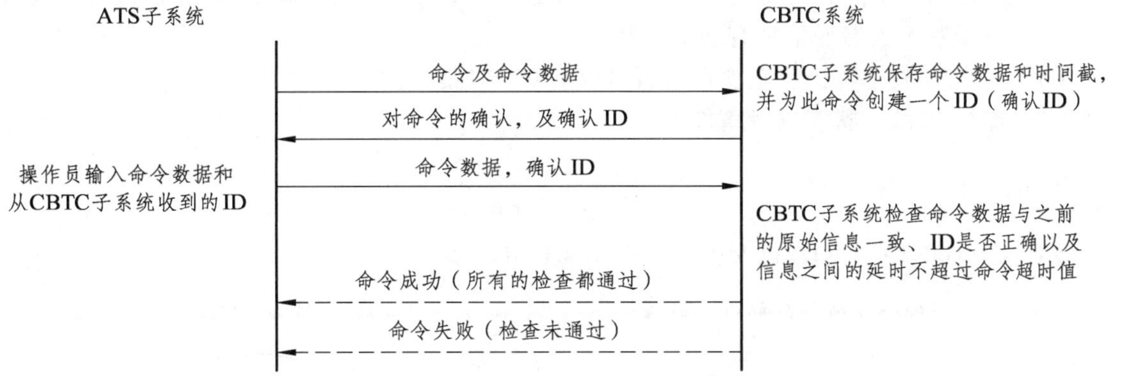

图 4.1.17　ATS 与 CBTC 子系统之间的通信顺序

（二）ZC 与 MLK 接口

ZC 负责 CBTC 与联锁设备之间的接口。

接口使用以太网连接并使用如下协议。

（1）UDP/IP 标准协议。

（2）BIM_P 专有协议，用于连接的冗余性。

（3）WCN_P 专有协议，用于保护 CBTC 消息。

（4）SAFE_P 专有协议，用于针对损坏的安全数据和超时的安全数据的保护。

联锁/ZC 之间连接的冗余性由 DCS 系统保证。每个联锁设备和 ZC 设备都通过两个独立的网络连接与 DCS 系统连接。

设备间的延时管理：当某个设备从另一个设备收到状态信息时，它将记录此信息并“建立”该信息的时间戳，直到它从另外的设备收到了更新的状态信息，原状态信息值将被最新的状态信息所替换。

原状态信息若在某个时间段内没有更新（该时间段值是可以配置的），则此状态信息值将被某个限制值所替换。

下列 CBTC 功能的实现需要 ZC 与 MLK 的接口进行数据交换。

（1）列车定位（强制功能）。

（2）列车保护（强制功能）。

（3）停车保证（强制功能）。

（4）信号机灭灯（辅助功能）。

（5）自动折返（辅助功能）。

（6）紧急停车（辅助功能）。

（7）故障区段越行（辅助功能）。

（8）站台屏蔽门控制（辅助功能）。

（9）扣车&提前发车（辅助功能）。

（10）联锁方向锁闭保护（辅助功能）。

（11）CBTC 保护区段（辅助功能）。

对于上述每个功能，将定义一组基本状态变量，作为 ZC 和联锁设备之间的状态信息的一部分。每个基本状态变量都有如下属性。

（1）安全/非安全（该状态变量是否可以被安全功能使用）。

（2）连续/离散（状态或者事件）。

（三）ZC 与 FRONTAM 接口

ZC 与 FRONTAM 的数据交换信息如图 4.1.18 所示。

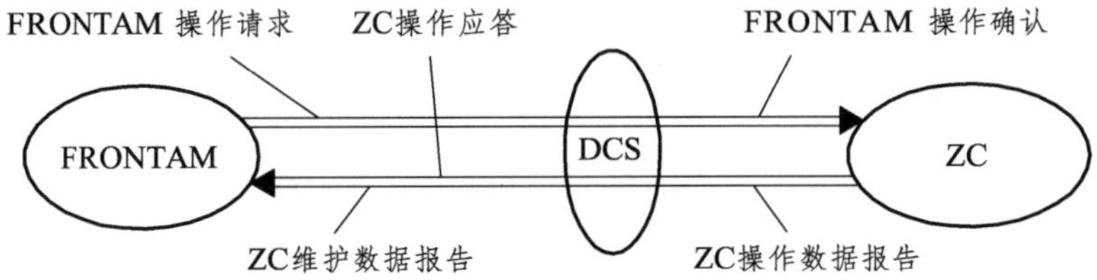

图 4.1.18 ZC 与 FRONTAM 数据流

Frontam 和 ZC 之间作周期性的交换下列两个功能性信息。

（1）从 ZC 到 Frontam 的“操作性数据报告”信息。

（2）从 ZC 到 Frontam 的“维护性数据报告”信息。

Frontam 和 ZC 之间交换下列事件信息。

（1）从 Frontam 到 ZC 的“操作性请求”信息。

（2）从 ZC 到 Frontam 的“操作应答”信息。

（3）从 Frontam 到 ZC 的“操作确认”信息。

（四）ZC 与相邻 ZC 接口

ZC 与相邻 ZC 的数据交换信息如图 4.1.19 所示。

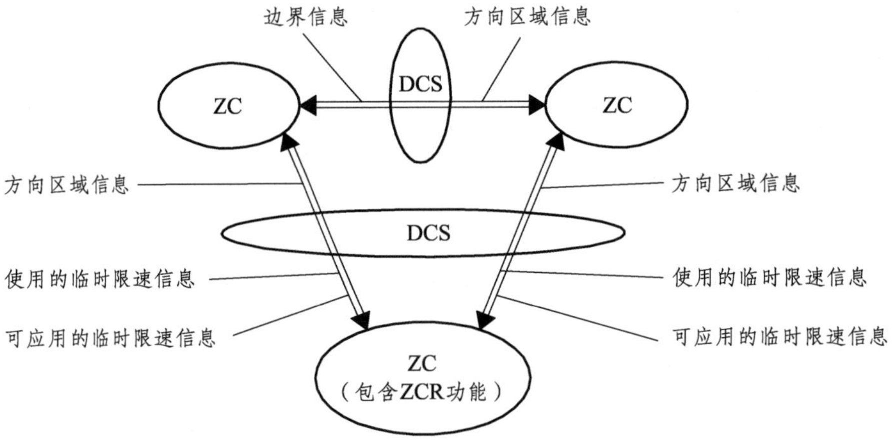

图 4.1.19　ZC 与相邻 ZC 数据交换信息

在每个 ZC 周期里，ZC 向相邻 ZC 传输所有报文，独立于从相邻 ZC 接收到的报文。每个 ZC/ZC 消息都包含发送方的时间戳和估计的接收方时间戳。

当在某个预先定义的时间段内仍没有收到相邻 ZC 的信息，则认为 ZC 之间的通信中断（结束）。

（五）ZC 与 CC 接口

ZC 与 CC 的数据交换信息如图 4.1.20 所示。

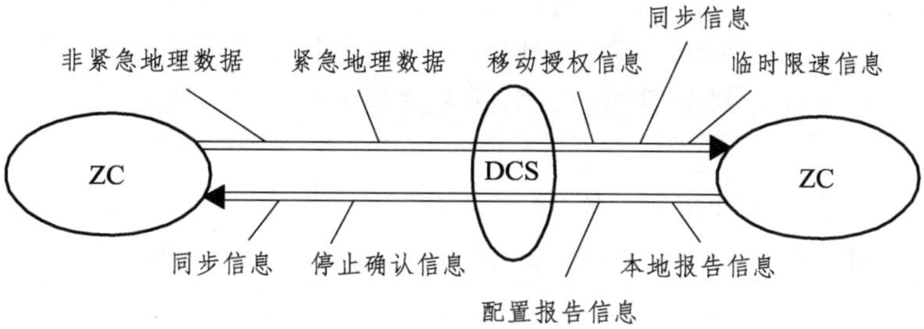

图 4.1.20　ZC 与 CC 数据交换信息

四、ZC 功能

区域控制器的 ATP 功能包括：区域控制器激活、列车追踪、特殊区域管理、特殊区域保护、设置和移除临时限速、冲突防护、移动授权、请求解锁保护区段、保证在区域控制器重叠区域中列车安全间隔的连续性、请求信号机灭灯（如某地铁为 ZC 让联锁点蓝灯）等，如图 4.1.21 所示。

微课：ZC 功能

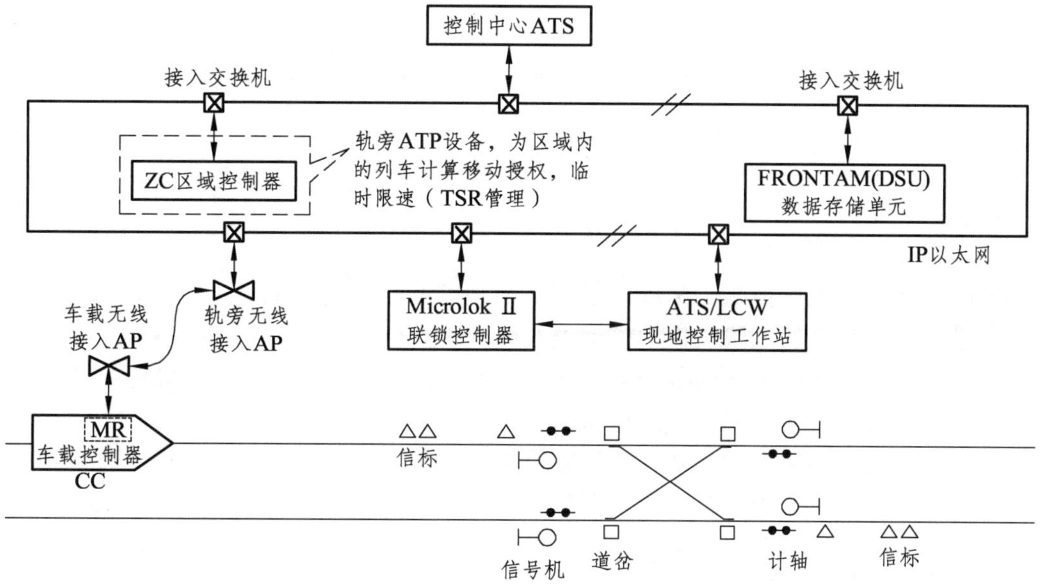

图 4.1.21　ZC 功能

（一）列车追踪

ZC 确定每列车的位置，同时比较每列车的位置和固定障碍物。列车追踪的主要是为安全列车间隔提供数据。该数据可以被看作是所有列车（CBTC 车、非 CBTC 车和非通信车）的一个网络的地图。

ZC 根据以下信息来建立轨道占用地图。

（1）对于非 CBTC 列车，根据计轴区段占用情况。

（2）对于 CBTC 列车，根据 CC 提供的列车位置报告。

（3）道岔位置。

每个 CC 都提供包含列车识别信息的位置报告，包括车头和车尾的位置、安全计算的位置不确定性以及运行方向。列车识别信息实际上就是 CC 编号，通过为每列车硬编码，防止两个 CC 的编号相同。

只要需要考虑位置的不确定性，ZC 就根据 CC 报告的非安全位置报告和位置不确定性来计算列车的安全位置，如图 4.1.22 所示。这保证了列车长度的最大化（即轨道占用计算的“最坏情况”）。

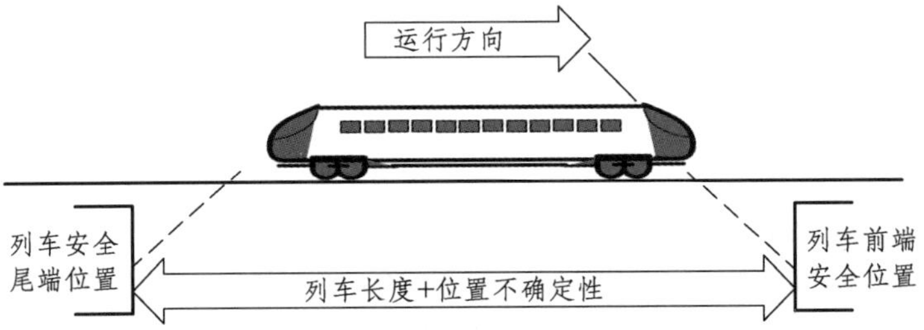

图 4.1.22　向 ZC 发送列车位置

ZC 根据系统的可用程度，自动选择是采用列车位置报告或者采用计轴区段占用来追踪列车。

当从计轴区段占用追踪列车，到列车位置报告追踪列车的转换过程中，列车需要经过筛选过程。

（二）特殊区域管理

1. 特殊区域保护

CBTC 系统应可以保护某个区域。如果某个区域被保护，CBTC 禁止列车进入或者通过该区域。这些预先定义的区域叫作“移动授权区域”（MAZ）。

当一个与预定义区域关联的报警被激活时，就对此区域进行保护。该报警可以被列车调度员或工作人员或某自动装置或一列车激活。

当与此区域关联的报警消除并且从调度员那里收到解锁命令时，释放对此区域的保护。在调度员的请求下，某些保护可以暂时释放。

下列事件可能引起对某个区域的保护。

（1）列车完整性丢失。

（2）车门打开。

（3）非计划停车。

（4）非正常屏蔽门开启。

（5）站台紧急制动按钮按下。

2. 设置和移除临时限速

临时限速功能用于保证 CBTC 系统实施由 ATS 操作员输入的临时限速（TSR）。

临时限速的信息应包括。

（1）相关轨道。

（2）临时限速的公里标限制：区域的始端公里标，区域的末端公里标。

（3）施加的速度限制。

如果在同一段轨道上有几个重叠的临时限速（TSR），CBTC 系统应在此段轨道上施加所有临时限速中最低的限速值。此功能由车载控制器保证。

根据请求，CBTC 系统应将在线路上的所有有效的临时限速（TSR）信息发送给 ATS。

ZCR 是一个专用的 ZC 设备，它从 ATS 接收（通过 Frontam）临时限速（TSR）信息，并且向其他 ZC 广播 TSR 信息。

（1）ZCR 定期向线路上其他 ZC 广播可用的 TSR。

（2）ZC 定期向 ZCR 广播在线路上施加的 TSR。

（3）ZCR 检查由操作员请求的 TSR 的执行情况。

（4）ZC 定期向 CC 广播将要施加的 TSR。

（5）CC 通知司机并且监控速度限制的执行情况。

（三）冲突防护

1. 移动授权

列车安全间隔基于前方列车瞬时停车原则。对于 CBTC 列车，列车位置的确定取决于基于 CBTC 系统的定位精度。对于非 CBTC 列车，列车的位置由轨旁设备确定（轨道电路或者计轴）。

CBTC 系统保证列车在 CBTC 区域内安全运行。

为此，CBTC 系统应得知列车的安全位置（CBTC 车和非 CBTC 车），以及通过联锁系统和 CBTC 设备得知轨旁信号设备的状态。

CBTC 系统为每列 CBTC 车计算移动授权（MAL）。

移动授权为下列当中最受限制的：

CBTC 列车占用的轨道电路或者计轴闭塞。

2. 请求解锁保护区段

当保护的点（如：道岔）在距离停车点的较短距离之内时，为了不降低列车行驶速度，保护区段用于允许 CBTC 列车接近停车点。

联锁使用保护区段锁闭机制，它允许列车越过停车点一段距离。当一列 CBTC 列车接近停车点时，ZC 发送保护区段请求到 IXL，在 CC 通知 ZC 列车停稳后，ZC 释放该保护区段。

3. 保证在区域控制器重叠区域中列车安全间隔的连续性

相邻的两个 ZC 之间有一个重叠区域，用于列车在两个 ZC 管辖区域之间的切换，在该区域内两个 ZC 同时追踪列车并计算 MAL，CC 使用最大的 MAL 作为移动授权，如图 4.1.23 所示。

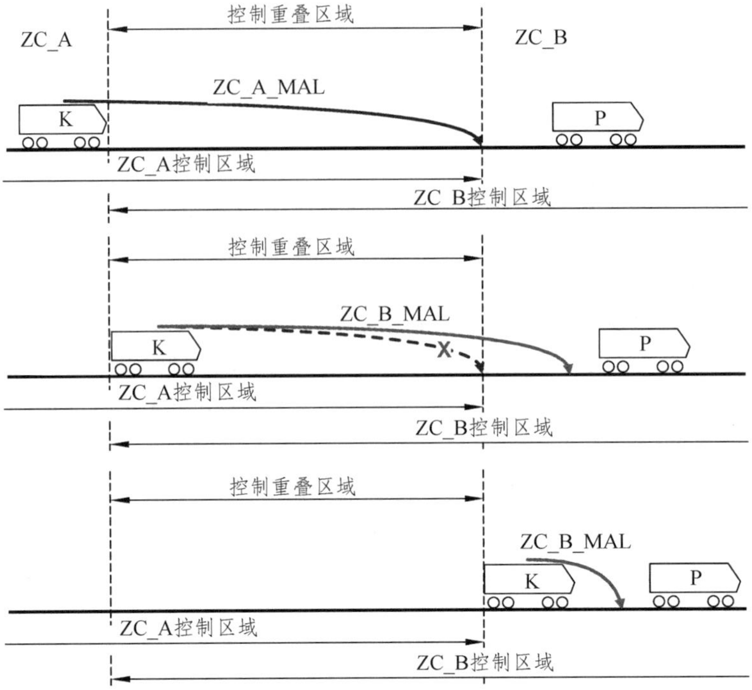

图 4.1.23　ZC 重叠区域原理图

CC 仅仅与它当前所占用区域的 ZC 通信。一旦列车穿越重叠区域边界，CC 开始与新的 ZC（接权 ZC）。在建立与接权 ZC 之间的通信后，CC 将切断与当前 ZC 之间的通信。接权 ZC 将负责与列车通信变成当前 ZC。

如果与接权 ZC 建立通信失败，CC 将继续与当前 ZC 通信直到它完全出清当前 ZC 的辖区，如果与新 ZC 之间的通信建立失败，在边界点（通过轨道电路占用或计轴区段检测）上列车将被处理为非装备列车。

列车经过 ZC 重叠区域时典型的处理过程如下。

（1）两个相邻的 ZC 共同管理“区域重叠”。

（2）在重叠区域里，两 ZC 都接收来自于列车的报文（包括定位信息），并确保列车追踪。

（3）两 ZC 都为在重叠区域内的列车计算 ZC_MAL，在重叠区域内的 CC 接收两个 ZC_MAL。CC 选择最宽松的一个 ZC_MAL。如果在重叠区域内 CC 仅从一个 ZC 接收到 ZC_MAL，认为该 ZC_MAL 就是最宽松的授权。

4. 请求信号机灭灯

信号机的显示由 Microlok 系统控制。信号机灭灯功能是控制 CBTC 列车前方的信号机灭灯，使得 CBTC 列车的车载信号（通过 TOD 显示）与轨旁信号显示一致。相比单独通过 Microlok 系统来控制信号机显示的模式，可有效缩短运营间隔。当信号机没有任何列车接近时，信号机也应处于灭灯状态。

ZC 根据从 Microlok 得到的关于某个“可灭灯信号机”（数据库中定义）的相应状态信息来计算该信号机灭灯命令。该灭灯命令需满足以下条件。

（1）有 CBTC 列车接近该信号机。

（2）该信号机防护的是 CBTC 区域。

（3）接近列车的最大车头位置还未超过该信号机。

另外，当没有任何列车接近该信号机时，ZC也会发送信号机灭灯命令。

（四）ZC激活

ZC激活各状态如图4.1.24所示。

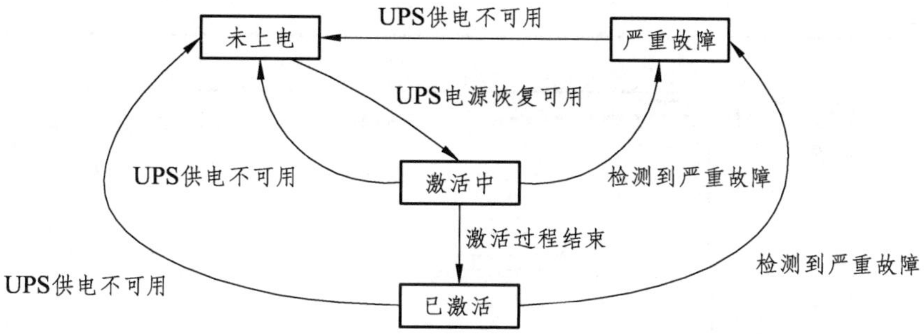

图4.1.24　ZC激活

1. 激活中

（1）ZC进行初始化流程（该初始化流程基于ZC的硬件和软件结构）。

（2）如果在ZC初始化流程中检测到“严重故障（Fatal Error）”，ZC即进入“严重故障”状态，否则进入“已激活（Activated）”状态。

（3）如果ZC的UPS供电不可用，ZC即进入“未上电（Not Powered）”状态。

（4）ZC所有的与安全相关的输出（包括到Microlok、CC、其他ZC和ZCR的输出）都被设为安全值。

2. 已激活

（1）所有的ZC功能被激活（ZC不检测UPS电源的状态）。

（2）如果检测到“严重故障”，ZC即进入“严重故障”状态。

（3）如果ZC的UPS供电不可用，ZC即进入“未上电”状态。

3. 严重故障

（1）ZC的功能不可用。所有的与安全相关的输出（包括到Microlok、CC、其他ZC和ZCR的输出）都被设为安全值。

（2）如果可用，ZC应将其状态信息发送给FRONTAM。

（3）如果ZC的UPS供电不可用，ZC即进入“未上电”状态。

4. 未上电

（1）UPS断电前，ZC记录的相关数据应被存储。

（2）如果UPS电源恢复可用，ZC即进入“激活中（In Activation）”状态。

五、ZC维护

ZC的维护分为“预防性维护”和“故障维护”，ZC维护的逻辑树如图4.1.25所示。

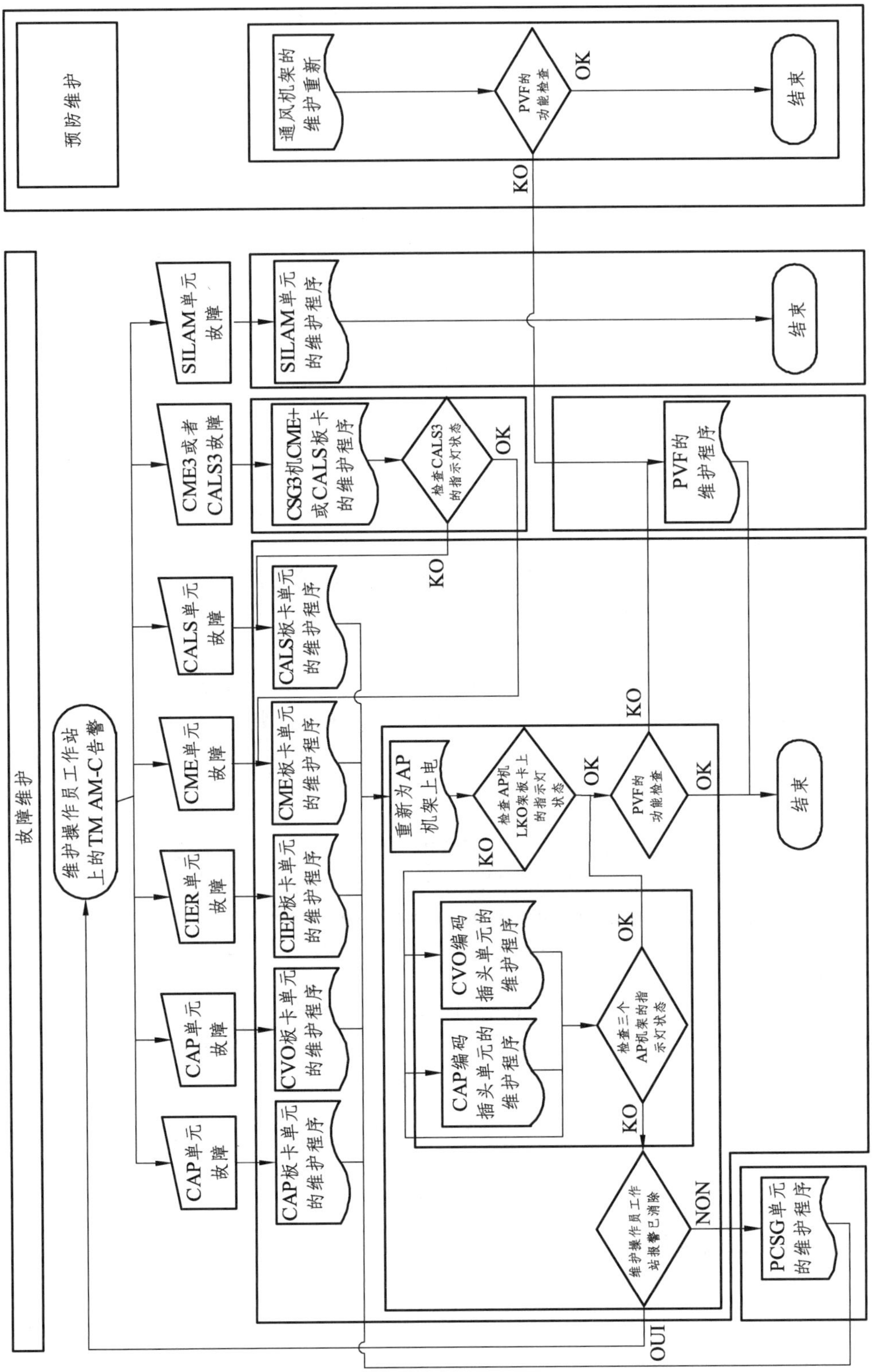

图 4.1.25　ZC 维护逻辑树

预防性维护只针对通风机架的维护，故障维护为 ZC 设备出现故障后的恢复性操作。故障的判断主要通过 FRONTAM 工作站上的报警信息，以及 ZC 机柜板卡的 LED 灯的显示。

ZC 故障维护时，可以针对单个 PCSG 机笼单独断电，断电后，ZC 自动进入“三取二”状态运行，维护完成上电后，如果故障排除，ZC 自动重新进入“三取二”的工作状态。因此，绝大多数情况下，可更换单元的故障只会影响系统的可用性，而不会影响系统的功能。

（一）预防性维护

预防性维护主要是对通风机架及风扇的维护。

1. 预防性维护的维护频率

一年一次（如果室内灰尘大，一年 2 次）。

2. 预防性维护现场所需设备

（1）两个用来替换的风扇过滤器。

（2）两个用来替换的 SILAM 风扇过滤器。

（3）一组十字星形改锥。

（4）ZC 机柜钥匙。

3. 预防性维护步骤

（1）开启 ZC 机柜前面板。

（2）卸掉两个需要更换的风扇过滤器，如图 4.1.26 所示。

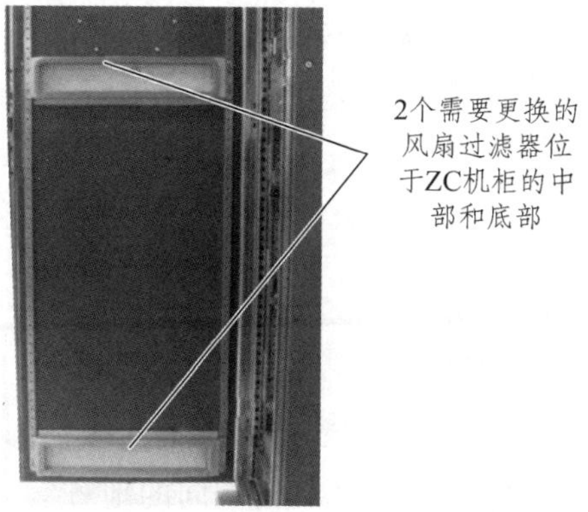

图 4.1.26　需要更换的风扇过滤器

（3）对于每个 SILAM 有如下维护步骤。

① 卸掉两个风扇过滤器护板的螺丝。

② 卸掉风扇过滤器。

③ 插入备用的风扇过滤器。

④ 拧紧两个风扇过滤器护板螺丝，如图 4.1.27 所示。

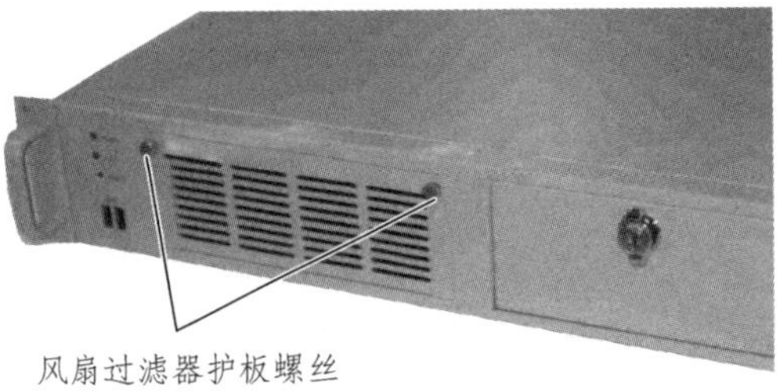

图 4.1.27　SILAM 风扇过滤器护板

（4）卸下两组 PVF 上的 4 枚固定螺丝。

（5）轻轻地将 PVF 从机架里拉出来，以便观察风扇的旋转，如图 4.1.28 所示。

图 4.1.28　PVF 实物图

（6）检查两个 PVF 的外表面，如果八个风扇中有任何一个风扇不工作（不转动），开始进行故障维护。

（7）在原先的两组 PVF 的位置更换新的 PVF。

（8）紧固每个 PVF 上剩余的四个螺丝。

（9）检查没有工具遗留在机柜内。

（10）关闭机柜前面板。

（二）故障维护

1. 当 ZC 出现下述情况时需要进行故障维护

（1）在维护工作站上产生了某个 LRU 单元的状态告警。

（2）当在现场进行维护步骤时，有与判决树不同的地方。

根据 ZC 维护逻辑树，故障维护操作是由一个或多个修复某个 LRU 故障的步骤组成的。

对于故障，无论它是如何被发现（通过维修操作工作站或其他程序），必须尽快对其进行故障维护。

2. 维修工作站的报警说明

（1）当一个板卡出现故障时，维护操作工作站可能显示一个短暂（1 ~ 2 min）的板卡状态。因此在进行维护操作前，需要等待几分钟来等待故障报告到维护工作站。

（2）在维护警报已经出现在维修操作工作站之后，在现场维修工作时其他有关的 LRU 报警也有可能出现。例如，换一个故障的电路板必须切断对应的机架电源，导致暂时性的其他报警出现在维护工作站上。正确操作维修工作站的方法是：

① 等待最后的现场操作完毕。

② 观察维修操作工作站的所有 ZC LRU 的状态指示变绿。

③ 确认因故障和现场操作导致的报警。

（三）PCSG 典型板卡维护

下面我们以 PCSG 中的 CAP 板卡为例来介绍典型板卡的维护。

1. 当 CAP 板卡出现故障时可能造成的影响

（1）单块板的故障（技术故障）。

失去一块 CAP 板卡的功能，导致失去 PZC 之间的信息传输。由于设备的“三取二”结构，失去一个 PZC 机架对设备运行没有影响。

（2）双故障的影响（功能性故障）。

失去两块 CAP 板卡的功能，导致失去整个设备的功能。ZC 功能丢失。

2. CAP 板卡维护现声所需要的设备

（1）一个已经预先下载数据了的 CAP 板。

（2）一组平口和十字改锥。

（3）ZC 机柜钥匙。

3. CAP 板卡故障维护步骤

（1）找到报警对应的 ZC 设备（PAS_1，PAS_2，PAS_3）。

（2）开启机柜前面板。

（3）找到报警对应的 CAP 板卡（PZC_1　CAP1，PZC_2　CAP2，PZC_3　CAP3）。

（4）打开机柜后面板。

（5）关闭对应机架电源（背部红色按钮），如图 4.1.29 所示。

图 4.1.29　机架电源

（6）断开 CIER 的两根网线，如图 4.1.30 所示。

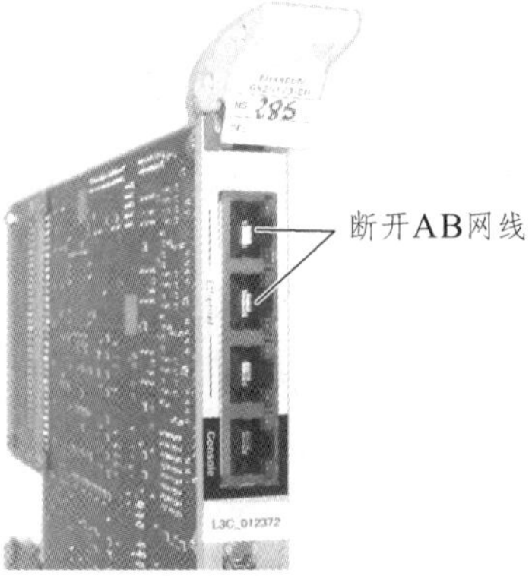

图 4.1.30　CIER 板卡网线

（7）松掉 2 个 CAP 板的紧固螺丝。

（8）拉出故障的 CAP 板。

（9）插入备品 CAP 板（PZC 的 A 槽），通过压前面板。CAP 板的软件应该提前下载好每个 CAP 板是与 ZC 和 PZC 唯一对应的。

（10）上紧 2 个紧固螺丝。

（11）按照表 4.1.2 连接 CIER 板的网线（参见线缆头上的标签）。

表 4.1.2　CIER 板网线连接表

ZC	CIER	Port 1	Port 2
PAS 1	CIER 1	PAS1_PAPS1_A	PAS1_PAPS1_B
	CIER 2	PAS1_PAPS2_B	PAS1_PAPS2_A
PAS 2	CIER 1	PAS2_PAPS1_A	PAS2_PAPS1_B
	CIER 2	PAS2_PAPS2_B	PAS2_PAPS2_A

（12）给机架上电（背部的绿色按钮），如图 4.1.29 所示。

（13）恢复 AP 机架电源。

（14）操作结束。

任务二　数据存储单元

一、数据存储单元结构

FRONTAM（FRONT and Maintenance）是数据存储单元的简称，是CBTC系统中的轨旁设备。FRONTAM机柜内有两台应用服务器（互为冗余），一台存档服务器，一个KVM供三台服务器共同，两个通风机架。另外，为了操作和维护的方便，还设置了一台FRONTAM的操作员工作站，如图4.2.1、图4.2.2、图4.2.3所示。

微课：FORNTAM系统配置

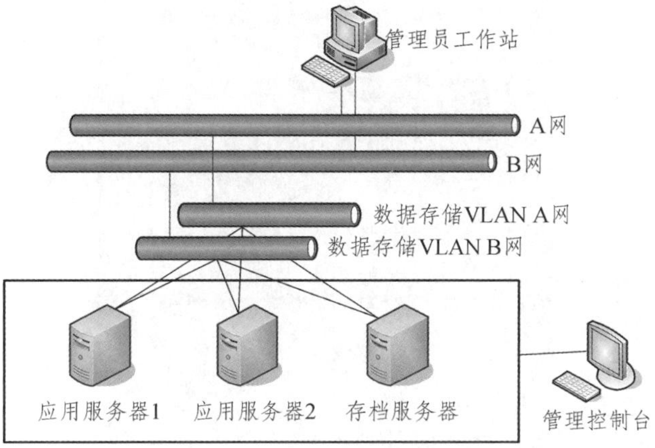

图4.2.1　FRONTAM结构图

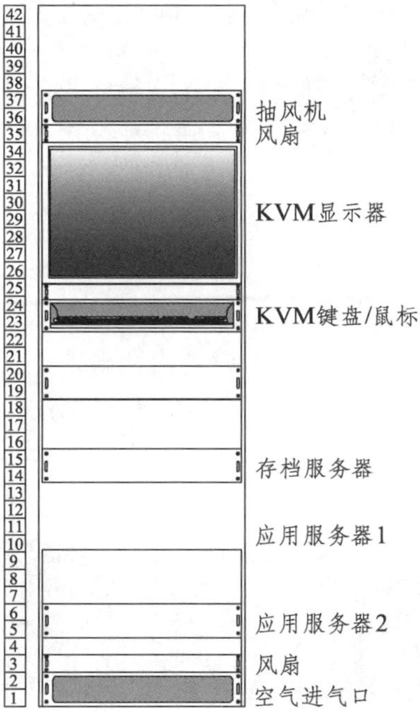

图4.2.2　FRONTAM柜内设备布置示意图

图 4.2.3　FRONTAM 机柜实物图

（一）应用服务器

如图 4.2.4、图 4.2.5 所示，FRONTAM 设备由两台应用服务器组成，两台应用服务器互为冗余，在其中一台服务器故障时自动进行主备切换。其功能主要是存储和管理轨道数据库，为 ATS 和 ZC 之间的通信提供接口。

图 4.2.4　应用服务器前面板

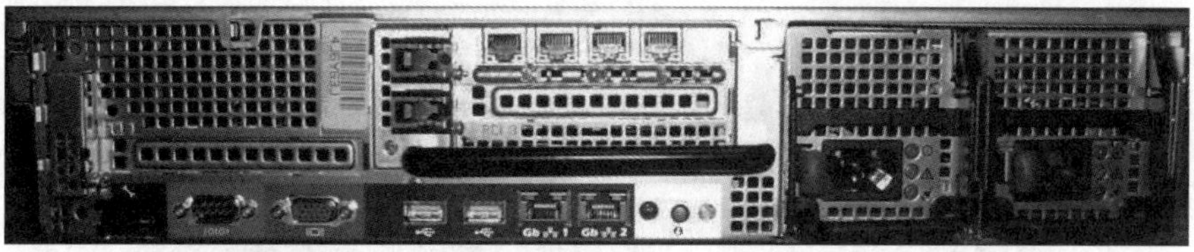

图 4.2.5　应用服务器背板

（二）存档服务器

存档服务器为单服务器配置，其发生故障后不会影响 CBTC 系统的运行，且故障恢复后，在故障期间未存档的新线会自动重新存档，其主要用于与车载 CC 地图版本的自动上传与下载。其硬件设备与应用服务器一样。

（三）KVM 设备

KVM 单元用于向 2 台应用服务器和 1 台存档服务器提供键盘/显示/鼠标接口，如图 4.2.6-4.2.9 所示。

图 4.2.6　KVM 前视图（折叠状态）

图 4.2.7　KVM 前视图（打开状态）

图 4.2.8　KVM 背板

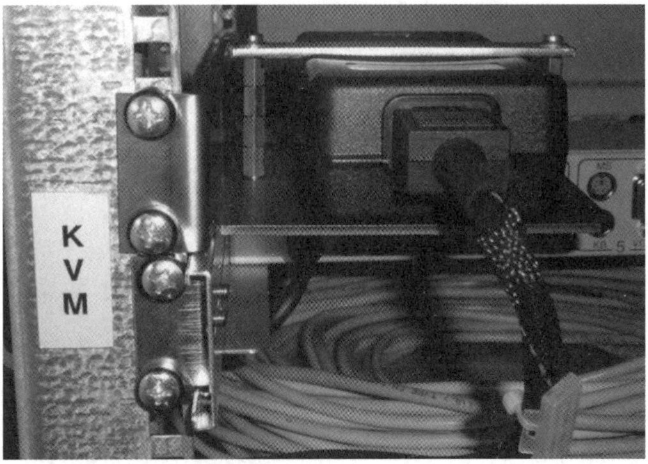

图 4.2.9　KVM12 V 直流电源模块

（四）管理员工作站

维护人员可以通过管理员工作站的人机接口，实现对 CBTC 系统中各设备的监控，查询运行状态信息，如图 4.2.10 所示。

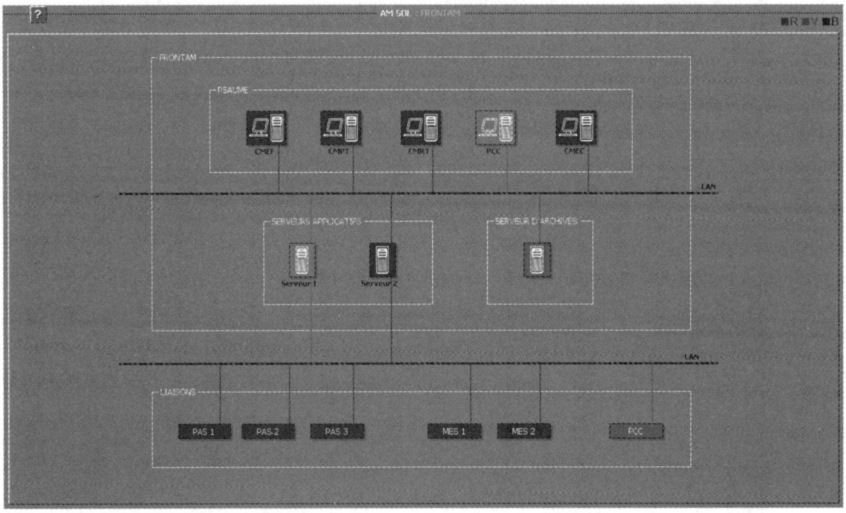

图 4.2.10　FRONTAM 管理员工作站界面

管理员工作站由工作站主机、显示器、打印机组成，如图 4.2.11 所示。

图 4.2.11　管理员工作站设备

二、数据存储单元与其他设备的接口

如图 4.2.12 所示，FRONTAM 与 ATS、ZC 和 CC 的通信是通过以太网实现的。FRONTAM 通过 DCS 的两个不同的子网分别与不同的设备进行通信。FRONTAM 通过 ATS Vlan 与 ATS 进行通信，FRONTAM 的两台应用服务器、存档服务器和操作员工作站均连在 ATS VLan 上；FRONTAM 通过 CBTC Vlan 与 ZC 和 CC 通信。

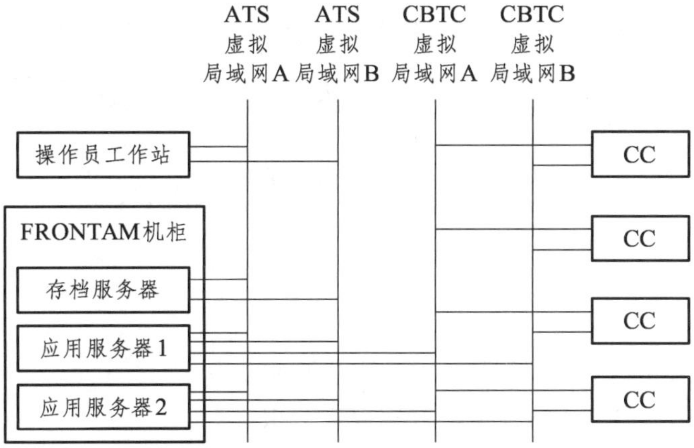

图 4.2.12　与 FRONTAM 相连的接口设备

（一）FRONTAM 与 ATS 的接口

如图 4.2.13 所示，ATS 通过 FRONTAM 与 CBTC 系统来发送和接收数据。因此，ATS 到 ZC 以及 ZC 到 ATS 子系统之间的信息都是通过 FRONTAM 来转发的。FRONTAM 负责采集、处理和传输 ATS 系统需要的所有的 CBTC 轨旁和车载的信息。对于与安全相关的信息，FRONTAM 与 ATS 的接口支持安全命令协议，该协议由两个子系统之间交换的一系列信息组成。其允许设置和取消临时限速（TSR），以及报警的确认（例如列车完整性丢失，PSD 报警）。

ATS 子系统发送给 CBTC 的所有信息均包括 CRC 校验码和时间戳，具体包括如下数据信息：

（1）对于临时限速（设置和取消），应包括相应的轨道、限速区域的界限（起始和结束）以及操作员输入的限速值。

（2）对于列车完整性丢失报警的确认，应包括列车的 ID 号。

（3）对于 PSD 报警的确认，应包括 PSD 的 ID 号。

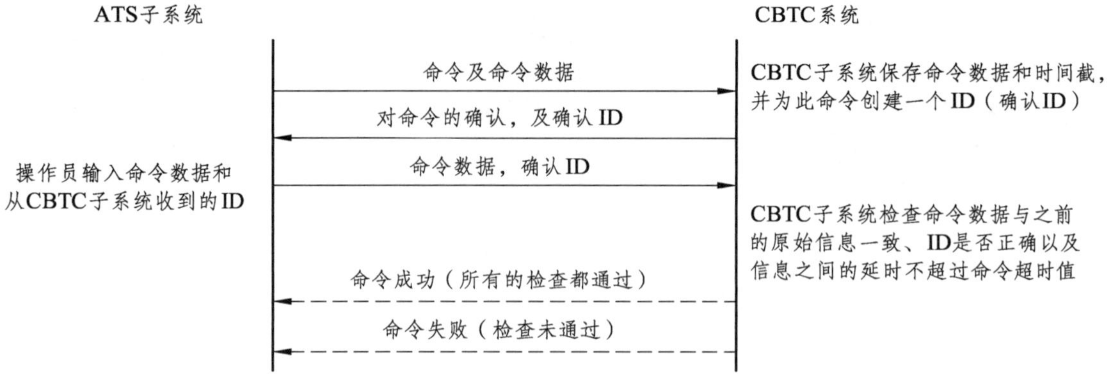

图 4.2.13　ATS 与 CBTC 系统之间的通信数据流程图

（二）FRONTAM 与 ZC 的接口

FRONTAM 与 ZC 的数据信息交换如图 4.2.14 所示。

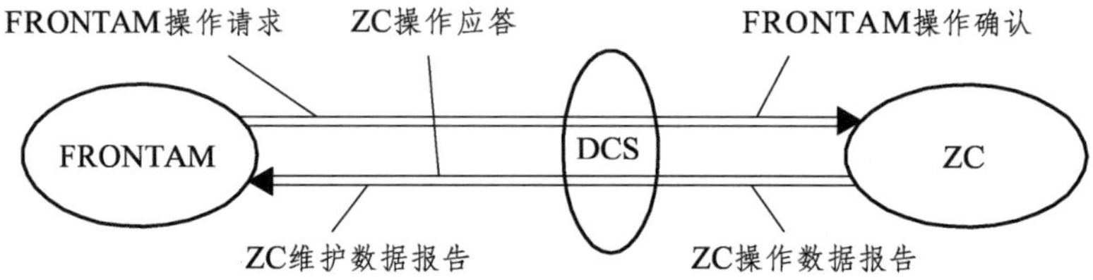

图 4.2.14　FRONTAM 与 ZC 的数据流示意图

1. FRONTAM 和 ZC 循环交换的功能报文

（1）从 ZC 到 FRONTAM 的“操作数据报告”报文。

（2）从 ZC 到 FRONTAM 的“维护数据报告”报文。

2. FRONTAM 和 ZC 交换的事件报文

（1）从 FRONTAM 到 ZC 的“操作请求”报文。

（2）从 ZC 到 FRONTAM 的“操作确认”报文。

（3）从 FRONTAM 到 ZC 的“操作确认”报文。

（三）FRONTAM 与 CC 的接口

FRONTAM 与 CC 的数据信息交换如图 4.2.15 所示。

1. FRONTAM 和 CC 之间交换的功能报文

（1）从 CC 到 FRONTAM 的“操作数据报告”报文。

（2）从 CC 到 FRONTAM 的“维护数据报告”报文。

（3）从 FRONTAM 到 CC 的“操作请求”报文。

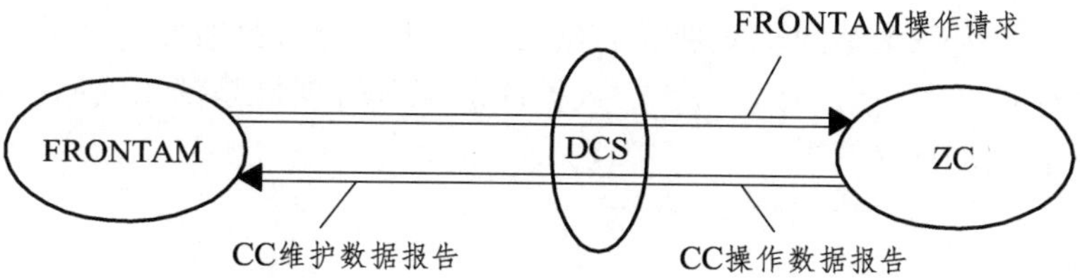

图 4.2.15　FRONTAM 与 CC 的数据流示意图

2. 通过 FRONTAM 传给 CC 的 ATS 操作请求

（1）运行方向。

（2）模式转换。

（3）车门控制。

（4）发车命令。

（5）扣车命令。

微课：FORNTAM 功能简介

三、数据存储单元功能

数据存储单元向区域控制器（ZC）和车载控制器（CC）提供轨道数据描述。此外，它也采集区域控制器（ZC）和车载控制器（CC）维护信息传递给中央维护服务器（CMS）。数据存储单元也提供允许从 ATS 到区域控制器（ZC）和车载控制器（CC）通信的接口。维护人员可以通过 FRONTAM 工作站界面上的 CC、ZC 及 ATS 等设备状态来了解系统的运行情况，从而进行有针对性的检修及维护。

FRONTAM 的主要功能包括：存储和管理轨道数据库、操作协助功能、维护协助功能、数据记录功能。

（一）FRONTAM 存储和管理轨道数据库功能

线路网络是由若干个连接在一起的轨段（Segment）组成。一个轨段是轨道的一段线性部分，具体包括：编号（ID）、起始点、轨道段方向和长度，如图 4.2.16 所示。一个轨段对应且只对应一个编号（也就是两个轨段不能有相同的编号）。每个列车的点位和每段轨道特性由轨段的编号和偏移（轨段的起点和该点位之间的距离）来决定。

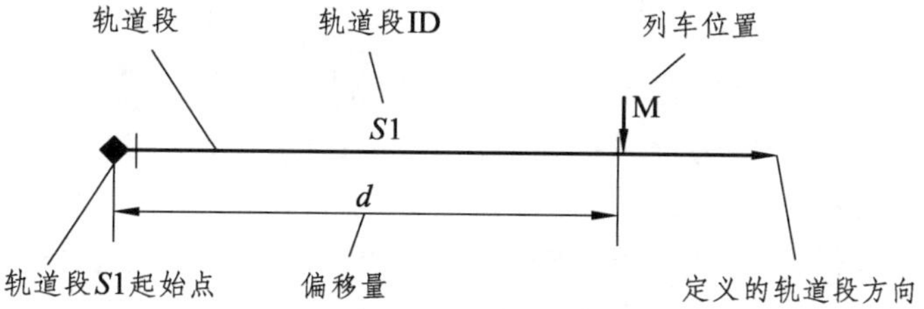

图 4.2.16　轨段概念解析图

线路区段（Line Section）的概念用于 CBTC 系统数据库，它是一组“轨段”的集合，如图 4.2.17 所示。每个集合命名为“线路区段”并包含诸如轨段，信标，斜坡和信号机位置等信息。线路区段一般为一个站间距（通常是在正线上从一个站台到另一个站台的距离）。但是在地理上，一个线路区段包含一组轨段。 数据库的配置管理也是基于线路区段的。所以，每个线路区段都有自己的版本号。

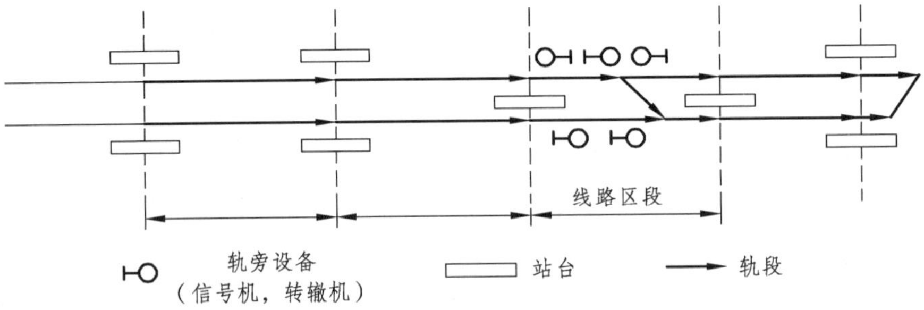

图 4.2.17　线路区段组成图

如图 4.2.18 所示，FRONTAM 管理轨道数据库的流程如下。

（1）FRONTAM 向车载的 CC 发送每一个线路区段的轨道数据库。

（2）CC 与 FRONTAM 发来的数据版本进行校核，如果版本不一致，CC 会请求下载版本一致的轨道数据。

（3）CC 会从 FRONTAM 接收请求到的那部分轨道数据库，并且是一个表接一个表地分别发送。

（4）ZC 向车载 CC 发送 CC 可以使用的每一个线路区段的轨道数据库。

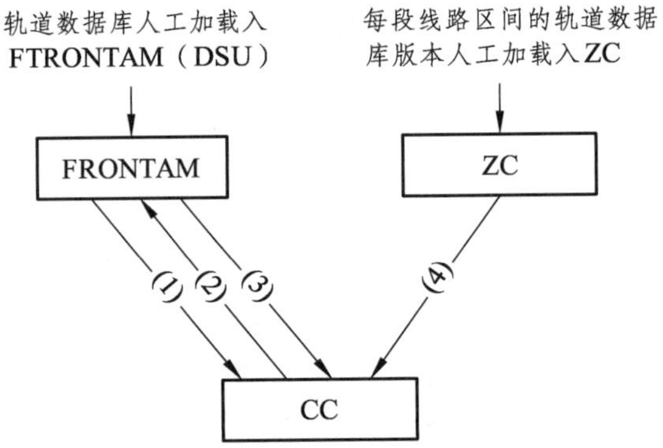

图 4.2.18　FRONTAM 管理轨道数据库的流程图

轨道数据库是用于描述列车运行的轨道线路的数据库，包括线路坡度、曲线、车站/站台设置、折返线/存车线设置，轨旁信号机、道岔、计轴点、信标点设置，以及屏蔽门、防淹门等所有运行线路相关数据的基础文件。

轨道数据库同时存储在区域器 ZC 和车载控制器 CC 中，ZC 根据轨道数据库计算列车的安全授权点 V-MAL 和非安全授权点 NV-MAL，CC 确定列车的运行速度防护曲线、计算运营停车点、折返点，确定列车正确的开门侧等。

为便于轨道数据库的管理和在线更新，轨道数据库也存储在数据存储单元 FRONTAM（DSU）中，如图 4.2.19 所示。

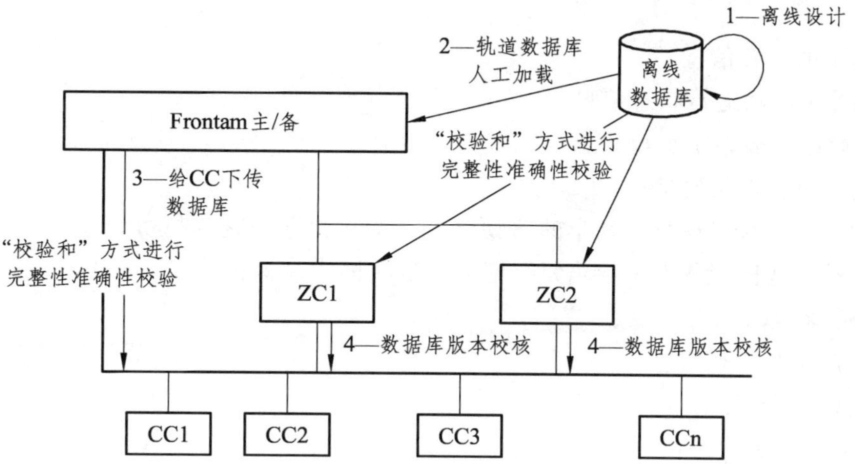

图 4.2.19 轨道数据库管理和更新流程

（二）操作协助功能

FRONTAM 具有操作协助功能，收集和记录 ATS 操作命令（如临时限速命令），并将这些操作命令传输到 CBTC 系统的各个设备，记录 CBTC 系统的动作状态（包括：道岔位置、临时限速状态、屏蔽门报警信息、列车位置信息、列车驾驶模式、列车车门报警等信息），同时 FRONTAM 将收集到的状态信息传送给 ATS 子系统，将这些状态信息呈现给中央调度员。

（三）维护协助功能

FRONTAM 的维护协助功能主要是收集和记录 CBTC 整个系统中各个子系统产生的故障事件，并将这些故障事件进行整合、排列，在 FRONTAM 的人机界面上为维护人员呈现这些故障事件，同时 FRONTAM 也会将这些故障事件发送至中央维护子系统。

（四）数据记录功能

数据记录功能能够记录整个 CBTC 系统运行过程中各个子系统的设备健康状态以及设备运行数据，并将这些数据存储在 FRONTAM 的存档服务器中，维护人员可以通过调取这些数据的日志记录，来进一步分析各故障事件的发生原因，如图 4.2.20 所示。

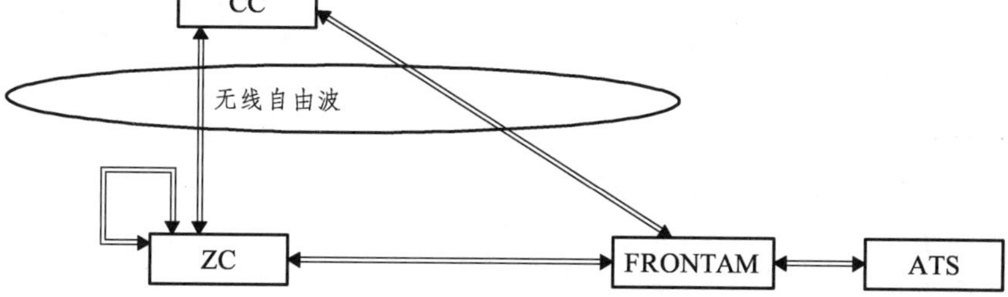

图 4.2.20 FRONTAM 接收到及发送的数据流

1. FRONTAM 发给 ATS 的数据内容

（1）列车的位置信息。
（2）每个 CC 的运行状态信息。
（3）CBTC 整体系统运行状态。
（4）列车完整性报警信息。
（5）列车运行状态信息（列车的驾驶模式、ATB 状态、紧急制动）。
（6）驾驶模式区域状态（给出每个区域中哪些模式是禁止的）。
（7）TSR 状态信息。
（8）站台扣车状态信息。
（9）PSD 报警信息。

2. ATS 发给 FRONTAM 的数据内容

（1）扣车请求。
（2）列车运行等级调整请求。
（3）列车准备请求。
（4）列车完整性报警确认请求。
（5）TSR 请求。
（6）折返请求。
（7）驾驶模式区域请求（对特定区域请求禁止某一模式）。
（8）旁路 PSD 开启或报警（当 PSD 开启或报警时，允许列车进入该车站）。

3. FRONTAM 发给 ZC 的数据内容

（1）驾驶模式区域状态信息。
（2）CBTC 区域运行状态信息。
（3）列车完整性报警确认请求。
（4）TSR 请求。

4. ZC 发给 FRONTAM 的数据内容

（1）ZC 运行状态，ZC 各机笼的运行状态信息。
（2）ZC 维护状态，ZC 各板卡的运行状态信息。
（3）列车完整性报警确认。
（4）TSR 确认。
（5）列车完整性报警状态。
（6）TSR 状态。

5. FRONTAM 发给 CC 的数据内容

（1）任务请求。
（2）列车运行等级状态调整请求。
（3）扣车请求。
（4）列车折返请求。
（5）轨道数据库目录。

6. CC 发给 FRONTAM 的数据内容

（1）列车位置信息。
（2）列车任务状态信息。
（3）列车调整状态。
（4）扣车状态。
（5）列车折返状态。
（6）列车 EB 状态。
（7）CC 运行状态。
（8）CC 维护状态。
（9）轨道数据库请求。

四、数据存储单元维护

数据存储单元的维护分为“预防性维护”和“故障维护”，数据存储单元维护的逻辑树如图 4.2.21 所示。

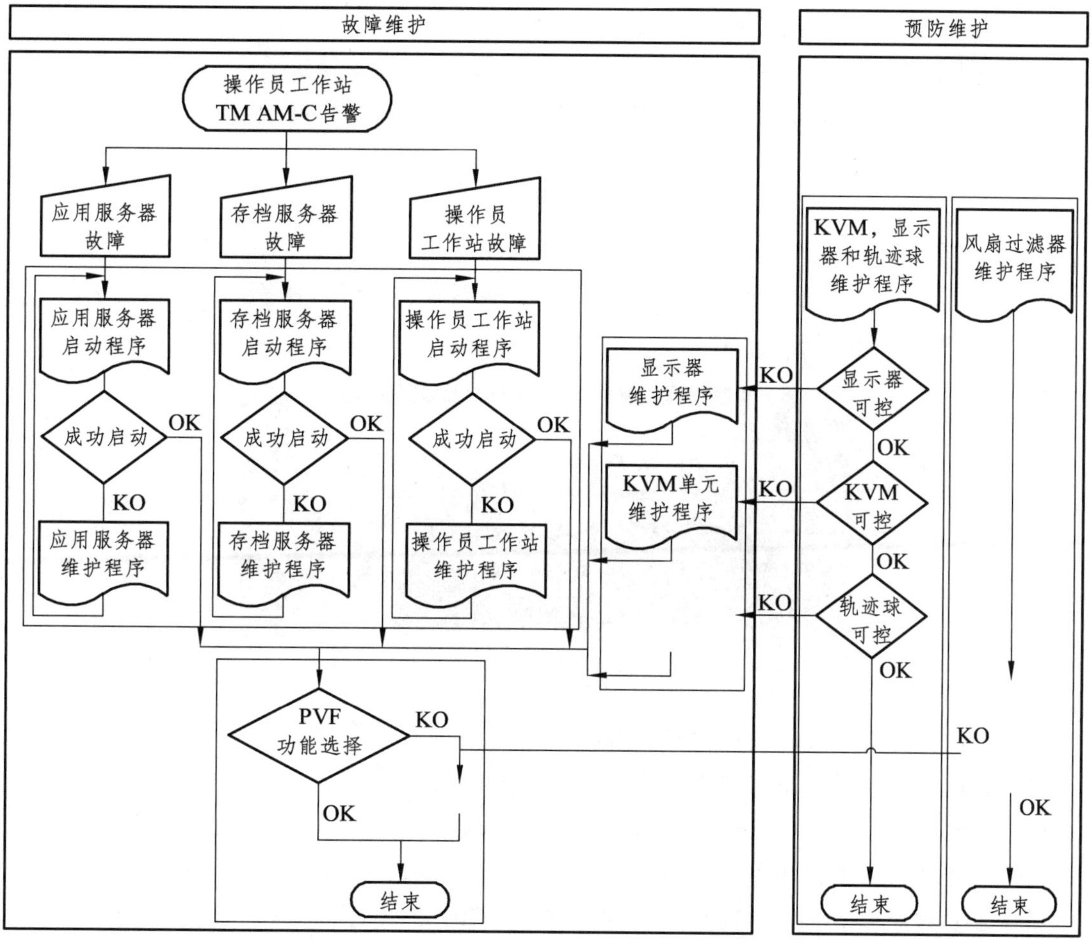

图 4.2.21　FRONTAM 维护逻辑树

预防性维护主要针对风扇过滤器和 KVM 单元，故障维护为数据存储单元设备出现故障后的恢复性操作。

（一）预防性维护

预防性维护针对风扇过滤器和 KVM 单元，下面介绍 KVM 单元的预防性维护的相关事项。

1. 预防性维护的维护频率

每六个月一次。

2. 预防性维护现场所需设备

机柜钥匙。

3. 预防性维护步骤

第 1 步：开启 ZC 机柜前面板。

第 2 步：打开显示器的开关，如图 4.2.22 所示。

（1）正常情况

显示器开启，电源指示灯变亮，显示器显示 Windows 操作系统的窗口（主页，登录窗口或者桌面）；进入下一步。

（2）非正常情况

- 显示器不开启，而且电源指示灯不变亮；
- 显示器开启，电源指示灯变亮，但是显示器不显示任何内容（无视频信号）；
- 开始 KVM LRU 的维护程序。

图 4.2.22　显示器开关

第 3 步：打开键盘和轨迹球鼠标，并抽出支架。

检查轨迹球键盘是否正常工作：移动显示器上鼠标的指针。

检查键盘是否正常工作：按下 Ctrl-Alt-Del 解锁服务器。

如果上述任何一个操作不能正常进行：开始 KVM LRU 的维护程序。否则进入下一步。

第 4 步：按下<PrtSc>（打印屏幕）键；双击<Ctrl>键，运行 KVM 开关的 OSCAR 接口程序；显示屏上出现主窗口，显示出 KVM 开关的状态，如图 4.2.23 所示。

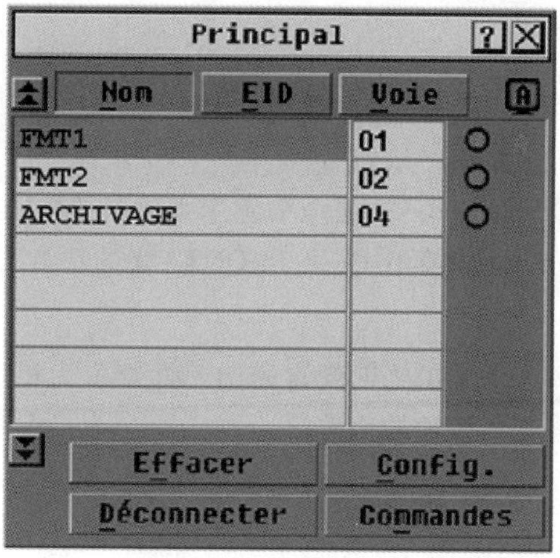

图 4.2.23 KVM 开关状态界面

图 4.2.23 中与应用服务器和存档服务器的连接状态显示在窗口的右侧（或图标）。

① 服务器名称定义：

FMT1：应用服务器 1；

FMT2：应用服务器 2；

ARCHIVING 1：存档服务器 1；

ARCHIVING 2：存档服务器 2。

② OSCAR 界面中的图标意义：

：SIP（Server Interface Pod）在线（红圈）；

：SIP 不在线或不正常工作。

如果某个连接不正常工作（显示图标），从操作员工作站上检查服务器状态。

如果服务器状态不正常。开始应用服务器的启动流程（或存档服务器）。否则，开始 KVM 的维护流程。

如果所有的连接正常工作（显示图标），进入下一步。

第 5 步：关闭显示器，将轨迹球键盘和键盘放回原处。

第 6 步：检查没有工具遗留在机柜内，并关闭机柜的前后门。

（二）故障维护

1. FRONTAM 需要进行故障维护的状况

（1）在维护工作站上产生了某个 LRU 单元的状态告警。

（2）当在现场一级维护步骤时，有与判决树不同的地方。

（3）在使用 KVM 的显示器，轨迹球键盘时出现了错误。

根据 FRONTAM 维护的逻辑树，故障维护操作是由一个或多个修复某个 LRU 故障的步骤组成的。

对于故障，无论它是如何被发现（通过维修操作工作站或其他程序），必须尽快对其进行故障维护。

2. 应用服务器的启动

对于故障维护，我们以应用服务器的启动和维护为例予以介绍。

1）可能造成的影响

（1）单块板的故障（技术故障）：失去一个应用服务器的功能。

（2）双故障的影响（功能性故障）：失去 FRONTAM 的功能。

2）需要用到的工具

（1）备用应用服务器，应在维护之前配置完毕（操作系统和应用程序）。

（2）用于开应用服务器前面板锁的钥匙。

（3）一组十字型改锥。

（4）门柜钥匙。

3）维护步骤

第 1 步：打开机柜的前面板。

第 2 步：找到故障的应用服务器（服务器 1 或服务器 2）。

第 3 步：使用钥匙打开应用服务器的前面板。按压前面板左手边的扣环，将服务器卸下，如图 4.2.24 所示。

图 4.2.24　服务器前面板扣环

第 4 步：按下服务器的电源键，为服务器断电。

第 5 步：按下前面板的电源键，为服务器上电。服务器程序自动启动。

第 6 步：按下<PrtSc>（打印屏幕）键，或双击轨迹球键盘的<Ctrl>键，以运行 KVM 开关的 OSCAR 接口程序。显示屏上出现主窗口，显示出 KVM 开关的状态，如图 4.2.23 所示；双击启动的服务器名称（FMT1 或 FMT2）。

第 7 步：在登录页显示出来后，输入用户名（frontam）和密码（frontam）。

第 8 步：检查服务器是否工作正常。

等待大概 1 min，检查在 DOS 窗口中是否显示如图 4.2.25 所示信息：

“ServerApplicationOne is STANDBY” or “ServerApplicationTwo is STANDBY”。

上述信息显示服务器已正常启动。

重新执行第 6 步，登录启动的应用服务器（FMT1 或 FMT2）并检查如下信息是否显示在 DOS 窗口中：

“ServerApplicationOne is HOT” or “ServerApplicationTwo is HOT”。

双击 CBTC Service 图标（在任务栏的右下部），如图 4.2.26 所示，并在下拉菜单中选择 Open Spy 项。

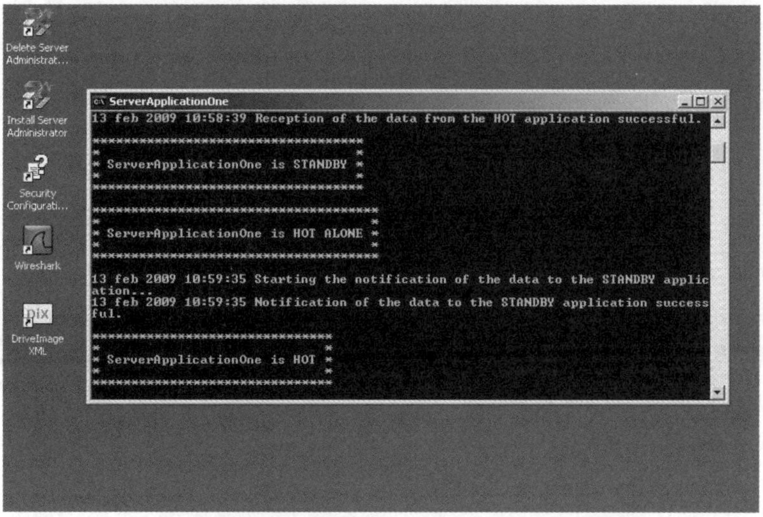

图 4.2.25　检查服务器工作情况界面

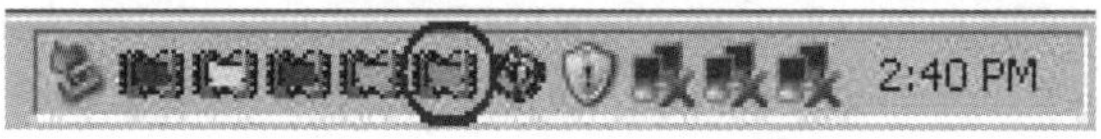

图 4.2.26　CBTC Service 图标

在“CBTC Service：MASTER”窗口中，检查 ServerApplicationOne-CBTC_FRONTAM 或 ServerApplicationTwo-CBTC_FRONTAM 项为“Open，Correct”，如图 4.2.27 所示。

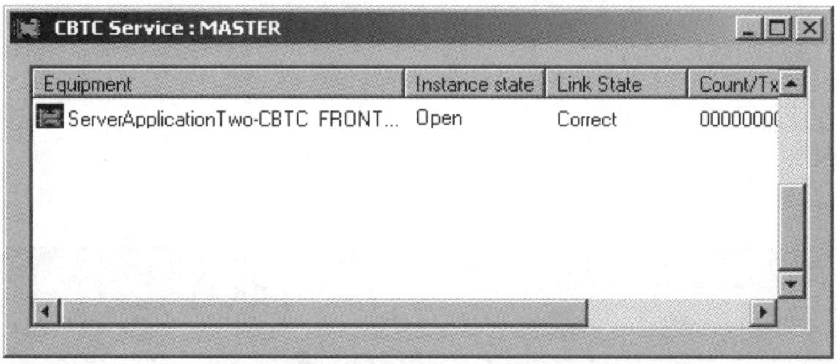

图 4.2.27　CBTC Service：MASTER 窗口

关闭“CBTC Service：MASTER”窗口。

第 9 步：在操作员工作站上检查：在 AM SOL / FRONTAM 屏幕上，在确认后“Loss of a redundant application server - Server 1”（或“Loss of a redundant application server - Server”）消失。故障的应用服务器显示为绿色。

第 10 步：如果服务器可以正常启动，进入下一步骤。否则，开始应用服务器的维护流程。

3. 应用服务器的维护

（1）可能造成的影响。

① 单块板的故障（技术故障）：失去一个应用服务器的功能。

② 双故障的影响（功能性故障）：失去 FRONTAM 的功能。

（2）需要用到的工具。

① 备用应用服务器，应在维护之前配置完毕（操作系统和应用程序）。

② 用于开应用服务器前面板锁的钥匙。

③ 一组十字型改锥。

④ 门柜钥匙。

（3）维护步骤。

第 1 步：按下服务器的电源键，为服务器断电，如图 4.2.28 所示。

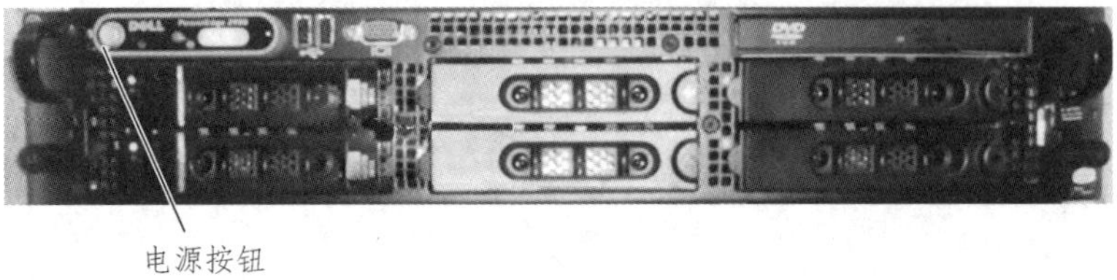

图 4.2.28 服务器电源按钮

第 2 步：打开机柜的后门。

第 3 步：从服务器的后面板断开电源线，如图 4.2.29 所示。

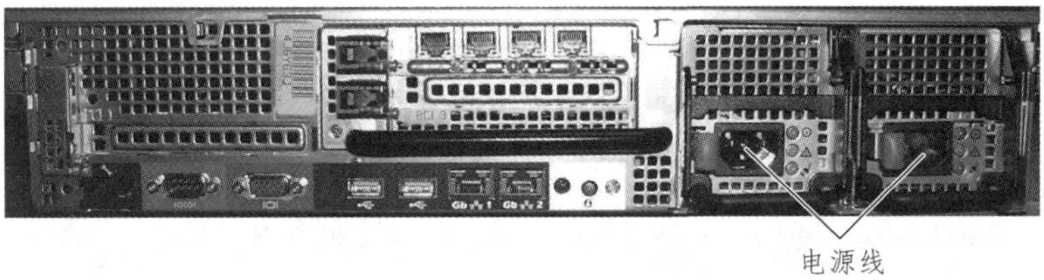

图 4.2.29 服务器电源线接口

第 4 步：从服务器的后面板断开 4 根网线，如图 4.2.30 所示。

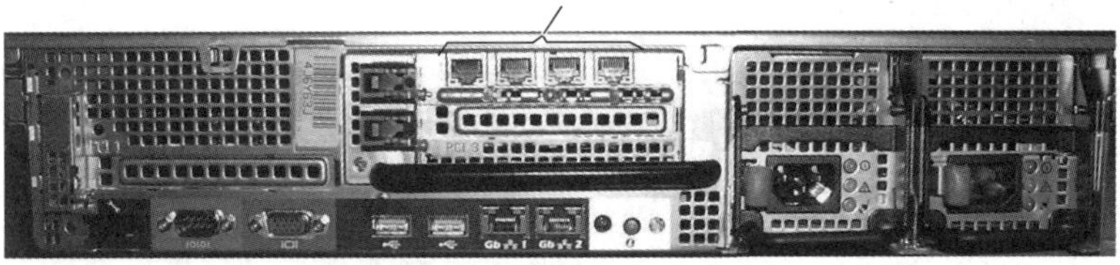

图 4.2.30 服务器网线接口

第 5 步：从服务器后面板断开与 SIP 模块连接的线缆，如图 4.2.31 所示。

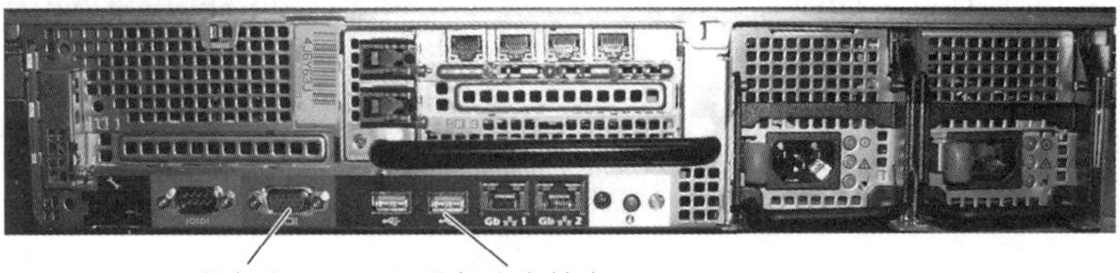

图 4.2.31 服务器与 SIP 模块连接口

第 6 步：卸下服务器前面板的两个螺丝，如图 4.2.32 所示。

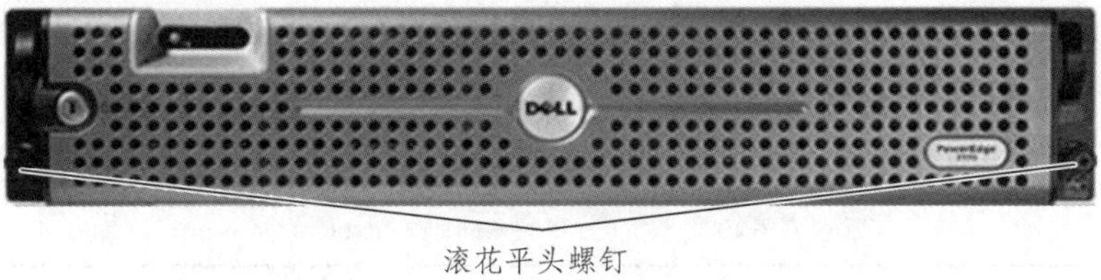

图 4.2.32　服务器前面板螺丝

第 7 步：将服务器从机柜中拉出，直到被安全挡（1）停住。拉起导轨上的解锁挡，为安全挡解锁，然后将服务器从导轨上抽出，如图 4.2.33 所示。

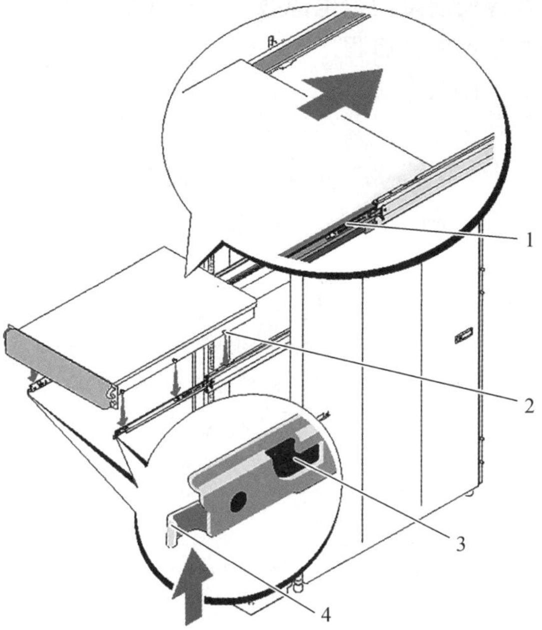

1—导轨的解锁挡；2—侧面螺栓；3—J 形开口；4—前置解锁挡。

图 4.2.33　服务器轨道解锁示意图

第 8 步：将备用的服务器放置在导轨上。使用三个侧面螺栓安装服务器，使其与导轨上的 J 形开口匹配。将背部的螺栓安装在对应的位置。将服务器前放低，以使得中间的侧面螺栓与 J 形开口配合。拉起导轨上的解锁挡，为安全挡解锁，然后将服务器从导轨上推入。解锁按钮如图 4.2.34 所示。

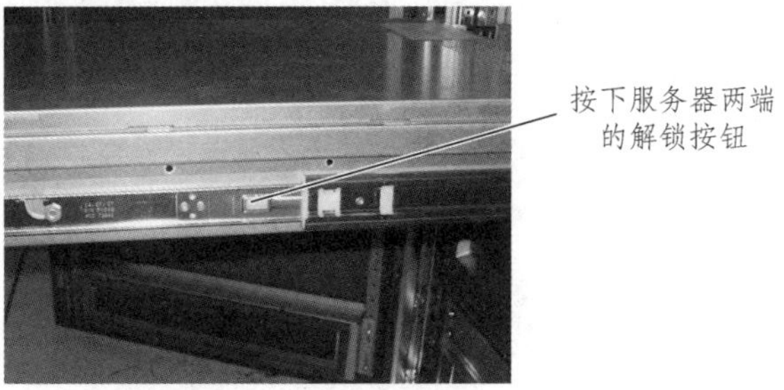

图 4.2.34　服务器解锁按钮

第 9 步：安装服务器前面板的两个螺丝。

第 10 步：从服务器后面板连接与 SIP 模块连接的线缆，如图 4.2.31 所示。

第 11 步：从服务器后面板连接四根网线，如图 4.2.30 和表 4.2.1 所示。

表 4.2.1　服务器网线连接表

	C1	C2	C3	C4
Server 1	GAL_FMT1_CBTC_α	GAL_FMT1_CBTC_β	GAL_FMT1_PCC_A	GAL_FMT1_PCC_B
Server 2	GAL_FMT1_CBTC_α	GAL_FMT1_CBTC_β	GAL_FMT1_PCC_A	GAL_FMT1_PCC_B

第 12 步：在服务器背板处连接两根电源线，如图 4.2.29 所示。

第 13 步：执行应用服务器的开启程序。

第 14 步：整理现场，操作结束。

任务三 数据通信系统

一、数据通信系统（DCS）总体结构

微课：DCS 系统概述

（一）DCS 系统概述

数据通信子系统（Data Communications Subsystem，DCS）是一个宽带通信系统，提供了 CBTC 系统内的三个主要列车控制子系统，包括中央控制室（OCC）、轨旁子系统（ZC、MicroLock Ⅱ）和车载子系统（CC）以及其他沿线地面设备之间双向、可靠、安全的数据交换。DCS 子系统基于开放的业界标准：有线通信部分采用 IEEE802.3 以太网标准，无线通信部分采用先进的 WLAN 技术——IEEE802.11g 标准，最大程度地采用成熟的设备。DCS 整体结构如图 4.3.1 所示。

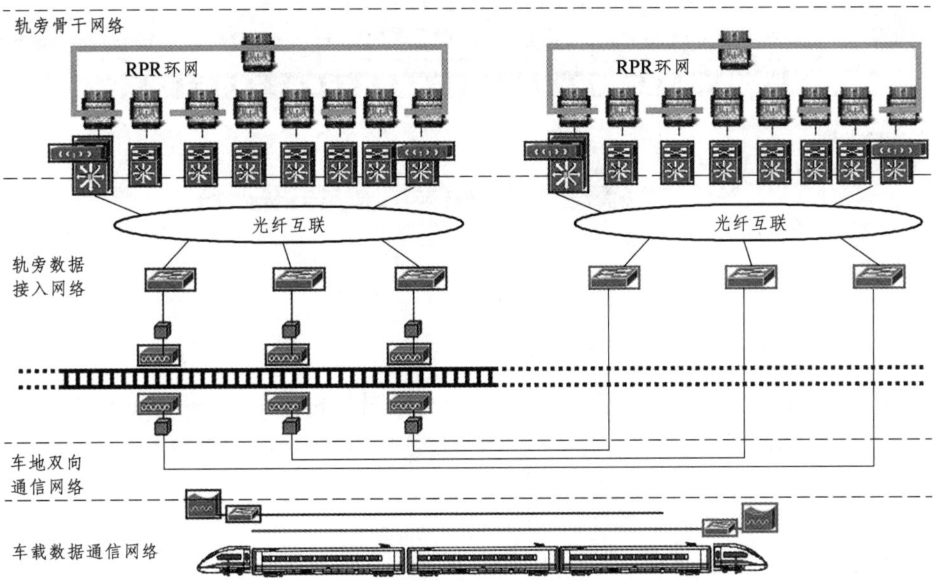

图 4.3.1　DCS 整体结构图

如图 4.3.2 所示，典型 DCS 系统网络拓扑由 A 网和 B 网两张完全独立的网络系统构成，有独立的硬件系统、独立的网络连线、独立的无线信道分别组网，A、B 两网完全独立运行、同时工作。CBTC 相关的控制信号信息，通过 A、B 两张网同时传送。

（二）典型 DCS 系统组成

1. 轨旁骨干网络

轨旁骨干网络将骨干交换机采用 RPR（Resilient Packet Ring）弹性分组环技术连接起来，集 IP 的智能化、以太网的经济性和光纤环网的高带宽效率、可靠性于一体。RPR 技术在提供类似 SDH 级网络可靠性的同时降低了传送费用。骨干交换机为接入交换机提供了高速的上行接口，从而使其接入骨干网。

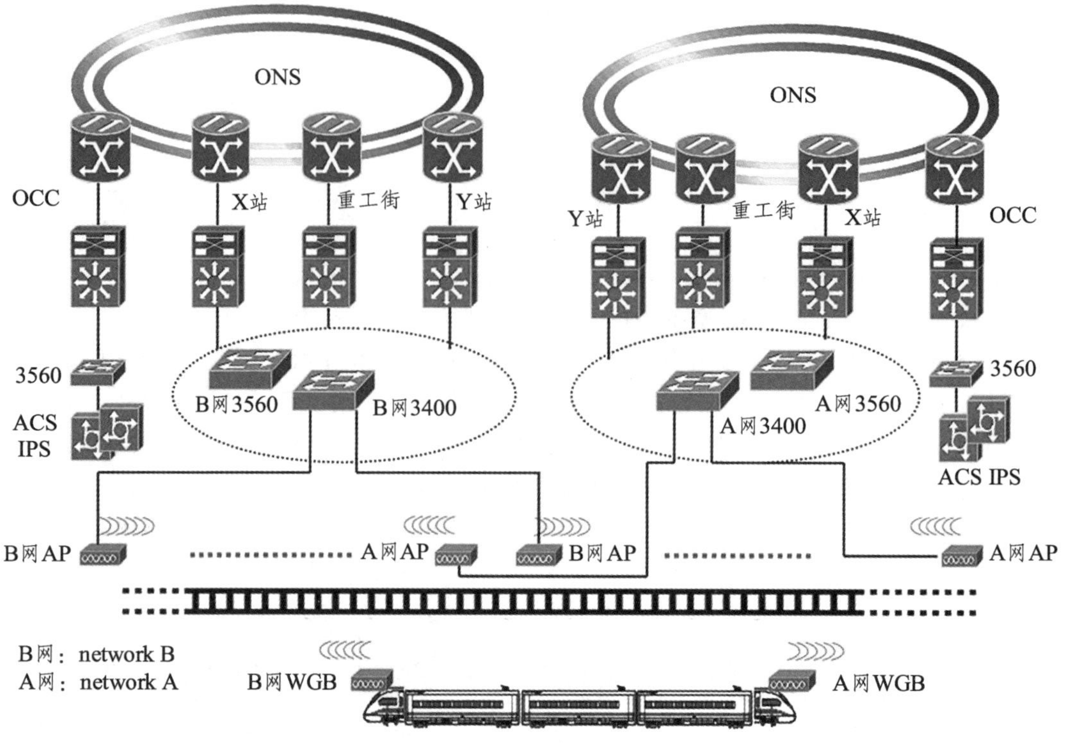

图 4.3.2 典型 DCS 系统网络拓扑示意图

2. 轨旁数据接入网络

轨旁数据接入网络提供各轨旁子系统（ZC、MicroLockⅡ、ATS 等）和轨旁无线设备（轨旁 AP 等）接入数据通信子系统的接口。接入交换机提供标准的 10M/100M 以太网接口，遵循国际通行的 IEEE802.3u 和 802.3x 协议。网络层和传输层采用 UDP/IP 协议。

3. 车载数据通信网络

提供各车载子系统（自动列车防护子系统 ATP、自动列车运行子系统 ATO 等）和车载设备（司机驾驶台 TOD、安全 I/O 控制器 MTORE 等）以及车载无线设备（如车载 AP）之间的通信接口。车载交换机模块提供标准的 10M/100M 以太网接口，遵循国际通行的 IEEE 802.3u 和 802.3x 协议。网络层和传输层采用 UDP/IP 协议。

4. 车地双向通信网络

车地双向通信网络提供车地之间双向、可靠、安全的数据交换。无线接口采用国际先进的 IEEE 802.11g 技术，并遵循 IEEE 802.11i 无线网络安全协议。

（三）DCS 系统协议结构

DCS 子系统定义了 ISO/OSI 标准 7 层协议中的 5 层。其中传输层、网络层、数据链路层、物理层都遵守通行的标准和协议。应用层是为列车控制特殊设计的。系统采用开放的体系结构和协议标准。所有的列车控制子系统都包括标准的 IEEE 802.3（以太网）接口和使用

UDP/IP 作为不同设备之间的通信协议。UDP 协议是无连接方式的协议，它具有效率高、速度快、占资源少的特点，特别适用于列车控制所需的实时车地双向通信。另一方面，UDP 包的传送是不可靠的传输，它不像 TCP 一样有包重传等机制，因此采用 UDP 协议的信息在传送过程中可能丢失，这样就需要辅助的算法实现包重传机制以保证信息不会丢失。为保证数据的可靠传输，在网络支持子层（CNS），采用以下协议。

（1）可靠传输协议（RELIABLE_P），用于提供数据包重传机制。

（2）安全传输协议（SAFE_P），可提供两个通信实体之间的时间同步（保证车地通信的实时性），数据包数据完整性检测（避免部分数据丢失，确保接收数据的完整）和 CRC 差错校验（检测数据出错和误码）。

DCS 子系统协议模型，如图 4.3.3 所示。

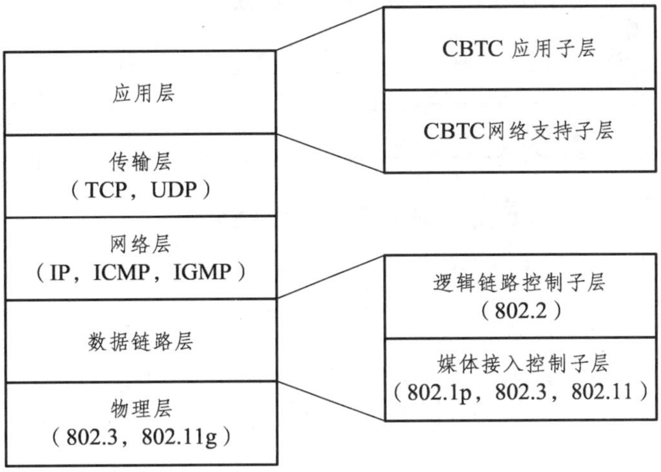

图 4.3.3 DCS 子系统协议模型

（四）典型 DCS 系统网络安全设计

DCS 网络是一个专用信号系统网络，即网内各种终端、设备均根据指定用途设计，与互联网（Internet）不直接相连，信息的内容、流向、格式均有严格定义和要求，因此可以看作是一个封闭型、高安全级别的网络。典型安全设备部署如图 4.3.4 所示。

安全认证系统 Cisco ACS：为全网提供统一的安全身份认证管理。Cisco Secure ACS 是功能强大的访问控制服务器，为正在增加其 WAN 或 LAN 连接的机构提供了许多高性能和可扩展性特性。

入侵检测系统 Cisco IPS Sensors：对网络中的流量进行安全检测和分析，可布置在网络的任何层次（核心、汇聚、接入）。

Cisco IPS 技术能够防御恶意活动，包括蠕虫、直接攻击、分布式拒绝服务攻击、侦察和应用滥用。模块化检测功能以先进的思科安全特性和网络智能为基础，能检测和防御对于从应用到 ARP 的整个网络堆叠的威胁。Cisco IPS 技术提供业界领先的入侵保护，增强了这一功能。Cisco IPS 提供自适应安全漏洞和异常流量检测。签名主要集中于安全漏洞，那么即使发生改变，检测威胁的能力也不会受到影响。

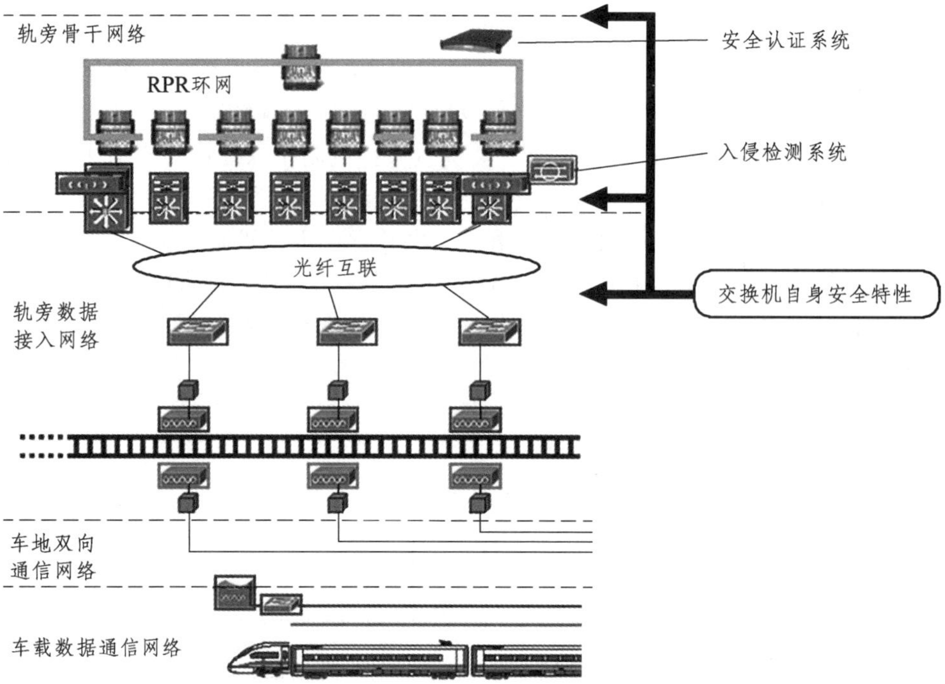

图 4.3.4　典型安全设备部署

1. 车载接入认证

车载无线工作组网桥的接入认证，是指车载 Cisco1310（作为认证申请者）在经过正确配置后，通过轨旁 AP（作为认证点）向网络发起的初次认证（今后的重认证可以通过 CCKM 技术进行优化，从而降低漫游处理成本）。

接入认证方面，简单的实现方式是采用静态 WEP，或者预共享密钥（PSK）的方法，但是存在安全方面的不足。因此，建议采用 802.1x/EAP 来实现无线局域网空中链路的二层端口接入认证，作为无线安全体系的一部分。实施 802.1x/EAP 后，没有合法身份的用户不能连接到无线网络中，也不能获知网络通信的信息。

车载无线单元——安装在无线工作组网桥 WGB 上，和普通无线网卡一样支持 802.1x/EAP 认证。这样在其接入轨旁无线 AP 的时候，同样保证了系统的高安全性，其认证过程如表 4.3.1 和图 4.3.5 所示。

表 4.3.1　认证过程表

步骤	认证过程
步骤 1	（1）经过正确配置的无线工作组网桥，在关联轨旁 AP 的时候，通过 802.1x 向网络发起认证请求。 （2）AP 此时阻隔一切来自这个申请者的数据包，仅将 802.1x/EAP 认证信息通过 RADIUS 协议转发给 WISM。 （3）WISM 将认证结果（通过/不通过）通过 RADIUS 协议转发给 AP
步骤 2	认证通过后，WISM 产生的会话密钥，在无线控制器模块设备上会保存一份副本，供重认证时查找

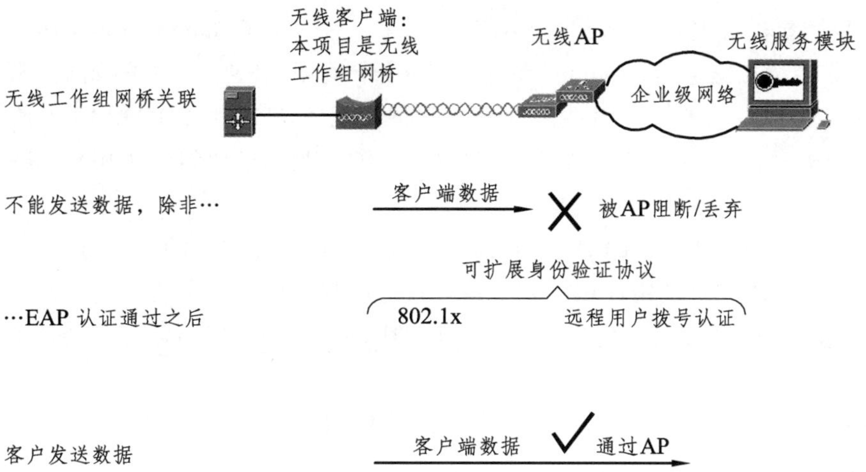

图 4.3.5　无线工作组网桥认证过程

2. 无线数据安全加密

在车载无线工作组网桥认证通过后，会话密钥保持在轨旁 AP 和车载无线工作组网桥上，在无线通信传输过程中，所有数据包经过加密后在无线链路上进行传输。在现有的无线网络数据加密技术中，除了要考虑加密算法外，还应当考虑传输密钥的管理。Cisco 已经在产品方案上实施了 TKIP/AES 加密技术，可以有效地改善无线链路的通信安全。

TKIP 主要包括两个关键的对 WEP 的增强部分：首先，在所有 WEP 加密的数据包上采用报文完整性检测（MIC）功能，以更有效的保证数据帧的完整性；其次，针对所有的 WEP 加密包实行基于每个数据包密匙的方式。

MIC 主要是用来改善 802.11 低效率的 Integrity check function（ICV），主要解决两个主要的不足：MIC 对每个无线数据帧增加序列号，而 AP 将丢弃顺序错误的帧；另外在无线帧上增加 MIC 段，MIC 段则提供了更高量级的帧的完整性检查。

有很多报告显示 WEP 密匙方式的弱点，报告了 WEP 在数据私密和加密上的很低功效性。在 802.1X 的重认证中采用 WEP 密匙旋转的办法可以减轻可能经受的网络攻击，但没有根本解决这些问题。802.11i 的标准中 WEP 增强机制已经采纳了针对每个分组的 WEP 密匙。并且这些技术已经在 Cisco 的 WLAN 设备中得以运用。

AES 是一种旨在替代 TKIP 和 WEP 中使用的 RC4 加密的加密机制。AES 不存在任何已知攻击，而且加密强度远远高于 TKIP 和 WEP。AES 是一种极为安全的密码算法，目前的分析表明，需要 2 的 120 次方次计算才能破解一个 AES 密钥——还没有人单凭人工真正做到这一点。

AES 是一种区块加密法。这是一种对称性加密方法，加密和解密都使用同一个密钥，而且使用一组固定长度的比特——即所谓的“区块”。与使用一个密钥流对一个文本数据输入流进行加密的 WEP 不同，AES 会独立地加密文本数据中的各个区块。AES 标准规定了三种可选的密码长度（128、192 和 256 比特），每个 AES 区块的大小为 128 比特。WPA2/802.11i 使用 128 比特密钥长度。一轮 WAP2/802.11i AES 加密包括四个阶段。对于 WPA2/802.11i，每轮会重复 10 次。

为了保护数据的保密性和真实性，AES 采用了一种名为 Counter-Mode/CBC-Mac（CCM）的新型结构模式。CCM 会在 Counter 模式（CTR）下使用 AES，以保护数据保密性，而 AES 采用 CBC-MAC 来提供数据完整性。这种对两种模式（CTR 和 CBC-MAC）使用同一个密钥的新型结构模式已经被 NIST（特殊声明 800-38C）和标准化组织（IETF RFC-3610）所采用。

CCM 采用了一种 48 比特的 IV。与 TKIP 一样，AES 使用 IV 的方式与 WEP 加密模式有所不同。在 CCM 中，IV 被用作用于制止重复攻击的加密和解密流程的输入信息。而且，因为 IV 空间被扩展到 48 比特，发生一次 IV 冲突所需的时间会以指数形式增长。这可以提供进一步的数据保护。

建议采用基于硬件的 AES 加密（和解密），因为 AES 需要进行大量的计算。Cisco Aironet 1310 产品为 AES 提供了硬件支持。

二、DCS 系统各子网络构成

（一）轨旁骨干网络

轨旁骨干网络由骨干交换机和传输设备组成。传输设备之间组建 RPR 传输环，骨干交换机链接到本站以及本网的传输环上。这些骨干交换机和传输环设备安装在环路各处的信号设备室（例如，设备集中站和控制中心）。环式拓扑结构如图 4.3.6 所示。

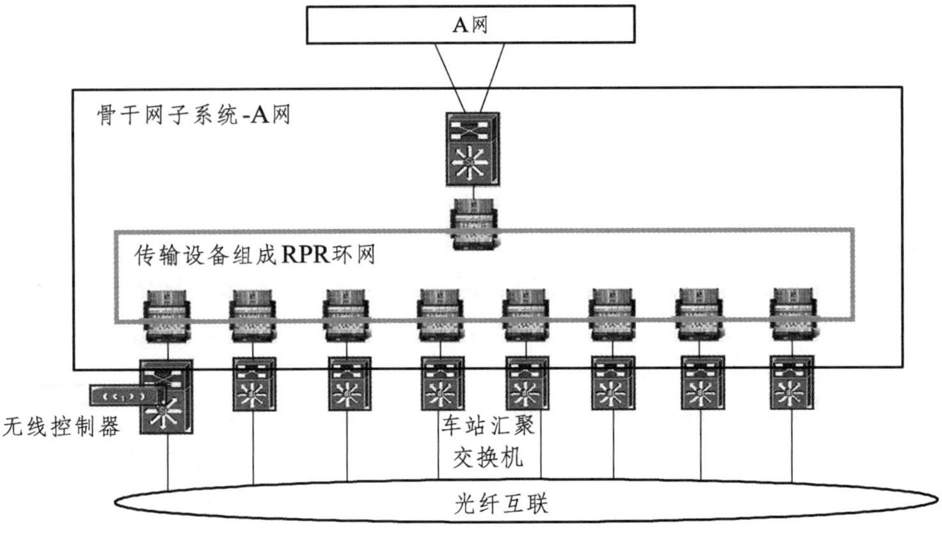

图 4.3.6　DCS 子系统骨干网络

控制中心和每个设备集中站为主要的设备汇聚节点，每个汇聚节点各部署两台骨干交换机作为汇聚节点的数据交换转发设备（A、B 两网各有一台，相互独立），每个骨干交换机通过千兆端口连接到各点的传输设备上，通过传输设备环网相互通信。每张网部署了独立传输设备，使得其可以提供高速（2.5 Gbps）的可靠的传输平台。传输环采用了 RPR 技术可以提供优秀的底层保护，因此完全可以依赖底层 RPR 的保护，实现业务的快速恢复和收敛

（<50 ms），而无须依赖于底层 SDH 传输层保护机制，大大地节约了带宽资源。可以提供 STEERING 和 WRAPPING 两种保护方式来实现传输的保护功能。

RPR 技术具有如下特点。

（1）高可靠性。

核心层采用内嵌式 RPR 的保护机制，因此骨干层业务可以得到有效的保障。一旦发生光纤断裂，RPR 的保护机制会在 50 ms 内迅速进行切换，因此骨干层业务得到有效保障。

（2）业务品质保障。

内嵌式的 RPR 具有很高的智能特性，提供和目前 IP 网络完全一致的 QOS 保障机制，因此，真正实现了“端到端”的数据业务品质保障。同时在传输系统上还可以提供有效的 SLA 的控制机制，用户通过网管平台，就可以对时延、抖动等传输层特性进行有效的监控。

（3）带宽效率高。

RPR 技术是近年来新兴的传输技术，通过空间复用，能够满足数据业务的动态性和突发性，具有很高的带宽使用率。并且，通过 RPR 技术的引入，该平台完全可以依靠 RPR 层的业务保护，而无需任何 SDH 层面的保护机制，大大地节约了系统的宝贵带宽资源。

（4）管理维护方便。

传输设备具有很高的智能特性，采用分布式数据库，任意一个节点在本地维护终端层面，即实现了业务的“端到端”指配，带宽的自动预留，系统资源的自动发现等功能，将用户从日常烦琐的 SDH 维护工作中解放出来。

（5）高密度多业务平台，满足未来多种业务需求。

项目所使用的传输设备可以提供非常高的业务密度，还可以提供多种业务板卡，可以提供 L1 的透传，L2/L3 交换，以及存储网络的业务。

（二）轨旁数据接入网络

1. 网络构成

轨旁数据接入网络主要由轨旁接入交换机、轨旁 AP、光电转换器、天线、连接线缆、供电部分设备、保护箱设备组成，轨旁接入交换机通过冗余的以太网络与骨干交换机相连，如图 4.3.7 所示。

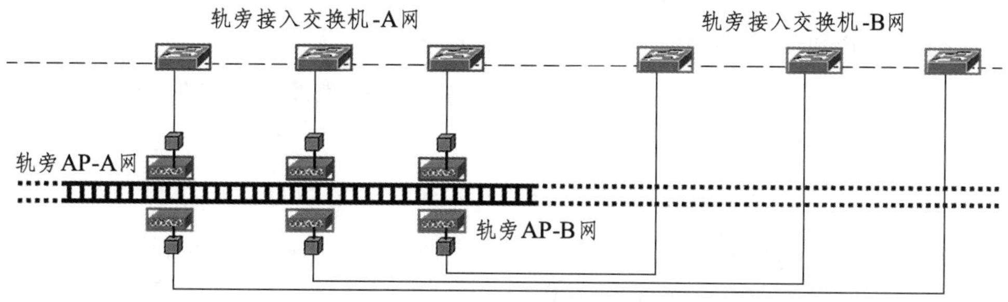

图 4.3.7　DCS 子系统轨旁数据接入网络（轨旁子系统-A/B 两网）

2. 轨旁 AP 光纤部署

轨旁 AP 光纤的部署，需要考虑光纤的汇聚方向问题。对轨旁 AP 光缆采用以下方式部署，整体的轨旁光缆部署方式如图 4.3.8 所示。

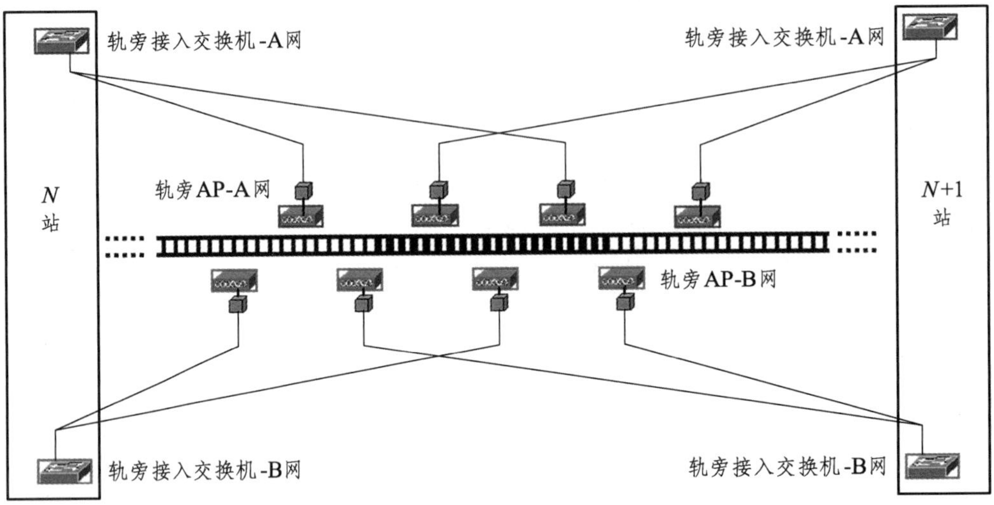

图 4.3.8　DCS 子系统轨旁 AP 光纤部署

如某一站点（N 站）出现严重故障，造成该站完全断网，则 $N-1$ 和 $N+1$ 站的 A/B 网仍将保持部分完整，CBTC 信号信息仍可以在轨旁与车载 CBTC 设备之间通信。

3. AP 设备数量的计算及分布

无线信道的电波传播特性与电波传播环境密切相关。根据无线信道的传播特性和电波传播方式建立恰当的传播模型，准确地对传播损耗做出预测。同时，无线信道与有线信道的不同，在于周围信源与信宿之间的物理环境对无线通信系统的性能有很大的影响。因而，在设计一个无线系统之前，需要对电波的覆盖和环境进行细致的规划和预测。

（1）对于 2.4G 的隧道环境传播模型，路径损耗公式如下：

$$\text{PathLoss（dB）}=40+10\times n\times\log（d）$$

其中，n 在隧道环境，取值为 1.8；d 是距离，单位是 m。由此公式计算 400 m 的路径损耗值为 86.8 dB。

（2）对于 2.4G 的室外环境传播模型，路径损耗公式如下：

$$\text{PathLoss（dB）}=110+26\times\log（d）$$

其中，d 是距离，单位是千米（km）。由此公式计算 400 m 的路径损耗值为 100 dB。

（3）无线链路预算公式如下：

$$P_r\text{（dBm）}=P_t\text{（dBm）}+G_t\text{（dBi）}-P_L\text{（dB）}+G_r\text{（dBi）}-L_c\text{（dB）}$$

其中，P_r 为接收电平（dBm），P_t 为最大发射功率（15 dBm），G_t 为发射天线增益（13.5 dBi），P_L 为路径损耗，G_r 为接收天线增益（10 dBi），L_c 为综合损耗（电缆、接头、钢化玻璃等，预计 8.5 dB）。

（4）根据上述无线链路预算公式，计算可得如下信息。

2.4 GHz 隧道内 400 m 处车载天线或轨旁天线接收电平；

2.4G 室外 400 m 处车载天线或轨旁天线接收电平。

根据信号系统的速率需求，要求的空口速率为能达到 54 Mbps；根据设备性能指标需求，则此时的信号强度要求大于等于 – 72 dBm。因此对于隧道内和室外的两种模型，200 m 间隔 AP 布置不仅能满足系统对无线传输速率的要求，同时也保证冗余覆盖。

4. AP 部署原则

（1）为了保证在某一 AP 意外失效情况下，下一 AP 仍然可以覆盖失效 AP 覆盖区域，保证没有无线信号覆盖盲点的目的，我们设计保证在满足项目要求有效带宽的前提下，AP 的覆盖范围应该为两倍 AP 间距。

（2）通过无线链路预算并结合实际工程勘测经验，同时考虑两倍 AP 间距覆盖距离的因素，在隧道内的 AP 分布间距为 200 m 左右。

（3）弯道处 AP 间的分布间距小于 200 m，原则上以可视距离为准。弯道、共线路段、线路交叉坡道路段等环境需要实际勘测后确定最终 AP 的布置距离和具体数量。

（三）车载数据通信网络

车载数据通信网络如图 4.3.9 所示。

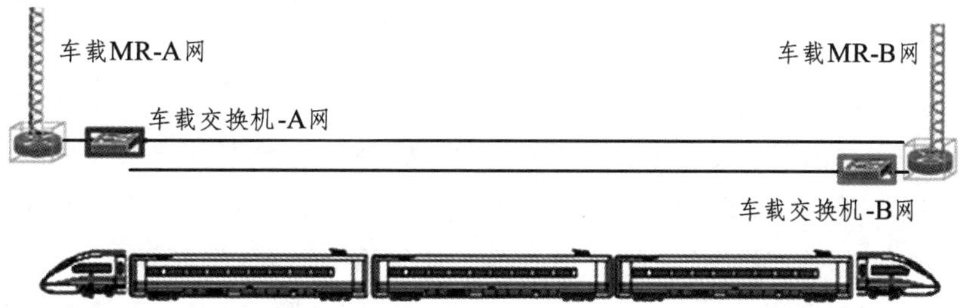

图 4.3.9　车载数据通信网络图

车载网络系统分别由车头驾驶室网络部分及车尾驾驶室网络部分组成。其中车头和车尾驾驶室网络部分分别由车载无线网络单元、车载天线、车载网络交换机和车载 CBTC 系统设备组成。车载网络系统拓扑如图 4.3.10 所示。与轨旁天线的选择一样，为了克服隧道内部的多径问题及其他地铁环境中特殊问题，使用定向天线作为车载无线单元的外置天线。为了达到更好的接收效果，克服多径问题，车载无线单元的天线配置为分集天线，即为每一个车载无线单元配置两个定向天线，配置为分集模式。两个天线同时工作，采用分集模式采集两个天线上接收的数据，通过比较，应用其中一个天线上接收下来的较好的数据。

车载无线设备是负责实现数据收发以及安全无线连接的关键设备，同时还肩负频繁漫游切换的任务，从技术保证上需要选择合适的产品/工作模式，才能确保 CBTC 系统整体的成功。车载 MR 采用工作组网桥模式，该模式是一种成熟技术。当车载 MR 在该模式工作时，它可以关联到其他的轨旁 AP，并对网桥以太网接口上所连接的一组设备提供无线网桥连接。它可以将不具备无线网卡的设备通过无线网络进行上联，并且在漫游过程中充当有线连接的多台电脑的漫游代理，从而提供令人满意的漫游切换性能。

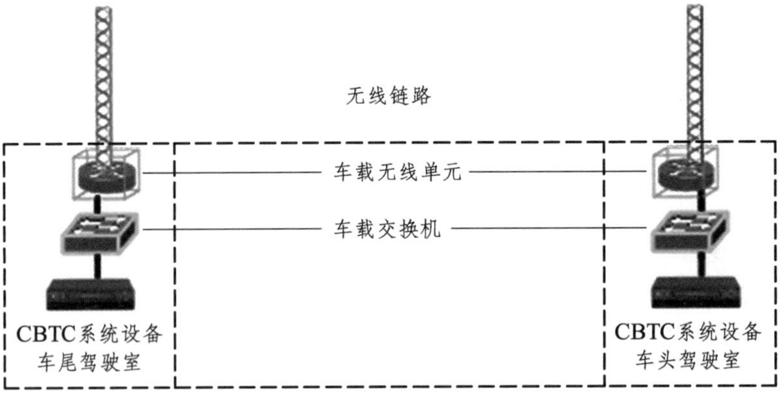

图 4.3.10　车载网络系统拓扑图

（四）车地双向通信网络

DCS 子系统的车地双向通信网络是沟通车载数据通信网络与轨旁数据通信网络的渠道，实现车地之间的双向通信。它采用 IEEE 802.11g 的无线局域网技术。IEEE 802.11g 是当前比较先进和成熟的 WLAN 标准，在高速移动环境中可以支持车地之间的双向移动通信。除此之外，无线网络还支持 IEEE 802.11e、 802.11i 等协议来实现高速、安全、可靠、实时的无线通信。

802.11g 采用的调制方案是正交频分复用（OFDM）。IEEE 802.11g 工作在 2.4GHz 频段（2.4～2.483 5GHz，向前兼容 IEEE 802.11b）。OFDM 技术把数据分配到大量的子载波上，这些子载波按照精确的频率间隔提供了技术上的“正交性”，能够避免解调时不同子载波之间的相互干扰。OFDM 的优势在于较高的频谱效率，能够有效对抗射频干扰，频率选择性干扰，以及多径干扰。这种特性非常重要，因为在典型的陆地传播情况下，无线通信都有多径的情况（比如：被传输信号通过不同的路径到达接收器）。因为来自多个路径的信号相互干扰（码间干扰，ISI），需要设计复杂的均衡器来提取原始数据。另一方面，OFDM 在多个窄带子载波中以近似平均的方式分配高速数据流，让系统对多径衰落更具鲁棒性。OFDM，当与信道编码（一种纠错编码技术）相结合，几乎总是产生近乎“白”的光谱（即具有平坦的频谱），对附近的其他信号源不会造成恶劣的电磁干扰。

（五）冗余设计

1. 有线部分冗余设计

根据 CBTC-DCS 系统对信号信息传送的高可靠性要求，整个 DCS 网络的设计均秉承着双网并行的设计思想，在物理和逻辑上，均保证双网的并行工作，实现最高的系统整体可靠性。

在 4 个网络层次中，可采用如下方法分别进行可靠性保证：

轨旁骨干网络：骨干网络由传输系统和骨干交换机组成。传输系统是一个高可靠的 RPR 传输链路。骨干交换机采用双引擎冗余，每台设备配备双电源避免电源故障。

轨旁数据接入网络：A、B 两张网络的轨旁设备通过独立的光纤线路链接到本网中的骨干交换机。

车载数据通信网络：每辆列车的车头和车尾都分别链接在 A、B 网络中，提高系统的整体可靠性。

车地双向通信网络：车地通信数据同时由两张网络支撑，可看作 A、B 网，任意一张网内出现故障，信号系统都不会中断。

2. 无线部分可靠性

无线系统的高可用性，对于系统整体的稳定性至关重要。如果单台设备的故障就使系统可用性大大降低，或者导致系统在短时间内不可用，甚至造成系统大面积瘫痪，那么对于 CBTC 系统来讲是不可接受的。无线系统的高可用性设计，体现在解决下列设备/链路的故障：

（1）轨旁 AP 的单点故障

轨旁 AP 如果发生故障，将会造成无线系统的“信号盲区”（或称“覆盖黑洞”）。为了保证隧道信号的完整覆盖，每台 AP 将输出功率静态定义。轨旁 AP 的发射功率配置不仅满足覆盖到下游第一个 AP，还应当满足覆盖到下游第二个 AP。从而在中间 AP 单点故障的时候仍然支持连续覆盖。如图 4.3.11 所示。

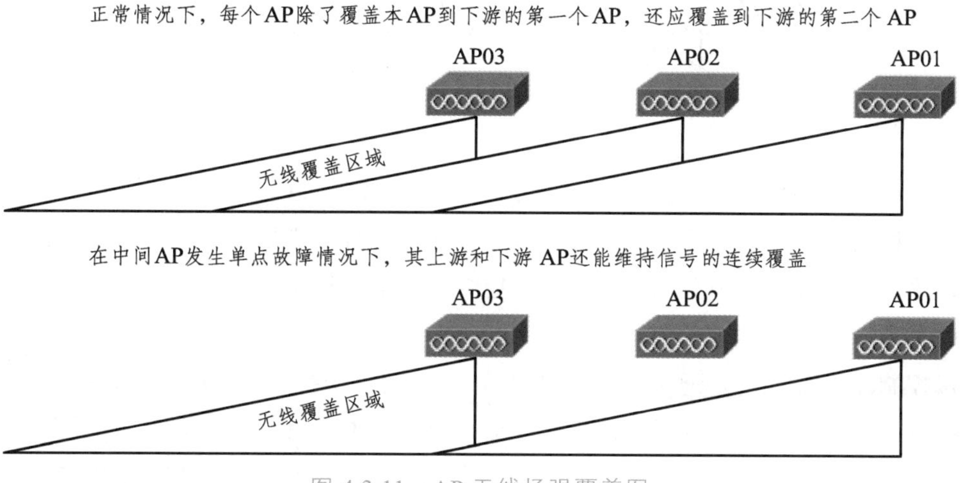

图 4.3.11　AP 无线场强覆盖图

（2）轨旁 AP 与车站交换机的链路故障

在轨旁 AP 与车站交换机的中间链路发生中断时，AP 会因为不能周期性地与核心的无线控制器进行存活性检查，从而 AP 会自动检测并关闭自己的无线端口——因为此时后端有线链路已经不通，无线连接如果持续有效会对漫游设备产生误导。

AP 会自动检测并关闭自己的无线端口这一功能可以有效防止对漫游设备的误导，从而这个 AP 不工作，变成与前面所述轨旁 AP 单点故障一样的处理机制——通过覆盖区域的冗余达到无中断通信的功能。

三、DCS 系统与其他系统接口

微课：DCS 系统接口

数据通信子系统与系统其他子系统和设备间接口信息（包括通信媒介和所适用的协议）如图 4.3.12 所示。

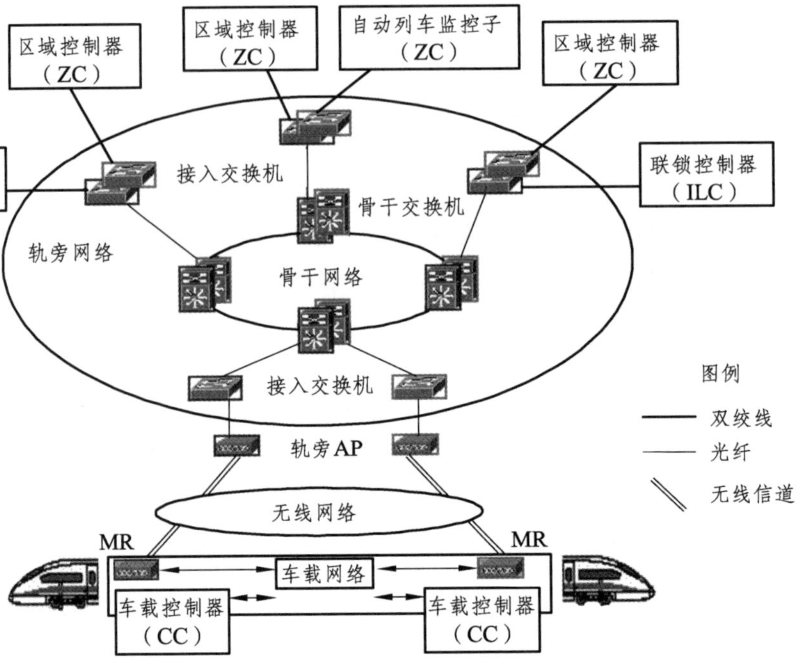

图 4.3.12　DCS 系统与信号系统之间的接口示意图

中央控制室（OCC）：位于中央控制室内的设备首先通过以太网接口连接到接入交换机，然后接入数据通信子系统。接入交换机通过光纤连接到骨干交换机，骨干交换机在通过光纤链接到传输环（传输平台）车地之间与列车控制相关的数据交换使用 UDP/IP 协议，以确保通信的实时性。

区域控制器（ZC）：ZC 通过以太网接口 连接到接入交换机，然后接入数据通信子系统。接入交换机通过光纤连接到骨干交换机。通信协议使用 UDP/IP。

联锁控制器（MicroLock Ⅱ）：MicroLock Ⅱ通过以太网接口连接到接入交换机，然后接入数据通信子系统。接入交换机通过光纤连接到骨干交换机。通信协议使用 UDP/IP。

车载控制器（CC）：车载控制器通过以太网接口连接到车载交换机模块，然后接入数据通信子系统。车载交换机模块连接到车载 AP，并通过无线接口，接入到轨旁网络。通信协议使用 UDP/IP。

车载 MR 与列车上的 ATP、ATO 系统之间：车载 MR 提供了标准的以太网口，可以通过车载以太网交换设备和列车 ATP/ATO 等设备互联。

其他非信号系统设备也可以通过 DCS 进行通信。

四、DCS 系统维护

（一）维护注意事项

1. 机房维护

（1）保持机房整洁，防尘防潮，防止虫鼠进入。

（2）各型号设备整齐放置在室内工作台和机柜上，并按照规范要求连接地线和电源，保证连接稳定可靠、不易被非维护人员触碰。

（3）用于系统管理、设备维护和业务操作的维护人员名和密码应该严格管理，定期更改，并只向特定的相关人员发放。

（4）不在设备维护终端主机上安装与业务无关的软件，也不在设备维护终端主机上运行与业务无关的应用。维护终端主机应该定期查杀计算机病毒。

（5）调整线缆必须慎重，并在调整前做好标记，以防误操作。

2. 设备维护

（1）对设备硬件进行相关操作时应注意戴好防静电手腕。

（2）对设备进行复位操作、配置改动前应做好配置信息备份工作。

（3）确认所有设备都运行在统一指定的软件版本。

（4）在对设备版本进行升级前，应全面备份设备配置信息，并记录当前版本号。

（二）维护标准

1. 环境要求

机房设备运行环境要求内容，如表 4.3.2 所示。

表 4.3.2 运行环境要求

维护项目	操作指导	参考标准
电源	查看电源监控系统或测试电源输出电压	电压输出正常，电源无异常告警
温度（正常 0～35 °C）	检查机房的灰尘含量	每平方米灰尘颗粒数量≤3×10^4（注：灰尘粒子直径≥5 μm）。 直观判断：3 天内桌面无可见灰尘为好
湿度（正常 20%～80%）	测试机房温度	温度范围：0～35 °C；建议为 15～25 °C
机房清洁度（灰尘含量）	测试机房湿度	相对湿度：20%～80%（无冷凝）
机柜清洁检查	观察机柜内部和外部的清洁状况	机柜表面清洁，机柜内部灰尘不得过多，否则必须清理
其他状况（火警、烟尘）	查看消防控制系统告警状态	消防控制系统无告警

2. 运行状态维护

设备运行状态维护内容，如表 4.3.3 所示。

表 4.3.3 设备运行状态维护内容

设备	修程	周期	工作内容	工艺和标准
ODF 架	日常保养	日	检查光纤是否完整	ODF 架上检查尾纤跳线无弯折，无倾斜，无松动，插接良好，备用光纤连接器用光纤帽封闭
骨干交换机	日常保养	日	检查设备外表； 检查主机面板指示灯状态； 连接线缆检查	各指示灯显示正常； 设备外表干净、清洁、无灰尘，检查外表是否有裂纹，刮花或破损等现象； 各连接线缆正常连接，接口指示灯正常
	二级保养	季度	同日常保养内容	
			更换工作状态不良的模块； 更换电气性能不良的线缆、接头	按标准技术规则进行更换； 按线缆、接头施工规范进行更换
	小修	年	同二级保养内容	
			清洁过滤棉； 检查电源风扇	过滤网干净、清洁、无破损； 双电源均供电，风扇运转
接入交换机	日常保养	日巡检	检查设备外表； 检查主机面板指示灯状态； 连接线缆检查	各指示灯显示正常； 设备外表干净、清洁、无灰尘，检查外表是否有裂纹，刮花或破损等现象； 各连接线缆正常连接，接口指示灯正常
	小修	年	同日常保养内容	
			清洁过滤棉； 检查电源风扇	过滤网干净、清洁、无破损； 双电源均供电，风扇运转
轨旁 AP	二级保养	半年	清洁 AP 箱的卫生； 检查天线、AP 箱是否紧固； 尾纤插头及光纤盒是否紧固； AP 想线缆及防雷端子整治； 电器测试； 天线功能测试	AP 箱表面洁净，干燥剂没过期，天线线缆接口洁净； 天线、AP 箱固定架紧固，无松动，AP 箱密封完好； 尾纤插头紧固； 连接头无损坏及松脱，线缆无老化，各地线螺丝固定，无生锈，防雷端子完好； 输入，输出的电压在设计范围内； 天线安装成水平方向，所有区域场强均符合要求
网管服务器	日常保养	周	外观检查； 设备清洁维护； 紧固部分螺丝； 连接线缆检查	各指示灯显示正常； 检查外表是否有裂痕、刮花或破损等现象，设备外表干净。清洁、无灰尘； 插接板插接牢固且密贴性良好，各接口的螺丝应紧固，连接线应连接牢固、无断线、无接角不良，表皮无破损； 各连接线缆正常连接，接口指示灯正常

续表

设备	修程	周期	工作内容	工艺和标准
网管服务器	二级保养	季度	同日常保养内容	
			设备表面清洁； 检查电源； 检查硬盘空间； 检查 CPU 利用率	设备表面、清洁、无灰尘、各类线整洁、设备稳固； 电源供电正常； 硬盘空间富余； CPU 利用率不高于 70%
网管终端	日常保养	日	外观检查； 界面显示正常	显示器能够正常显示界面； 通过 IMC 软件查看通道状态，无线 AP 链接状态是否正常
	二级保养	季度	同日常保养内容	
			查看告警信息，清楚堆积的告警信息	通过网管软件对系统中的各个交换机集中查看与处理，清除过期的告警信息
防火墙	日常保养	周	外观检查； 设备清洁维护； 紧固部件螺丝； 连接线缆检查	各指示灯显示正常； 检查外表是否有裂纹、刮花或破损等现象。设备外表干净、清洁、无灰尘； 插接板插接牢固且密贴性良好，各接口的螺丝应紧固，连接线应连接牢固、无断线、无接角不良、表皮无破损； 各连接线缆正常连接，接口指示灯正常
	二级保养	季度	同日常保养内容	
			设备表面清洁； 检查电源	设备表面、清洁、无灰尘；各类线整洁；设备稳固； 电源供电正常

（三）典型设备维护

1. 轨旁 AP

轨旁 AP 是非自主 AP，其策略和配置信息需要控制器下发到每个轨旁 AP 上，它没有自己的任何配置命令。轨旁 AP 故障共分四种：AP 死机、AP 掉电、AP 损坏、光电转换模块。

1）轨旁 AP 死机

轨旁 AP 死机的情况较多些，主要处理的办法就是运营结束后在信号电源室的电源屏上查找轨旁 AP 电源所对应的电源断路器，进行重启。五分钟后如果能在 WISM 网管系统中显示该轨旁 AP，那么说明该轨旁 AP 是死机，如果不能显示出该轨旁 AP，那么就有可能是后面两种情况了，需要申请检修作业进行区间查看现场实际情况。

2）轨旁 AP 掉电

轨旁 AP 掉电情况不是很多，主要有两种情况，第一种是光电转换模块的电源接线柱，接线柱的线孔有些浅（见图 4.3.13），再加上在列车通过产生的震荡，接线柱的螺丝松动，产生的接触不良，导致了设备的掉电。第二种是电源适配器损坏，导致无法给轨旁 AP 机箱内所有设备供电。电源适配器有两种供电电压，12 V 和 – 48 V。

图 4.3.13　光电转换模块的电源接线柱

3）轨旁 AP 损坏

轨旁 AP 主要包括 AP 主机和 AP 注入器两种型号设备、AP 主机上有四个指示灯，当 AP 主机的四个指示灯全部灭灯（见图 4.3.14），代表 AP 主机损坏需进行更换。如果 AP 主机四个指示灯都是橙色或者在不停地交替闪烁，需要进行 AP 注入器检查，确定它有无故障。AP 注入器有两个地方有指示灯，一个电源指示灯、一个端口工作指示灯（见图 4.3.15）。其中图 4.3.14 的四个指示灯正确的显示是：I—灭灯、E—常亮绿色、R\S—绿色闪烁。图 4.3.15 的 PWR 指示灯绿色常亮，ETHERNET 端口左侧绿色灯常亮、右侧橙色灯常闪。

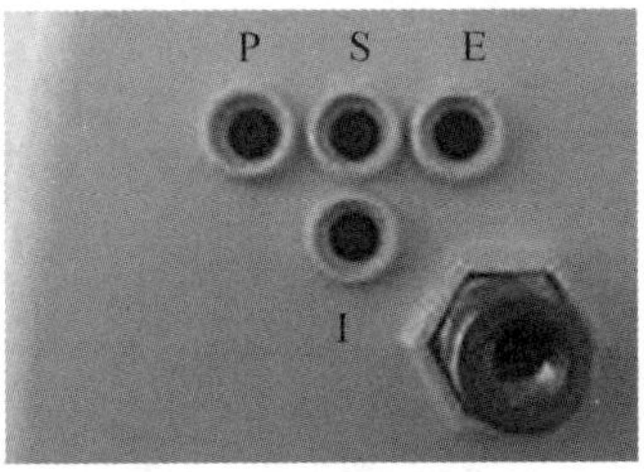

图 4.3.14　AP 主机指示灯

图 4.3.15　AP 注入器指示灯

4）光电转换模块

如图 4.3.16 所示，光电转换模块主要是光电信号模式转换。无论是光端口还是电端口故障，都需要进行整体的更换。

图 4.3.16　光电转换模块

2. 车载 AP（MR）

车载 AP 又称 MR，是自主 AP，所有的配置和策略都是独立地实现。每个 MR 都有一台 AP，独立进行配置，完成功能实现。在无线系统中 MR 设备也叫 WGB。每个列车都有两台 MR，为 A 网和 B 网，每台 MR 都连接车头的两个天线。MR 的指示灯与其中图 4.3.17 的四个指示灯功能状态一致。MR 主机故障共有三种：MR 电源故障、MR 主机故障、MR 射频端口故障。

图 4.3.17　车载 AP

1）MR 电源故障

MR 机笼里有个电源模块，是由 110 V 转 48 V 电源。如果电源发生故障，MR 的四个指示灯全部为灭灯状态。

2）MR 主机故障

MR 主机发生故障，四个指示灯要么是全部处于灭灯状态、要么指示灯全部显示橙色。

3）MR 射频端口故障

MR 射频端口故障，指示灯显示正常，远程是无法登录的，只能本地通过 CONSOLE 端口登录，命令行显示正常，能查看其他配置信息，当输入 show dot11 as all 命令语句后，无任何显示，表示射频端口故障，唯一处理方式就是把断路器断开，约 20 s 后再重新合上，待 MR 正常完全启动后故障恢复正常。

实训目的

掌握城轨列控制系统中的车载设备构成与维护。

实训内容

1. 教师介绍实训目的、方式和要求，调动学生参与的积极性；
2. 对学生进行分组，确定组长和人员分工，以小组为单位，制订实训计划；
3. 教师简介 ZC、DSU 和 DCS，组织学生学习调查、讨论；
4. 各小组通过不同方式获取资料进行分析、讨论；
5. 各小组根据调查、分析和讨论的情况撰写总结；
6. 各小组互相评价，教师给出点评和总结。

实训考核

完成任务后，对每名同学的总体表现进行自评、小组评价和教师评价，其中自评占总成绩的 20%，小组评价占总成绩的 30%，教师评价占总成绩的 50%，如下表所列。

姓名		学号		所在小组	
学习任务					
评价内容	分值	自评	小组评价	教师评价	得分
1. 能严格遵守各项规章制度，具备安全意识	5				
2. 能很好地完成任务；能与本组同学合作交流、协同工作	5				
3. 学习态度端正、认真、主动	5				
4. 能熟练运用掌握的知识完成相应的任务	15				
5. ZC 构成	10				
6. ZC 功能	5				
7. ZC 维护	10				
8. DSU 构成	10				
9. DSU 功能	5				
10. DSU 维护	10				
11. DCS 构成	10				
12. DCS 设备运行状态维护内容	10				
合计	100	任务综合得分：			

思考与练习

1. 简述 ZC 的构成。
2. 简述 PCSG 的构成。
3. 简述 CAP 板卡的主要功能。
4. 简述 CME 板卡的主要功能。
5. 简述 ZC 的功能。
6. 哪些事件可能引起对某个区域的保护?
7. 临时限速的信息应包括哪些?
8. 简述数据存储单元的结构。
9. 简述数据存储单元的功能。
10. 简述典型 DCS 系统的组成。

参考文献

[1] 邢红霞，张党国．城市轨道交通信号设备维护与保养[M]．重庆：重庆大学出版社，2013.
[2] 郜春海．基于通信的列车运行控制（CBTC）系统[M]．北京：中国铁道出版社，2018.
[3] 张利彪．城市轨道交通信号与通信系统[M]．北京：人民交通出版社，2021.
[4] 上海申通地铁集团有限公司轨道交通培训中心．城市轨道交通信号技术[M]．北京：中国铁道出版社，2012.
[5] 中华人民共和国住房和城乡建设部．城市轨道交通基于通信的列车自动控制系统技术要求[S]．2012.